PSYCHOTHERAPIE

EIN LEHRBUCH FÜR STUDIERENDE UND ÄRZTE

VON

DR. MAX ISSERLIN
PROFESSOR AN DER UNIVERSITÄT
IN MÜNCHEN

BERLIN
VERLAG VON JULIUS SPRINGER
1926

ISBN-13: 978-3-642-98534-8 e-ISBN-13: 978-3-642-99348-0
DOI: 10.1007/978-3-642-99348-0

Softcover reprint of the hardcover 1st edition 1926

Vorwort.

Dieses Buch über Psychotherapie ist hervorgegangen aus Vorlesungen und praktischen Kursen, welche seit dem Jahre 1910 alljährlich an der Universität München gehalten worden sind. Vor $1^1/_2$ Jahrzehnten gab es an deutschen Universitäten noch kaum ein zusammenfassendes Kolleg über diesen Gegenstand, ebenso fehlte es an Büchern, welche entsprechend hierüber belehrten. Das hat sich seither erheblich geändert. Insbesondere besitzen wir jetzt einige wertvolle umfassende Werke, welche das Gesamtgebiet behandeln.

Wenn gleichwohl dem immer wieder von neuem geäußerten Wunsch der Hörer gefolgt und diese Psychotherapie der Öffentlichkeit übergeben wird, so mag das Buch seine Existenz selber rechtfertigen. Ich habe versucht, darzustellen, was mir in diesen vielen Jahren des Unterrichts für die Orientierung auf diesem Gebiete geeignet zu sein schien. Großer Wert wurde auf die wissenschaftliche Grundlegung, nicht geringerer auf die Betonung des praktisch Brauchbaren gelegt. Da die hier entwickelten Ansichten zum Teil in starkem Gegensatz zu heute sehr verbreiteten psychotherapeutischen Strömungen stehen, so wurde der Kritik breiter Raum gegeben. Dabei wurde gestrebt, den Leser über alle herrschenden Anschauungen möglichst objektiv zu unterrichten. Einiges, was ich vor Jahren selbst zu diesem Gegenstand geäußert habe (Ztschr. f. d. ges. Neurol. u. Psychiatrie 1, Erg. d. Psych. u. Neurol. 1), und heute nicht besser zu sagen wüßte, wurde in das Buch hineinverarbeitet.

Im Gegensatz zu andern Anschauungen war ich der Meinung, daß eine Psychotherapie vor allem eine Begründung und Darlegung der praktisch verwertbaren therapeutischen Methoden und Techniken zu bringen habe; doch hoffe ich allgemein- und individualpsychologische sowie klinische Gesichtspunkte genügend berücksichtigt zu haben.

Eine Bemerkung sei zum Schlusse nicht unterdrückt. Nachdem es vieler Jahre bedurft hat, der Psychologie einige Berücksichtigung in der Medizin zu verschaffen, strömt nun in diese plötzlich der Segen von allen Seiten in etwas beängstigender Weise hinein. Fast könnte man schon von einem Psychologismus reden, besonders einem solchen der Einfühlung und der Intuition. Es wäre nicht gut, wenn auf diesen Überschwang ein Rückschlag erfolgte. So hoffe ich, daß es an Billigung nicht gänzlich fehlen wird, wenn ich mir Mühe gegeben habe, ein nüchternes Buch zu schreiben.

München, im Februar 1926.

Max Isserlin.

Inhaltsverzeichnis.

Seite

Erster Teil

Allgemeine Psychotherapie.

Zweiter Teil

Spezielle Psychotherapie.

Erster Teil.

Allgemeine Psychotherapie.

I. Einleitung.

Wie Menschen aufeinander seelisch einwirken, ist die Grundfrage, über welche einige Klarheit geschaffen werden muß, wenn der Ausbau einer wissenschaftlichen Psychotherapie ermöglicht werden soll. Denn diese mannigfachen Wirksamkeiten in ihrem Wesen und ihrer Tragweite zu erkennen und zu planmäßiger seelischer Beeinflussung zur Beseitigung abnormer oder krankhafter seelischer Erscheinungen zusammenzufassen und zu verwerten, ist die Aufgabe des Psychotherapeuten. Es ist ein Zeichen der Anfangsstadien, in welchen sich die wissenschaftliche Psychotherapie bisher noch befindet, daß Bemühungn um eine solche umfassende Einsicht noch recht jungen Datums sind; versuchen doch vielmehr heute noch die meisten auf diesem Gebiete Tätigen, *irgendeine* ihnen besonders förderlich erscheinende oder erprobte Art der Beeinflussung auszubilden und zu Heilzwecken zu üben. So stehen sich die einzelnen Psychotherapien als gegensätzliche Lehrsysteme schroff gegenüber. Jede von ihnen glaubt, allein die einzig wirklich wirksame therapeutische Praxis zu besitzen, und hat für die anderen nur Verurteilung, im besten Fall ein mitleidiges Rückblicken als auf überwundene Stadien übrig.

Aus diesem Grunde ist es auch schon so schwer, eine einheitliche Definition aus den langjährigen Bemühungen und Diskussionen um die Psychotherapie herauszuheben. Fast könnte es scheinen, als ob eine Einigkeit nur darüber herrsche, was Psychotherapie *nicht* ist oder *nicht* sein soll, insofern sie von jeder Behandlung rein körperlicher Art abgetrennt wird. Immerhin würde man, wenn man die verschiedenen psychotherapeutischen *Bemühungen* auf ihre begrifflichen Unterlagen prüft, wohl im Sinne Aller von der Psychotherapie als einer *planmäßigen seelischen Beeinflussung zur Beseitigung abnormer oder krankhafter Erscheinungen* reden dürfen. Vergegenwärtigen wir uns nun die verschiedenen Arten seelischer Beeinflussung und Wechselwirkung, wie wir sie im täglichen Erleben erfahren und üben, so treten uns eine Reihe von Wirksamkeiten entgegen, die wir auch schon in der einfachen Praxis des *täglichen Lebens* zu sondern suchen. Wir sprechen etwa von *Belehrung, Unterweisung, Aufklärung*, und meinen damit uns leicht verständlich scheinende Wirksamkeiten, welche sich an die *begreifende Vernunft* unserer Mitmenschen wenden. Trennen wir von diesen Arten der Beeinflussung andere, welche wir als Ermunterung, Ermutigung, Anfeuerung durch Wort und Beispiel, Erhebung, Begeisterung, aber auch Einschüchterung usw. kennen, so finden wir in ihnen wirkende Bestandteile, deren Wesen nicht mehr in der bloßen Begreiflichkeit liegt, allerdings immer noch leicht nachfühlbar, einfühlbar bleibt. In immer stärkerem Maße treten uns jedoch „dunkle“ Wirksamkeiten entgegen, sobald wir die Mächte ins Auge fassen, welche schicksalsmäßig, oft wie in verstandesgemäß nicht erfaßbarem Zwang, menschliche Persönlichkeiten aneinander binden und voneinander stoßen. Sympathien und Antipathien, Zustände der Hörigkeit wie der als ungewollt empfundenen Auflehnung, Ekstasen, in denen Massen sich finden und sich trennen, Epidemien, in denen die Gedanken des Einzelnen mit unmeßbarer Geschwindigkeit Zahllose zu ergreifen und seelische Fernwirkungen zu entfalten scheinen: in diesen und analogen Erscheinungen offenbaren sich Kräfte, welche den Erfahrungen des Einzelnen wie der Geschichte der Menschheit ebenso sehr vertraut sind, wie sie dem Lichte der Vernunft entrückt zu sein scheinen.

Überschauen wir die Gesamtheit der angedeuteten Arten seelischer Beeinflussung, so scheinen sie sich uns leicht in zwei Gruppen teilen und einander gegenüberstellen zu lassen. Wir können als prinzipiell voneinander zu trennende Systeme psychotherapeutischer Praktiken sondern: rationale, welche die Mitwirkung vernünftiger Überlegung bzw. Kontrolle in Anspruch nehmen, und irrationale, welche solcher Überlegung und Einsicht nicht unterstellt, vielmehr nur wenn diese ausgeschaltet wird, wirksam sind. Dabei würden wir unter die rationalen Maßnahmen nicht nur die logisierenden der Belehrung usw. fassen, sondern auch die verständlich und einfühlbar motivierenden der Ermunterung, Begeisterung usw. Freilich mischen sich diesen letzteren in der Praxis zunehmend irrationale Momente bei, so daß eine strenge Grenze zwischen beiden Systemen nur gedanklich zu ziehen ist. Gleichfalls unter die rationalen Systeme zu begreifen wären auch psychotherapeutische Bemühungen, welche durch Aufdeckung verborgener seelischer Tatsachen und durch Appell an die Selbsterkenntnis Heilwirkungen zu erreichen suchen (kathartische und analytische Psychotherapie).

Beide Systeme sind in der Menschheit in allen Zeiten und Zonen geübt und z. T. technisch entwickelt worden. Sind die ratinonalen Beeinflussungen vor allem Hilfsmittel des lehrenden und erziehenden Pädagogen, so sind die irrationalen von allen denen gekannt und geübt, deren Aufgabe es ist, Massen zu leiten und zu regieren. Alle Führer und Herrscher, soweit es ihnen gegeben war, Massen zu zügeln und zu lenken, alle großen „Verführer“ haben diese irrationalen Künste von Grund aus verstanden und benutzt. Während nun aber die Beeinflussungen der ersten Art seit langem in den Lehren der Pädagogik eine wissenschaftliche und technische Bearbeitung gefunden haben, sind die irrationalen Wirksamkeiten erst seit verhältnismäßig kurzer Zeit Gegenstand einer wissenschaftlichen Betrachtungsweise geworden.

Für die Psychotherapie ist es aber eine Frage von grundsätzlicher Bedeutung, ob denn alle von uns erfaßten Arten der Beeinflussung in ihr benutzt werden dürfen. Den irrationalen könnten prinzipielle Bedenken die Verwertbarkeit für die Behandlung kranker Menschen absprechen. In der Pädagogik sind solche Maßnahmen tatsächlich verpönt — wo sie wirksam werden, dürfen sie es nur sozusagen anonym. Der heranwachsende Mensch soll zum Bewußtsein erzogen werden, sich selbständig und vernünftiger Einsicht gemäß in seinen Handlungen zu bestimmen[1]). Er darf sich nicht als Automat in der Hand eines anderen fühlen; er soll das Gefühl der Freiheit seiner Handlungsweise unbedingt haben und jederzeit erstreben. Es sind aber auch gewiß nicht ungerechtfertigte Bedenken, die sich gegen eine „Versklavung" kranker Menschen durch irrationale psychotherapeutische Maßnahmen sträuben.

Allein es kann doch nicht übersehen werden, daß ein sehr wesentlicher Unterschied besteht zwischen den menschlichen Objekten der Erziehung und denen der Psychotherapie. Muß für die Heranbildung der werdenden Menschen der Appell an das Bewußtsein der Freiheit und Selbständigkeit des Handelns durchaus gefordert werden, so haben wir es bei den Objekten der Psychotherapie mit Menschen zu tun, die unter abnormen Bedingungen stehen, die sich ihres Ausnahmezustandes gewöhnlich klar genug bewußt sind, ihre krankhafte Unfreiheit nur allzudeutlich empfinden und sich dann selbst vorkommen wie die „Besessenen".

Hier verliert die Forderung, unter allen Umständen die Illusion der „Freiheit" aufrechtzuerhalten, doch wohl ihren Sinn. Hier wäre es übertrieben, wirksame Mittel deshalb zurückzuweisen, weil sie einen momentanen Verzicht des Kranken, der doch der Stütze bedarf, auf seine Selbständigkeit mit sich bringen. Um so verfehlter wäre dieses Prinzip eines ausschließlichen Rationalismus in der Behandlung, als es unschwer gelingt, auch die irrationalen Hilfsmittel der Therapie so sehr in rationale einzubetten, daß ihr Charakter als Mittel zu einem bestimmten therapeutischen Zweck auch dem Kranken ohne weiteres ersichtlich ist. Die vorübergehende Anwendung irrationaler Verfahren bildet keinen Verzicht auf die Erstrebung des Ziels, den Kranken selbständig und unabhängig — auch vom Arzt und anderen Helfern — zu machen.

Werden wir also nicht zögern, alle Hilfsmittel, die sich uns als wirksam erweisen, zu benutzen, so erheben sich am Eingang in die Psychotherapie doch noch einige weitere Fragen, deren Beantwortung im Interesse eines zielbewußten therapeutischen Vorgehens erwünscht ist.

Der Zweck ärztlichen Handelns an dem Kranken ist im allgemeinen die Beseitigung der Krankheitserscheinungen und die Herstellung der

[1]) Es braucht wohl nicht betont zu werden, daß diese allerdings notwendige Forderung nichts für eine bestimmte Theorie, etwa der „Willensfreiheit", besagt.

„Gesundheit“. Man hat mit Recht darauf hingewiesen, daß dieses Ziel bei körperlichen Krankheiten im Ganzen und im Einzelfalle ohne große Schwierigkeit zu bestimmen sei. Was aber ist bei den hier zu erörternden Störungen zu erstreben, was ist psychische „Gesundheit“? JASPERS hat gezeigt, wie mannigfach dasjenige gestaltet ist, was die Kranken sich unter diesem Titel wünschen, und wie verschieden die Persönlichkeiten und Maßnahmen der Ärzte sind, welche den verschiedenen Persönlichkeiten der Kranken jeweils „entsprechen“. So sehr aber die Freiheit der Weltanschauung dem Arzt auch für die Konsequenz seines Handelns erhalten bleiben soll, so sehr wird doch für die Psychotherapie, soll sie die Würde einer ärztlichen Kunst nicht verlieren, als Prinzip gefordert werden müssen, daß die Gesundheit, welche sie erstrebt, nicht nur die individuelle Genußfähigkeit bedeuten dürfe. Wer die Absonderlichkeit der Wünsche abwegiger Menschen — nicht nur etwa die Wünsche hinsichtlich geschlechtlicher Genüsse — sich vergegenwärtigt, und die Zumutungen, welche hier dem Arzt gelegentlich gestellt werden, vor Augen hat, wird gewiß beipflichten, daß es nicht dem Begehren des Kranken überlassen bleiben darf, den Begriff der Gesundheit, der Leitziel des Handelns des Arztes sein soll, zu bestimmen. Für den Arzt aber wird bei dieser Festlegung auch die Berücksichtigung überindividueller Forderungen maßgebend sein müssen. In den Begriff der seelischen Gesundheit gehört nach dieser Auffassung die Fähigkeit zu Leistungen überindividueller Art; die Brauchbarkeit für das Allgemeine gehört auch zu den Kriterien seelischer Gesundheit. An dieser Auffassung wird gegenüber KRONFELD, welcher das Gefühl des „Starkseins“ oder „Stärkerseins“ als Leitziel der psychotherapeutischen Arbeit hinstellen möchte, festgehalten. Auch in dem Streben „stark“ zu sein, sind wohl versteckt überindividuelle Ideen mit enthalten. Freilich bleibt auch bei Erfüllung der hier angedeuteten Forderungen Ziel und Vorgehen der Psychotherapie noch immer in viel größerem Maße abhängig von der Persönlichkeit des einzelnen Arztes, als das in anderen medizinisch-therapeutischen Disziplinen möglich ist.

Auch dem über die erstrebenswerten Ziele klaren Psychotherapeuten können und müssen Bedenken kommen über die Möglichkeit und auch die Nützlichkeit seines Unterfangens. Zunächst einmal kann der Begriff der psychopathischen Minderwertigkeit, unter welchen viele Objekte der Psychotherapie zu rubrizieren sind, Bedenken über die Notwendigkeit der Behandlung dieser Minderwertigen hervorrufen. Besteht denn, so kann gefragt werden, irgendwelche Hoffnung, diesen Persönlichkeiten durch ärztliche Bemühungen Gesundheit im Sinne der sozialen Brauchbarkeit zu verschaffen, und verdienen diese Psychopathen somit, daß man ihnen so ausgiebige Mühe — wie sie jede Psychotherapie verlangt — widmet?

Dieser Frage ist entgegenzuhalten, daß sie zunächst durch Unklarheit über die verschiedenen Bedeutungen des Begriffes der Minderwertigkeit hervorgerufen wird. Es ist aber notwendig, zwischen biologischer und ethischer bzw. sozialer Minderwertigkeit strenge zu unterscheiden. Nicht ganz selten müssen ethisch hoch-, ja höchststehende Menschen infolge von Anomalien der neuropsychischen Abläufe, des Gefühls- oder Willenslebens, die sie aufweisen, als Neuropathen oder als Psychopathen bezeichnet und als minderwertig im Sinne der Biologie betrachtet werden. Nur ein Teil der Psychopathen aber weist Eigenschaften der Gefühls- und Willenssphäre auf, die den Charakter der ethischen und sozialen Minderwertigkeit in sich schließen. Es kann somit auch für den sozial denkenden Arzt kein Zweifel bestehen, daß die Mehrzahl der Neuro- und Psychopathen seine Fürsorge nicht nur verlangt, sondern auch verdient, und daß es auch hier gilt, menschliches Elend zu mildern und daniederliegende Kräfte zur Betätigung in der menschlichen Gemeinschaft zu erheben.

Aber auch jene in doppeltem Sinne — biologisch und ethisch — Minderwertigen dürfen der ärztlichen Versorgung nicht entzogen werden. Sie bedürfen dieser nicht so sehr um ihret-, wie um der Gemeinschaft willen. Wir wissen, daß die seelischen Störungen, denen die Psychotherapie entgegenzuarbeiten sucht, in hohem Maße infektiös sein können, und daß solche Infektionen gerade von den in jedem Sinne Minderwertigen ausgehen können. Die Pflicht der Vorbeugung gebietet es also, allen, die irgendwie psychotherapeutischer Versorgung bedürftig erscheinen, diese auch in einer der einzelnen Individualität angepaßten Weise zu gewähren.

Nicht geringe Bedenken wird dem Arzt, der diese Mühen auf sich nimmt, auch die Frage nach den Aussichten seiner therapeutischen Arbeit verursachen. Die vornehmste Aufgabe des Arztes, wo er einmal der Krankheit gegenübersteht, ist es, diese zu beseitigen. Gibt es hierfür Möglichkeiten in der Psychotherapie?

Die Lehre von der Bedeutung der Konstitution für die Entstehung nervöser Krankheiten ist immer noch bezüglich des Umfangs dieser Bedeutung sehr umstritten. Immer noch steht die Psychiatrie und die Psychotherapie unter dem Zeichen lebhafter Erörterungen um die Tragweite von außen kommender Momente für das Auftreten psychoneurotischer Erscheinungen. Und so glauben diejenigen, welche nicht in der Konstitution gelegene Momente in besonderem Maße für die Entstehung psychoneurotischer Phänomene heranziehen, auch in der Lage zu sein, durch geeignete Verfahren eine völlige Herstellung zu bewirken. Aufgabe der folgenden Blätter wird es demgegenüber sein, darzutun, daß tatsächlich die große Mehrzahl psychisch-nervöser Erkrankungen in überwiegendem Maße „konstitutionelle" Erkrankungen sind. Mit der Konstitution aber müssen wir als einem beständigen Faktor rechnen; sie können wir durch keinerlei Maßnahmen aus der Welt schaffen. Nur bei einer Minderheit der von der Psychotherapie zu behandelnden Krankheitserscheinungen wird der Arzt völlige Heilungen erhoffen dürfen. In der Mehrzahl der Fälle wird die Aufgabe des Psychotherapeuten eine „orthopädische" bleiben müssen, welche durch Ausgleichung von konstitutionellen Unebenheiten und Unterstützung bei Zuständen konstitutioneller Schwäche leistungsfähig zu machen sucht. Aber auch diese Aussichten dürften wohl die Mühen der Behandlung lohnen und ihre Notwendigkeit dartun. Es gilt, die soziale Brauchbarkeit der Behandelten herzustellen — nebenbei nicht wenigen wertvollen Menschen die Last des Daseins erträglicher zu machen —, Aufgaben, die natürlich ceteris paribus um so befriedigender zu lösen sind, je mehr man jugendliche, werdende Persönlichkeiten zu beeinflussen in der Lage ist.

Schließlich müssen auch die äußeren Schwierigkeiten, welche der Verbreitung der Psychotherapie entgegenstehen, in Erwägung gezogen werden. Sie sind allerdings sehr erheblich; denn wie wenige medizinische Bemühungen stellen gerade diese Ansprüche an die Zeit und die Kraft des Arztes. Allein da es sich um sehr wichtige soziale Aufgaben handelt: — die Nutzbarmachung brachliegender und sozial unbrauchbarer Existenzen — und zu nicht geringem Teil auch die Bekämpfung des Verbrechens, so sollten die erheblichen Opfer, welche für die Begründung von Volksnervenheilstätten, psychotherapeutischen Ambulanzen, Heilerziehungsheimen und -Arbeitsstätten, Stellen für Berufsfürsorge usw. zu bringen wären, nicht vergeblich erscheinen. Es dürfte darum wohl nicht zweifelhaft sein, daß, wie die Begründung und der Ausbau von Irrenanstalten usw. im Laufe der Zeit in immer steigendem Maße durchgesetzt worden ist, so allmählich auch die Einrichtungen für die Behandlung leichterer seelischer Erkrankungen als eine soziale Notwendigkeit zu ihrem Rechte kommen werden.

II. Geschichtlicher Überblick.

Wenn auch die Psychotherapie als eine wissenschaftlich begründete und gepflegte medizinische Disziplin noch jungen Alters und durchaus in der Entwicklung begriffen ist, so sind doch psychotherapeutische Praktiken geübt worden, so lange als Menschen sich um Menschen heilend und pflegend bemühen. Auch über die Theorie seelischer Beeinflussung haben Ärzte und besonders Philosophen in früheren Zeitaltern hin und wieder etwas verlauten lassen. Von Hippokrates, Celsus, Galen und den stoischen Philosophen, von welchen „rationale" psychotherapeutische Einsichten und Vorschriften stammen, geht die Entwicklung in großen Sprüngen zu Philosophen und Ärzten des Mittelalters (Descartes, Boerhave, Alberti und deren Schülern) und der Aufklärung (Hufeland[1]), Kant[2]), Feuchtersleben[3]) u. a.). Von diesen Vorläufern führen ganz direkte Wege zu modernen Vertretern rationeller

[1]) Makrobiotik.

[2]) Von der Macht des Gemüts, durch den bloßen Vorsatz krankhafter Gefühle Herr zu werden.

[3]) Diätetik der Seele.

Psychotherapie weiter (Rosenbach, Dubois, Déjerine). Im großen ganzen handelt es sich aber hier nur um vereinzelte Versuche, und die wirkliche Entwicklung der Psychotherapie ist nicht von ihnen, und überhaupt nicht von Bemühungen um die Beeinflussungen rationeller Art, ausgegangen. Es waren die Erörterungen der „dunklen", seelischen Beeinflussungen, welche das Werden einer ärztlichen Psychotherapie anregten. Und wenn diese Hypnotismusdebatten, welche die letzten Jahrzehnte des 19. Jahrhunderts erfüllten, keinen anderen Erfolg gehabt hätten als den, systematische Bemühungen um eine Psychotherapie einzuleiten, so hätten sie sich schon einen Platz in der Geschichte der Medizin gesichert. Sie haben allerdings eine erheblich weitergehende theoretische und praktische Bedeutung. Es ist darum historisch gerechtfertigt aber auch sachlich zweckmäßig, eine Darstellung der Psychotherapie mit einer Schilderung der Hypnotherapie zu beginnen.

Auch von der Hypnotherapie kann man sagen, daß sie so alt ist wie die Menschheit, oder doch jedenfalls so alt, wie irgendwelche Heilbemühungen in der Menschheit. Und wie überall in der Geschichte der Menschheit die Priester Besitzer mannigfacher Heilkünste sind, so finden wir auch die Übung „dunkler" Beeinflussungen, die häufig bewußt unter Ausnutzung von Schlaf- und „Traum"prozeduren arbeitete, fast überall in allen Zeiten und Zonen im Schatten der Altäre und der Tempel.

In den Veden der Inder, in den Keilschriften von Ninive, in den Papyri von Altägypten finden sich Andeutungen über hypnotische Verfahren zu religiösen und Heilzwecken. Bei den Ägyptern wird auch schon der Tempelschlaf geübt, der dann bei den Jüngern des Asklepios eine besonders raffinierte Ausbildung erhielt. Nachdem die Kranken längere Zeit auf die großen Ereignisse der Heilung im Schlaf vorbereitet und von den Priestern entsprechend seelisch vorbearbeitet waren, legten sie sich in dem Tempel zum Schlaf nieder. In diesem Zustand erhielten sie heilende Verheißungen der Priester. Auch in Rom waren entsprechende Prozeduren üblich.

Das Christentum räumte zwar mit diesen Tempelprozeduren auf; doch blieb die Wertschätzung suggestiver Heilverfahren insbesondere weltlicher Machthaber (Heilungen durch Handauflegen der Könige) bestehen. Vor allem aber war das abendländische Mittelalter ein Schauplatz aller möglichen suggestiven und hypnotischen Erscheinungen, die nicht gerade Heilzwecken dienten. Teufelsvisionen, Hexenaberglauben, Kinderkreuzzüge, Tanz- und andere psychische Epidemien waren häufige Ereignisse und gestalteten die Kulturperioden nach manchen Richtungen hin nicht nur zu „dunklen", sondern zu sehr finstern.

Obwohl nun schon im späten Mittelalter Stimmen laut wurden, welche die Ursachen der wunderbaren Heilungen in der Einbildungskraft der Kranken sahen (Pomponazzi aus Mantua, Erasmus, Bacon u. a.), so fanden diese Ansichten doch keine Beachtung gegenüber den phantastischen Anschauungen eines Theoprastus Bombastus Paracelsus von Hohenheim (1493—1541), welcher die Lehre von einem magnetischen Fluidum, vermittels dessen die geistigen Wesen aufeinander einwirken sollten, vertrat. Eine große therapeutische Nutzanwendung fand diese Lehre vom Magnetismus in dem System von FRANZ ANTON MESSMER (1733—1815). Während dieser zunächst den Magneten zur Erzeugung seelischer und körperlicher Wirkungen gebrauchte, glaubte er später, direkte magnetische Übertragungen von Mensch zu Mensch zu Heilzwecken ausnutzen zu können. MESSMER hat, trotz erheblicher Befehdung, auf Laien — aber auch auf ärztliche Kreise — eine erhebliche Wirkung ausgeübt. Ausläufer seiner Lehre sind heute noch in manchen okkulten Strömungen wirksam.

Demgegenüber verfocht kurz nach MESSMERS Tode ein ABBÉ FARIA in Paris Anschauungen über die Natur des „Magnetismus", die den heutigen Einsichten in diese Erscheinungen entsprechen. Dieser Abbé, der sich einige Zeit in Indien aufgehalten und dort die Praktiken von Magiern kennengelernt hatte, vertrat die grundlegende Anschauung, daß nicht durch die fremde Kraft eines magnetischen Fluidums, sondern einzig durch die Einbildungskraft der beeinflußten Person der Schlaf und die anderen „magnetischen" Phänomene herbeigeführt werden.

Ein weiterer erheblicher Fortschritt wurde erreicht durch die Arbeiten von JAMES BRAID, einem englischen Arzt, der hypnotische Phänomene genauer studierte und hypnotische Analgesie zu chirurgischen Operationen ausnutzte („Neurhypnology" 1843). Während er in seinen ersten Äußerungen sich von MESSMERschen Ansichten nicht ganz freimachte, führte er später die hypnotischen Phänomene auf seelische Grundlagen zurück. BRAIDs Verfahren zur Einleitung der Hypnose war das der Fixation. Er suchte durch Ermüdung der Sinne schlafähnliche Zustände herbeizuführen. Die Bedeutung der direkt-suggestiven Beeinflussung ist BRAID erst allmählich und teilweise deutlich geworden. Hatte der Abbé FARIA diese Beeinflussungen schon deutlich erkannt und zur Erzeugung der Hypnose geübt (Befehl: „dormez"), so gebührt doch das Verdienst, Theorie und Technik der Hypnose in grundlegender und fast vollständiger Weise geschaffen zu haben, dem Nancyer Arzt LIÉBAULT.

AUGUSTE AMBROISE LIÉBAULT (geb. 1823) beschäftigte sich schon in seinen Studienjahren mit Hypnotismus. Als Landarzt in der Nähe von Nancy begann er, nachdem er 10 Jahre lang sich diesen seinen Untersuchungen nicht genügend hatte widmen können, später eine ausgedehnte hypnotische Praxis, indem er alle Kranken, welche sich zu diesen Versuchen hergaben, umsonst behandelte. Nach Nancy übergesiedelt, veröffentlichte er 1866 als Frucht seiner ausgedehnten Erfahrungen das Buch: Du sommeil provoqué et des états analogues considerés au point de vue de l'action du moral sur le physique (Paris). Obwohl dieses Buch, das die rein seelische Entstehung aller „magnetischen Phänomene" betonte, das Wichtigste der Theorie und Praxis der Hypnose in einwandfreier Weise darbot, fand es doch bei den Ärzten keine Beachtung und brachte seinem Verfasser nur Enttäuschung. Erst nach vielen Jahren, während welcher LIÉBAULT seine hypnotische Praxis fleißig weiterübte, wurde die Aufmerksamkeit der medizinischen Welt durch BERNHEIM auf die Bedeutung der Arbeit LIÉBAULTs hingelenkt. BERNHEIM, damals Professor an der medizinischen Fakultät Nancy, machte im Jahre 1882 selbst Studien an der Poliklinik LIÉBAULTs, führte dann die hypnotische Therapie nach dem Muster LIÉBAULTs in seine eigene Klinik ein und wies in seinem Buche „De la Suggestion etc." (1884, 1886), in welchem er eigene Beobachtungen brachte, welche die LIÉBAULTs bestätigten, nachdrücklich auf letzteren hin. Von da ab datiert die Schule von Nancy (zu dieser gehörten auch als Physiologe BEAUNIS, als Jurist LIÉGEOIS), welche einen großen Einfluß auf die Entwicklung des wissenschaftlichen Hypnotismus und der Psychotherapie gewannen.

Inzwischen aber hatten, gleichfalls in Frankreich, Untersuchungen über die Natur der Hypnose stattgefunden, welche zu Lehren führten, die z. T. denen der Nancyer Schule sehr widersprechend, eine eindringliche Diskussion hervorriefen. Nachdem im Jahre 1875 der Physiologe RICHET Beobachtungen unter dem Titel „Du Somnambulisme provoqué" veröffentlicht hatte, begann CHARCOT und seine Schule sich mit der Frage des Hypnotismus zu beschäftigen (1878). CHARCOTs besonders an Hysterischen ausgeführte Versuche führten zu Ergebnissen, die von denen der Nancyer Schule z. T. erheblich abwichen (veröffentlicht in RICHER, P.: Études cliniques sur la grande Hystérie ou Hystéroépilepsie 1881, 1885).

CHARCOT unterscheidet einen großen und einen kleinen Hypnotismus, die der großen und kleinen Hysterie entsprechen. Einen wesentlichen Unterschied von den Lehren Nancys bildet die Einschätzung der körperlichen Symptome, welche auf „neuromuskuläre Übererregbarkeit" zurückgeführt wurden, wobei dieser Grundeigenschaft ein wesentlicher Anteil an dem Entstehen der Hypnose zugeschrieben wurde. Im übrigen hielt die Schule CHARCOTs die Hypnose für eine artifizielle Neurose, eine Art von künstlicher Hysterie, und vertrat die Ansicht, daß nur Hysterische oder zur Hysterie neigende Personen zu hypnotisieren seien.

Der Gegensatz zwischen der Schule von Nancy und der CHARCOTs führte zu lebhaften Diskussionen, welche, wie die Hypnotismusdebatten überhaupt, nach manchen Richtungen hin für Psychotherapie, Psychiatrie und Psychologie wertvoll geblieben sind. In allem Wesentlichen hat die Schule von Nancy recht behalten; doch sind auch die Anschauungen CHARCOTs in der Berücksichtigung der Disposition zu den hypnotischen Phänomenen zu ihrem Recht gekommen.

In Deutschland wurde die Hypnotismusfrage durch die Schaustellungen des Dänen HANSEN (eines Laien) aktuell (1880). Eingehende Studien machten im Anschluß hieran HEIDENHEIN, PREYER, MOEBIUS, WUNDT, KRAFFT-EBING, MOLL, LOEWENFELD, v. SCHRENCK-NOTZING, O. VOGT, HIRSCHLAFF u. a. Wichtig für die Entwicklung des Hypnotismus sind in besonderem Maße auch die Beobachtungen und Ansichten A. FORELS geworden, der ein vielbeachtetes und beachtenswertes Buch über den Hypnotismus geschrieben hat.

III. Suggestivbehandlung.

A. Hypnotherapie.

1. Die Erscheinungen der Hypnose.

a) Die tiefe somnambule Hypnose.

Betrachtet man einen in tiefer Hypnose Befindlichen — ohne daß zunächst erwogen wird, wie er in diesen Zustand gekommen ist —, so hat man den Eindruck, einen tief Schlafenden vor sich zu haben. Der Hypnotisierte liegt im allgemeinen regungslos da, seine Augen sind geschlossen, die Atmung geht gleichmäßig und tief. So kann das Bild längere Zeit dauern. Erst die nähere Prüfung kann zeigen, daß zwischen einem Hypnotisierten und einem Schlafenden erhebliche Unterschiede bestehen. Diese Unterschiede, wenigstens die wichtigsten von ihnen, lassen sich dahin zusammenfassen, daß in ganz anderer Weise als beim Schlafenden Beziehungen zwischen Hypnotisiertem und Umwelt fortbestehen. Um diese Besonderheiten zu erfassen, ist es notwendig, sich ein Bild des Bewußtseinszustandes des Hypnotisierten zu machen. Über diesen Bewußtseinszustand ist zu sagen, daß er durch die eben genannten Beziehungen zur Außenwelt — es sind dies vor allem die Beziehungen zum Hypnotiseur, die als „Rapport" bezeichnet werden, — in scheinbar regelloser Weise verändert werden kann. Sieht man vorerst von diesen Besonderheiten ab, so lassen sich folgende Gesetzmäßigkeiten feststellen:

Das Bewußtsein der tiefen Hypnose zeigt die Merkmale eines Schlafbewußtseins. Die Reizschwelle für alle Wahrnehmungen, welche nicht in der Richtung der genannten Beziehung liegen, ist erhöht. Selbst sehr starke Reize auf allen Sinnesgebieten, auch Schmerzreize, können wirkungslos bleiben oder eine nur sehr unvollkommene Auffassung und wenig nachhaltige seelische Bewegung auslösen. Die an die Sinnesreize sich normalerweise anschließenden reproduktiv assoziativen Vorgänge sind aufgehoben oder gehemmt und ermangeln vor allem der dem Normalbewußtsein eigenen Regelung im Sinne gedanklicher Zielstrebigkeit. Sie behalten, soweit eine Erinnerung an sie in das Normalbewußtsein herübergenommen wird, etwas Ungeordnetes wie die Traumerinnerungen. In diesen Tatbestand ist eingeschlossen, daß das Bewußtsein des Zusammenhanges der assoziativen und gedanklichen Tätigkeit mit dem regelnden Ich, soweit hierüber überhaupt Angaben gemacht werden, fehlen, und der Zustand auch nach dieser Richtung traumhaft erscheinen kann.

Dieser Bewußtseinstrübung entspricht im allgemeinen eine ausgedehnte Störung der Erinnerung, Amnesie, nach dem Abschluß der Hypnose. Es besteht nach Beendigung der tiefen Hypnose über Vorgänge während der Hypnose, wenn nicht besondere Maßnahmen gerade nach dieser Richtung getroffen wurden, gar keine oder nur sehr unvollkommene Erinnerung. Die Erinnerung freilich kann sich — wie nach anderen Dämmerzuständen — in mehr oder minder vollständiger

Weise einstellen, im allgemeinen allmählich, bisweilen aber auch ziemlich plötzlich, indem im Anschluß an eine zufällige Assoziation ganze Ketten von Erinnerungsbestandteilen wieder aktiv werden.

Wurde die Trübung des Bewußtseins im Sinne der Erhöhung der Auffassungsschwelle und der ziellosen seelischen Bewegung mit den normalen Schlaf- und Traumzuständen in Vergleich gestellt, so dürfen doch auch schon hier grundlegende Unterschiede nicht übersehen werden. Während auch in tiefen normalen Schlafzuständen die Weckreize bei einer mittleren Größe den Schlaf beenden, können in der tiefen Hypnose Reize viel größerer Intensität völlig unwirksam bleiben. Der Grad dieser Wirksamkeit — wie die meisten anderen Erscheinungen der Somnambulhypnose — hängt aber in solchem Maße von den Beziehungen des Hypnotisierten zu dem Hypnotiseur ab, daß es zweckmäßig ist, jetzt auf diese einzugehen.

Die Beziehungen des Hypnotisierten zum Hypnotiseur (oder dessen Vertretern, vgl. später) sind wohl das wichtigste Kennzeichen zur Unterscheidung der Hypnose von anderen schlafähnlichen Zuständen. Während im Schlaf und in anderen Zuständen die Schwelle des Bewußtseins (der Empfindung, Wahrnehmung, Auffassung) auf allen Gebieten ziemlich gleichmäßig erhöht ist, gilt das von der Hypnose nicht. In ihr gilt diese Schwellenerhöhung nicht für alle Reize, die aus einem bestimmten Bezirk der umgebenden Welt kommen; gewissen Reizen gegenüber ist die Wahrnehmungsschwelle nicht nur nicht erhöht, sondern sogar erniedrigt. Der Bezirk aber, von dem hier zu reden ist, die „wache Insel" in der Seele des Hypnotisierten, wie man ihn auch genannt hat, ist nichts anderes als all das, was sich auf den Hypnotiseur bezieht und mit ihm zusammenhängt. Alle Reize, die aus diesem Bezirk kommen, werden schnell und leicht bewußt, Vorstellungs- und Gedankenbewegungen, Gefühlsabläufe und Willensreaktionen erfolgen auf Einwirkungen dieser Sphäre besonders prompt und stark.

Sie erfolgen aber nicht nur auf diese Einwirkungen hin, sondern sie erfolgen auch in ganz anderer Weise im Sinne dieser Einwirkungen, als das im normalen Schlafbewußtsein wie im normalen Wachbewußtsein der Fall ist. Betrachtet man nämlich die Beziehungen zwischen Hypnotisiertem und Hypnotiseur etwas oberflächlich, so kann es scheinen, als ob der erstere in seinem seelischen Geschehen durchaus von den Einwirkungen des letzteren abhängig wäre und einfach, wie ohne Eigengesetzmäßigkeit, die Absichten der Beeinflussungen des Hypnotiseurs erfüllte.

In der Tat ist in der normalen tiefen Hypnose eine sehr weitgehende Abhängigkeit des Hypnotisierten von dem, der ihn in diese Hypnose versetzt hat, vorhanden. Wenn vorher hervorgehoben wurde, daß mit der tiefen Hypnose an sich Veränderungen des Bewußtseins, der Aufmerksamkeit und des Gedächtnisses gegeben sind, so könnte bei oberflächlicher Betrachtung alles übrige seelische Erleben in der tiefen Hypnose einfach als vom Hypnotiseur völlig abhängig erscheinen. In hohem Maße durch diesen beeinflußbar ist zunächst die Wahrnehmung. Jeder Sinnesreiz kann die normalen, ihm zugehörigen Wirkungen ausüben, wenn es der Hypnotiseur „gestattet“. Er kann aber auch gar keine oder die fernliegendsten und verkehrtesten Effekte zeitigen, wenn es der Hypnotiseur so will. So sind Sinnestäuschungen sowohl im Sinne illusionärer Verkennungen als auch halluzinatorischer Trugwahrnehmungen gewöhnliche Erscheinungen in der tiefen Hypnose. Es ist ein leichtes, einer geeigneten, tief hypnotisierten Person aus einem einfachen Klang eine rauschende Musik, aus einem unscheinbaren Tuch einen prächtigen Teppich durch entsprechende Vorspiegelung entstehen zulassen. Auch ohne jede gegenständliche Sinneseinwirkung, nur durch suggestive Beeinflussung, können plastische, „leibhafte“ Sinneswahrnehmungen hervorgerufen werden. Dabei bildet die Schnelligkeit und Buntheit, sowie der Mangel an innerem Zusammenhang in der Folge dieser Erlebnisse keinen Hinderungsgrund ihrer Verwirklichung. Im Gegenteil sind diese Besonderheiten charakteristisch für das Erleben in der Hypnose und die Tragweite der Einwirkung durch den Hypnotiseur. So kann dieser den Hypnotisierten Menschen, Tiere, Gegenstände beliebiger Art wahrnehmen lassen, ohne daß irgend etwas Entsprechendes in Wirklichkeit vorhanden ist, er kann ihn aus dem Theater in den Friedhof, aus dem Kerker in den Palast, aus der Wüste aufs Meer versetzen, eine Zwiebel als irgendeine köstliche Frucht verspeisen, einen Holzpflock als zärtlich geliebtes Kind wiegen lassen und ähnliches mehr. Solche Erscheinungen sind ohne Schwierigkeit auch vor einer größeren Zuschauerzahl vorzuführen. In dem hier Angedeuteten liegt schon eingeschlossen, daß nicht nur die Wirksamkeit der Sinnesreize, sondern auch die Reproduktion des früher Erlebten infolge des Gebots des Hypnotiseurs eine durchaus veränderte wird. Wie die Wahrnehmung, so wird auch die Erinnerung des Hypnotisierten durch diese Einwirkung eine durchaus trügerische. Als erlebt können Geschehnisse vorgebracht werden, die dem Hypnotisierten in Wahrheit völlig fremd sind, ebenso können ganze Perioden seines Lebens durch entsprechende Eingebung aus der Erinnerung ausgelöscht werden. Dementsprechend wird dann die räumliche und zeitliche Orientierung, ja das Bewußtsein der Persönlichkeit des Hypnotisierten sehr gestört. Man kann ihm die Kenntnis rauben, wo er sich befindet, in welcher Zeit er lebt, ja, wer er ist und wie er heißt.

Auch die verwickelteren Abläufe des Vorstellens und Denkens verlieren scheinbar unter der Einwirkung des Hypnotiseurs ihre eigenen Gesetzmäßigkeiten. Die Fällung der Urteile und die Entwicklung der gedanklichen Folgen sind von ihm abhängig; 2×2 ist gleich 5, ebenso wie jedes andere sinnlose Urteil gefällt wird, sobald die entsprechende Suggestion gegeben und wirksam wird.

Es muß aber betont werden, daß diese Störungen der Sinneswahrnehmung, die Veränderung des Gedächtnisses bzw. der Erinnerung sowie des Gedankenablaufs nur durch die besonderen, vom Hypnotiseur ausgehenden Eingebungen, welche ihre Art und ihren Umfang bestimmen, bewirkt werden. Ohne solche besonderen Eingebungen sind nur jene schon erwähnten Veränderungen des Bewußtseins — die Einengung der Aufmerksamkeit auf die Richtung des Rapports und die Erhöhung der Bewußtseinsschwelle auf den übrigen Gebieten, sowie die hiervon sekundär abhängigen Störungen des Gedächtnisses im Sinne einer mangelhafteren Aufnahme der außerhalb des Rapports liegenden Ereignisse — nachzuweisen. Abgesehen von diesen nicht sehr weit gehenden Veränderungen kann, wenn besondere Beeinflussungen nicht gegeben sind, auch in der tiefen Hypnose Wahrnehmung, Reproduktion, Erinnerung, Orientierung und Gedankenbildung intakt bleiben.

Ähnlich steht es mit der Gefühlsseite des Erlebens in der Hypnose. Ohne besondere Beeinflussung ist auch hier von einer Änderung in dem Sinne zu reden, daß das Gefühlsleben durch die Ereignisse in der Richtung des Rapports besonders stark und leicht erregt wird. Im übrigen zeigt auch hier der Inhalt der Eingebung einen außerordentlich weitgehenden Einfluß auf Entstehen und Qualität der Gefühle.

Diese große Abhängigkeit des Gefühlslebens des Hypnotisierten von den Eingebungen des Hypnotiseurs hat, seit man hypnotische Experimente macht, immer besonders eindrucksvoll gewirkt. Man macht einer Hypnotisierten vor, sie befände sich in einer Kirche, und ihre Haltung und Mienenspiel sind von entsprechender Form. Man faltet ihr die Hände, und ihr Antlitz zeigt sogleich den Ausdruck seliger Verzückung. Man rufe ihr zu, eine Feuersbrunst sei ausgebrochen, das Dach stürze ein, und sofort erscheinen die Ausdrucksphänomene des Schreckens und Entsetzens. Man gebe ihr irgendeinen Gegenstand als Kind in die Arme, und sie hegt es und liebkost es wie eine zärtliche Mutter. Besonders auffallend ist bei diesen Gefühlsvorgängen, wie schnell der Wechsel gegensätzlicher Gefühlslagen, ja der Sturz aus der einen in die extrem entgegengesetzte Gemütsverfassung auf die bloße Eingebung hin erfolgt. Auch die bestimmten Vorgängen zugeordneten Gefühlsqualitäten können für sich verändert oder fortgeschafft werden. Angenehme, genußvolle Einwirkungen können zu gleichgültigen, ja verabscheuten und ekelerregenden gemacht werden und umgekehrt. Das gilt von Sinnesreizen ebenso wie von komplizierteren Vorgängen, Zuneigungen und Abneigungen gegen Personen und Sachen. Nachgetragen sei noch, daß bei der Realisierung all dieser Eingebungen der Hypnotisierte nicht nur an der ausdrücklich gegebenen Suggestion haftet, sondern schnell in ihrem Sinne weiter handelt. Wenn man ihm sagt, er sei irgendein Tier, so bleibt er im allgemeinen nicht nur passiv ein solches, sondern benimmt sich auch selbständig in entsprechender Weise.

Wie die rein psychischen Vorgänge durch die tiefe Hypnose primär oder sekundär (durch entsprechende Eingebung) Beeinflussungen zeigen, so sind auch an motorischen und vegetativen Funktionen Veränderungen festzustellen. Die primären, durch den hypnotischen Zustand an sich bewirkten Erscheinungen sind geringfügig; zahlreiche weitergehende (besonders die unter dem Titel der „neuromuskulären Übererregbarkeit" diskutierten) Behauptungen haben sich als unzutreffend erwiesen. Die Reflexe (der Haut der Sehnen, auch der Pupille) sind auch in der tiefen Hypnose nicht verändert. Der Bindehautreflex kann durch suggestive Beeinflussung des Lidschlages oder Suggestion der Empfindungslosigkeit der Bindehaut herabgesetzt werden. Der Cornealreflex bleibt erhalten. Der Rachenreflex ist durch Suggestion beeinflußbar. Mit Recht bemerkt KRONFELD, daß man aus diesen Feststellungen schließen könne, daß Bindehaut- und Rachenreflex einen genetisch anderen Typus als die übrigen eigentlichen Reflexe haben. Sie ständen den im eigentlichen Sinne „psychischen Reflexen" wie dem Blinzelreflex, der Pupillenerweiterung bei Angst usw. nahe. Unwillkürliche Muskelbewegungen (krankhafte, automatische) sind ohne entsprechende Suggestion oder Maßnahmen nicht festzustellen. Die Atmung in der tiefen Hypnose ist als eine Schlafatmung zu bezeichnen, sie ist tiefer, gleichmäßiger und auch um einige Züge pro Minute langsamer als die Wachatmung. Mit pneumographischer Aufzeichnung kann man den Eintritt der normalen tiefen Hypnose in der Veränderung der Atmung leicht nachweisen. Der Herzschlag ist, gleichfalls wie im Schlafe, in geringem Maße verlangsamt.

Sind die auf diesem Gebiete durch die Hypnose an sich eintretenden Veränderungen gering, so zeigen jedoch auch motorische und vegetative Funktionen erhebliche Beeinflußbarkeit durch entsprechende Suggestion. Besonders imponiert haben von jeher, seit der Beschäftigung mit Hypnotisierten und „Magnetisierten", die bei ihnen leicht festzustellenden „kataleptischen" und motorisch-automatischen Erscheinungen. Erhebt man den Arm eines Hypnotisierten, so bleibt er häufig, auch ohne weitere gesprochene Suggestion in jeder ihm gegebenen Stellung und folgt der ihn bewegenden Hand mit eigenartigem federnden Widerstand (Katalepsie und wächserne Biegsamkeit). Versetzt man Arm, Bein, Hand in eine drehende Bewegung, so wird diese, auch nach Fortfall der bewegenden äußeren Kraft längere Zeit beibehalten (Drehautomatismus). Krampfbewegungen, Zuckungen der willkürlich bewegbaren Muskulatur sind ebenso leicht durch Suggestion hervorzurufen wie andererseits Lähmungen bis zu kompletter Bewegungslosigkeit. Die dem normalen Ausdrucksgeschehen entsprechende Mimik und Gestik ist, wie schon dargetan, in außerordentlicher Weise durch hypnotische Suggestion hervorzurufen und zu hemmen. Organisch pathologische Zustände dieses Gebietes wie der Motorik — pyramidaler wie extrapyramidaler — überhaupt sind der suggestiven Beeinflussung gar nicht oder nur in geringem Maße zugänglich.

Die Funktionen der Blase und des Mastdarms werden durch die Hypnose an sich nicht berührt; besonderer suggestiver Beeinflussung sind sie in weitgehendem Maße zugänglich, sowohl in der Richtung der Entleerung wie der Verhaltung. Beides kann sowohl durch direkten suggestiven Befehl als auch durch die suggestive Hervorrufung bzw. Beseitigung der entsprechenden Drangempfindungen bewirkt bzw. verhindert werden. Niesen, Gähnen, Husten usw. lassen sich durch Suggestion leicht hervorrufen wie auch unterdrücken.

Vasomotorische und trophische Veränderungen durch die hypnotische Suggestion, lokale Temperaturerhöhungen, Blutungen, Blasenbildungen der Haut, ja sogar das Verschwinden von Warzen durch Suggestion sind öfters beschrieben worden. Ohne Zweifel hat es sich bei dem größten Teil dieser Behauptungen um Täuschungen gehandelt, wie mehrfach dargetan worden ist. Doch ist ein absoluter Skeptizismus in dieser Frage keineswegs berechtigt, wie schon ältere Übersichten ergeben.

Öfters festgestellt ist die suggestive Beeinflussung der Menstruation. Sie ist offenbar nicht ad libitum möglich, nicht etwa in ganz regelloser Weise auf ganz kurze Zwischenräume hintereinander hervorzurufen und dann wieder auf sehr lange Zeiten zu verhindern. Es muß vielmehr schon im allgemeinen die individuell gegebene Periodik berücksichtigt werden; doch besteht innerhalb dieser ein ziemlich großer Spielraum. Man konnte die Menstruation auf Tag und Stunde genau fixieren, also etwa den 24., 26., 30. Tag. Meistens war hierfür tiefe Hypnose notwendig. Interessant ist die Angabe MOHRs, daß er — besonders bei oberflächlicher Hypnose — eine Regelung der Menstruation nur dann habe bewirken können, wenn er die während der Menstruation gewohnten Gefühle heranzog und suggerierte: Sie werden das Gefühl haben, als ob usw. Hier werden Beziehungen zwischen Aufmerksamkeitsrichtung, seelischer Einstellung und körperlichem Effekt deutlich.

Auffallender noch als die Beeinflussungen der Menstruation sind die berichteten suggestiv erzeugten Quaddel- und Blasenbildungen der Haut. Das meiste hierzu Angeführte scheint kritischer Würdigung nicht standzuhalten. Anders jedoch steht es mit vereinzelten Beobachtungen, wie sie z. B. KOHNSTAMM und PINNER, HELLER und SCHULTZ, KRONFELD gemacht haben. Hier sind offenbar die notwendigen Vorsichtsmaßregeln eingehalten worden.

Wenn diese Beobachtungen auch auf den ersten Blick verblüffend erscheinen, so sind sie doch nach unseren sonstigen Kenntnissen keineswegs unverständlich. Vasomotorische Erscheinungen können, wie wir besonders auch aus pathologischen Erfahrungen wissen, einen sehr engen Zusammenhang mit psychischen Vorgängen haben; auch von der Menstruation ist das bekannt. Plethysmographische Untersuchungen (WEBER) haben gezeigt, daß durch die hypnotische Suggestion, ein bestimmter Körperteil werde bewegt, Blutverschiebungen nach diesem Körperteil hin und von anderen Körperteilen fort eintreten, auch wenn tatsächlich der Körperteil völlig in Ruhe bleibt. Diese Erfahrungen geben uns Anhaltspunkte für das Verständnis auch der suggestiv erzeugten vasomotorischen Phänomene. Die Tatsache, daß die Zahl der Herzschläge und die Höhe des Blutdrucks durch suggestive Erzeugung von Stimmungen und Affekten mittelbar beeinflußbar sind, setzt unserem Verständnis keine Schwierigkeiten entgegen.

Leichtbegreiflich wird uns auch bei Berücksichtigung dieser Tatsachen die nicht schwer zu bewerkstelligende suggestive Regelung des Stuhlgangs sowie die Beeinflussung der Magendarmtätigkeit überhaupt. Ist doch auf die innigen Zusammenhänge zwischen seelischen Vorgängen und Erscheinungen im Magendarmtraktus seit PAWLOW des öfteren hingewiesen worden (neuerdings besonders durch HEYER).

Eine Frage, die noch kurz zu streifen wäre, ist die nach der Existenz von primären und sekundären Effekten der Hypnose bzw. Suggestion. Es wird dabei diskutiert, ob es Erscheinungen gibt, die selbst nicht als suggestiv anzusehen sind, die aber in bestimmten gesetzmäßigen Beziehungen zu suggerierten Phänomenen stehen, diese begleiten, und eintreten, sobald die suggestiven Erscheinungen hervorgerufen werden. Es handelt sich also um Korrelationen zwischen durch Suggestion hervorgerufenen Phänomenen und solchen, welche durch den bloßen Eintritt der suggestiv bewirkten Erscheinungen ihrerseits bewirkt werden. Solche — auch unter dem Titel „halbspontane" Phänomene zusammengefaßte — Beziehungen wären etwa die zwischen Motilitätsstörungen und Störungen der Sinnesfunktion, die Frage z. B. wie weit bei Suggestion einer Lähmung zugleich ohne besondere dahinzielende Suggestion eine Sensibilitätsstörung mit gesetzt wird, ferner zwischen Störungen der Funktion eines Sinnes und der eines anderen usw. Es ist jedoch sehr schwierig, den Beweis zu führen, daß bei Erscheinungen, welche als „halbspontan" bezeichnet worden sind, nicht direkte Suggestionswirkungen gegeben waren. Doch ist das Problem interessant und weiterer Untersuchungen wert, seine Lösung allerdings nicht leicht.

Von den zuletzt angedeuteten Fragen bezog sich eine Reihe zugleich auf die Tragweite der Suggestion. Insofern sich die Frage auf die Beeinflussung von dem Willen entzogenen körperlichen Funktionen richtete, stellten wir fest, daß vasomotorische, sekretorische usw. Funktionen beeinflußt werden können, soweit gesetzmäßige Beziehungen zwischen diesen Funktionssphären und seelischen Geschehnissen gegeben sind. Allein auch im Bereich des Seelischen selbst hat die Frage nach den Grenzen der hypnotisch-suggestiven Beeinflussung Sinn und Berechtigung. Bei Schilderung der einschlägigen Phänomene konnte wohl der Eindruck entstehen, daß der Hypnotisierte in seinem seelischen Erleben alle gesetzmäßige Selbständigkeit eingebüßt habe und einfach ein Spielball des Suggestioneurs geworden, dessen Eingebungen ausgeliefert sei, daß der in den hypnotischen Zustand Versetzte andererseits durch den Hypnotiseur auch zu „Mehrleistungen" gebracht werden könne, welche ihm im wachen Zustande gänzlich unmöglich seien.

Unter diese gesteigerten Leistungen ist zunächst die verfeinerte Wahrnehmung zu rechnen, welche unter dem Titel der Herabsetzung der Wahrnehmungsschwelle erörtert worden ist. Sie ist zweifellos vorhanden, aus der Beeinflussung der Aufmerksamkeit im hypnotischen Zustand zu verstehen und findet ihre Grenzen wohl in den Gesetzen der Aufmerksamkeitsverteilung und -einengung, welche allerdings, besonders mit Bezug auf diesen speziellen Fall noch genauer zu erforschen sind.

Viel diskutiert ist die Frage nach einer Steigerung der Gedächtnisleistungen in der Hypnose, der hypnotischen „Hypermnesie". Soweit unter dieser eine Erleichterung des Merkens und Erlernens begriffen wird, werden die Erscheinungen ebenso wie die vorher erörterten Veränderungen der Wahrnehmung als Wirkung der Aufmerksamkeit zu verstehen und durch Gesetzmäßigkeiten dieser zu begrenzen sein. Die hypnotische Hypermnesie im Sinne einer gesteigerten Erinnerungsfähigkeit hat insbesondere im Anschluß an die Propagierung der später zu besprechenden kathartischen bzw. psychoanalytischen Methode eine neue Bedeutung gewonnen. Diese Art von Hypermnesie ist keineswegs unbestritten. Nachdem insbesondere u. a. JANET, BREUER und FREUD, VOGT und BRODMANN Zustände gesteigerter Erinnerungsfähigkeit in der Hypnose zu theoretischen und praktischen Zwecken auszunutzen gesucht haben, hat HIRSCHLAFF solche spezifisch hypnotischen Erinnerungsleistungen überhaupt in Abrede gestellt. Obwohl er, wie er angibt, viele geeignete Fälle nach dieser Richtung untersucht hat, habe er in keinem einzigen Falle eine wirkliche Mehrleistung des Gedächtnisses beobachten können. Nach seiner Überzeugung beruhen die scheinbaren Mehrleistungen des Gedächtnisses bei hypnotisierten Personen entweder auf der Beseitigung einer meist emotionellen Hemmung, die im Wachleben bestand, oder aber auf Autosuggestionen der Versuchspersonen, Autosuggestionen, welche durch suggestive Fragen oder eine hypnotische Dressur von seiten des Experimentators veranlaßt würden.

Demgegenüber haben u. a. FRANK in einem Verfahren, das oberflächliche hypnotische Zustände ausnutzt, und LÖWENFELD besondere Erinnerungsleistungen ihrer Kranken in der Hypnose gesehen. Es soll gelungen sein, Erinnerungen aus den ersten Lebensjahren zu wecken und Wirkungen zu erzielen, die weit über das dem Bewußtsein Verfügbare hinausgingen.

In der Tat ist es wohl sicher, daß die Hypnose beträchtliche Leistungen der Erinnerung bewirken kann; Ursache hierfür ist wohl nicht nur die Fortschaffung von Hemmungen; sondern auch hier ist die Leistung der spezifischen Aufmerksamkeitsverhältnisse, einer überaus energischen „Einstellung" und dadurch bewirkten Bestimmung der Reproduktion in Betracht zu ziehen. Wie weit bei geeignetem Trainieren im Einzelfalle ähnliche Leistungen auch ohne Hypnose erfolgen können, wird sich schwer entscheiden lassen. Jedoch ist nicht außer acht zu lassen, daß eine sehr starke Konzentration auf die Reproduktion allein Zustände schaffen muß, welche hypnotischen nahestehen. Jedenfalls darf die Hypnose als ein bequemes Hilfsmittel zur Hervorrufung erheblicher Erinnerungsleistungen angesehen werden. Nicht zu übersehen sind jedoch die Gefahren bewußter und unbewußter Täuschung (Erinnerungsfälschungen, Phantasien, ungewollte Beeinflussung durch den Hypnotiseur). Solche Fehlerquellen haben wohl nicht selten den in

Hypnose herausgeholten Erzählungen den Wert wirklicher Erinnerungen genommen. Größte Skepsis ist angebracht gegenüber den Angaben, daß besondere Leistungen — vor allem künstlerische — nur in Hypnose möglich seien. Bei einigen Tänzerinnen, die sich in Hypnose produzierten, mag es sich zunächst um die Erleichterung durch Fortschaffung von Hemmungen gehandelt haben. Daß nervöse Behinderungen der künstlerischen Leistung (Lampenfieber, Erwartungsneurose) durch hypnotische Suggestion günstig beeinflußt werden können, wird im speziell-therapeutischen Teil dargelegt.

Von besonderer Wichtigkeit in der Erörterung der Tragweite der Suggestion ist die Frage, wie weit überhaupt die Selbständigkeit der Persönlichkeit durch hypnotische Suggestion beeinträchtigt bzw. aufgehoben werden könne. Dabei erregt naturgemäß das Problem des suggestiven Zwanges, vor allem als Frage nach der Wirksamkeit krimineller Suggestionen, immer noch sehr lebhaftes Interesse.

Einer Reihe von Forschern (Delboeuf, Gilles de la Tourette, Pierre Janet usw.), welche den Standpunkt vertreten haben, daß „die Suggestion keine Macht ist, welche alle in uns ruhenden intellektuellen und sittlichen Kräfte zu überwältigen vermag" (Loewenfeld), und daß nur intellektuell minderwertige und moralisch haltlose Personen durch kriminelle Suggestionen ungünstig beeinflußt werden können, stehen andere auch vorsichtige Autoren gegenüber, welche zum mindesten die Möglichkeit zugestehen, daß durch hypnotische Suggestion verbrecherische Handlungen bewirkt bzw. erleichtert werden können. Dabei handelt es sich um die doppelte Möglichkeit einerseits an einer in hypnotischen Zustand versetzten „willenlosen" Person Verbrechen zu begehen, wie anderseits den Hypnotisierten zu verbrecherischen Handlungen als Werkzeug auszunutzen oder zur Begehung solcher Handlungen zu bewegen. Die Ansicht von der Wirksamkeit krimineller Suggestionen wurde durch Experimente gestützt, welche eine Reihe von Autoren (Liégeois, Bernheim, Forel u. a.) angestellt haben. Bei solchen Experimenten „stahlen" Versuchspersonen ihnen zum Diebstahl bezeichnete Gegenstände, stachen mit suggerierten „Waffen" auf gegenüberstehende Menschen, schossen auf solche mit blindgeladenen Pistolen usw. Bei der Ausführung solcher Handlungen zeigten die Versuchspersonen die Ausdruckserscheinungen des Widerstrebens, der Scham, aber auch der Angst, des Entsetzens usw., führten aber nichtsdestoweniger die befohlene Handlung aus. Auch in einer Anzahl von wirklichen Gerichtsverfahren hat die Behauptung, der Angeschuldigte sei durch Hypnose zu der Begehung ungesetzlicher Handlungen gebracht worden, eine Rolle gespielt. Bei Liebschaften, Eheschließungen auffallender Art usw. hört man gleichfalls nicht selten ähnliche Angaben.

Was kriminelle Handlungen an Hypnotisierten selbst anlangt, so sind hier besonders sexuelle Attentate in Rücksicht gezogen worden. In Strafprozessen hat öfters die Frage eine Rolle gespielt, inwieweit eine Person durch hypnotische und suggestive Maßnahmen in einen willenlosen Zustand versetzt und zur Duldung geschlechtlicher Handlungen gebracht werden könne.

Wenn man das zum Problem des suggestiven Zwanges und der kriminellen Suggestion vorgebrachte Material kritisch sichtet, wird man sich doch im ganzen der Anschauung LOEWENFELDs anschließen müssen, daß die Suggestion nicht imstande sei, die in der Persönlichkeit ruhenden Widerstandskräfte aufzuheben. Die „experimentellen" Beweise sind nicht recht als solche anzusehen. Immer wieder wird man darauf hinweisen müssen, daß der Hypnotisierte stets noch genug Erkenntnis der Situation behält, um zu wissen, daß er wagen darf, was er tut. Das Auftreten von Ausdruckserscheinungen, welche der suggerierten Situation, in welche sich der Hypnotisierte hineinlebt, entsprechen, ist kein Gegenbeweis. Im übrigen haben Persönlichkeiten, welche angeblich nur durch Suggestion zur Begehung krimineller Handlungen veranlaßt wurden, bei näherer Prüfung sich auch sonst als schwankende Gestalten erwiesen, zum mindesten als Haltlose, welche einer Versuchung leicht zugänglich waren.

Dagegen ist nicht zu bestreiten, daß man an tief Hypnotisierten mit Hilfe geeigneter Täuschungen (Halluzinationen usw.) kriminelle Effekte erreichen kann. Natürlich könnte man etwa (um einige Beispiele HIRSCHLAFFs zu wählen) einer Hypnotisierten suggerieren, „das Fensterbrett eines geöffneten Fensters sei eine Bank, die weit hinausrage in ein herrliches Meer und von der aus eine entzückende Aussicht zu genießen sei, sobald man einige Schritte nach vorwärts schreite, wobei sie sich völlig gefahrlos an ein suggeriertes Geländer halten könne". Oder ein geladener und gespannter Revolver sei eine elektrische Klingel, auf deren Druckknopf (alias Feder) kräftig gedrückt werden müsse, um einen dienstbaren Geist herbeizurufen.

Es ist wohl nicht zu bezweifeln, daß auf solche Weise kriminelle Wirkungen hervorgerufen werden könnten; allein solche Beispiele treffen nicht recht den Begriff der kriminellen Suggestion bzw. des suggestiven Zwanges, bei dem es ja auf die Ausschaltung oder Niederringung innerer Widerstände ankommt. Bei den eben geschilderten Möglichkeiten sind Täuschungen wirksam, Täuschungen, wie sie — bei genügendem Raffinement und geeigneter Form der Ausführung — auch bei wachen Menschen, welche sich einer Persönlichkeit anvertrauen, ihr Ziel erreichen könnten. Ebenso handelt es sich bei den zur Diskussion stehenden sexuellen Attentaten um Täuschung und Ausnutzung der Bewußtseinsstörung und der allgemeinen Hilflosigkeit infolge der Hypnose — also um indirekte Wege. Mit Bezug auf die Möglichkeit direkter hypnotisch-suggestiver Beeinflussung, das Hervorrufen erotischer Begehrungen bzw. die Willfährigkeit gegenüber Ansprüchen, die sonst der Persönlichkeit widersprächen, ist starke Skepsis am Platze. Jedoch ist zuzugeben, daß die ganze Situation, bei entsprechender Gewissenlosigkeit und Geschicklichkeit des Hypnotiseurs geeignet ist, sexuelle Phantasie- und

Gefühlsvorgänge hervorzurufen. Daß ein raffiniertes Verfahren gelegentlich auch die Maskerade einer Hypnose benutzen kann, um sein Ziel zu erreichen, mag zugestanden werden.

Im ganzen wird man, wenn man die Berichte über die Experimente und einschlägigen Vorkommnisse überschaut, und dazu berücksichtigt, daß ästhetisch und ethisch anstößige Suggestionen auch in tiefer Hypnose gewöhnlich den stärksten Widerständen begegnen, sagen dürfen, daß das Problem der kriminellen Suggestion wenig theoretische und praktische Bedeutung besitzt. Nur für sexuelle Handlungen wird man in seltenen Fällen in foro die Ausnutzung eines willenlosen Zustandes annehmen. Im allgemeinen wird man eine besonders geschickte Art der Beeinflussung noch an den Grenzen der Norm vorfinden. — Nicht vergessen werden darf, daß falsche phantastische Anschuldigungen Hypnotisierter gegen den Hypnotiseur vorliegen können.

b) Die posthypnotischen Erscheinungen.

Die Wirksamkeit der Hypnose ist mit der Dauer des veränderten Bewußtseinszustandes nicht abgeschlossen. Vielmehr gewinnt die Hypnose gerade ihre praktische Bedeutung für die Heilkunde dadurch, daß aus dem hypnotischen Zustande heraus Nachwirkungen auf das gewöhnliche Seelenleben bleiben bzw. erzeugt werden, Nachwirkungen, welche unter dem Namen der „posthypnotischen Erscheinungen“ zusammengefaßt werden. Von diesen Phänomenen ist kurz zu sagen, daß von allem, was in der Hypnose erzeugt wird, Teile für kürzere oder längere Zeit nach Beendigung der Hypnose fortbestehen können oder nach entsprechender Suggestion mitten aus dem Wachzustande heraus längere oder kürzere Zeit nach Beendigung der Hypnose ohne neue Einleitung des hypnotisches Zustandes von neuem auftreten können. Das gilt ebenso von den Veränderungen der Wahrnehmung, der Erinnerung wie denen des Fühlens und Wollens, der motorischen Erscheinungen usf. Man kann demnach mit einem Hypnotisierten eine Reihe von Experimenten machen. Man kann Sinnestäuschungen in ihm hervorrufen, die Bewegung seiner Glieder lähmen, ihm plötzlichen Tränenausbruch anbefehlen usw. Und nun kann man bewirken, daß die eine oder andere dieser Erscheinungen, die Lähmung des Armes etwa, oder die Erinnerungslosigkeit an ein bestimmtes Erlebnis, oder auch eine Trugwahrnehmung nach Beendigung des hypnotischen Zustandes fortbestehen bleibt. Andrerseits kann man in der Hypnose befehlen, daß diese oder jene Erscheinung, ohne neue Einleitung einer Hypnose, plötzlich verwirklicht wird, bei sonst ungestörtem Wachbewußtsein, und ohne daß andere hypnotisch-suggestive Erscheinungen aufzutreten brauchen. Man kann also jemanden im hypnotischen Zustand die Suggestion geben, eine ihm gereichte Zwiebel sei ein prächtig schmeckender Apfel; er wird sie als solchen verspeisen. Wird der Hypnotisierte nun geweckt, so wird er die Zwiebel ohne weiteres als das, was sie ist, erkennen. Erhält er aber noch in Hypnose die Eingebung, daß die Zwiebel auch nach der Beendigung des

Schlafzustandes Apfel bleibt, daß er sich von niemandem einreden lassen werde, es sei kein Apfel, so wird die Trugwahrnehmung, trotz des sonst vom Normalzustand nicht abweichenden Bewußtseins einige Zeit fortbestehen.

Es kann dem Hypnotisierten aber auch in der Hypnose suggeriert werden, der Gegenstand (in Wirklichkeit Zwiebel), den er um eine bestimmte Zeit — etwa einige Stunden später — an diesem oder jenem Ort finden werde, sei ein prächtiger Apfel, er solle ihn verspeisen: dann wird sich, ohne neue besondere Hervorrufung einer Hypnose, diese einzelne Suggestion bei im übrigen erhaltener Kritik verwirklichen. Andere Gegenstände als diese eine durch Suggestion vorherbestimmte Zwiebel werden nicht als Äpfel hingenommen, wenn sie es nicht sind.

Auch Handlungen — ohne Schwierigkeit selbst unsinnige Handlungen — können auf hypnotische Eingebungen mit großer Genauigkeit posthypnotisch verwirklicht werden. Dabei kann der Zeitpunkt des Eintritts der posthypnotisch wirksamen Suggestion auch auf längere Zeit hinausgeschoben und doch sehr genau eingehalten werden (Terminsuggestion, Suggestion à échéance). Die Art der Zeitbestimmung kann eine verschiedene sein. Es kann ein genaues Datum angegeben werden, aber auch die Zahl der Wochen, Tage, Stunden, selbst Minuten, welche verfließen sollen, bis die Suggestion sich verwirklicht, kann bezeichnet werden. Einige Beispiele mögen das hier Gesagte verdeutlichen.

Forel sagte einem Hypnotisierten: „Nach dem Erwachen werden Sie mich ganz scharlachrot angekleidet und mit zwei Gemsbockhörnern auf dem Kopf sehen. Zudem wird meine danebensitzende Frau verschwunden sein und ebenso die Zimmertüre, welche vollständig durch Tapete und Vertäfelung ersetzt sein wird, so daß Sie gezwungen sein werden, durch die andere Türe fortzugehen." Forel spricht dann von anderen Dingen, läßt den Hypnotisierten durch Suggestion dreimal gähnen und dann erwachen. Dieser macht die Augen auf, reibt dieselben mehrmals, wie wenn er einen Nebel entfernen wollte, blickt den Hypnotiseur an und beginnt dann zu lachen. „Warum lachen Sie?" „Sie sind ja ganz rot und haben zwei Gemshörner auf dem Kopf" usf. „Ihre Frau ist fort?" „Wo saß sie denn?" „Auf diesem Stuhl." „Sehen Sie den Stuhl?" „Ja." Er wird veranlaßt, den Stuhl zu betasten, tastet an der darauf sitzenden Person herum, meint aber bald den Stuhl, bald eine unsichtbare Resistenz zu fühlen, je nach der Art, wie er die Suggestion durch Autosuggestion ergänzt hat. Dann will er fort, kann aber nicht, sieht nur Tapete und Täfelung, behauptet es auch, wenn er die Türe betastet.

Die Dauer der posthypnotischen Wirksamkeit solcher Suggestionen ist eine verschieden lange. Meist ist sie eine kurze (Minuten), kann aber auch beträchtlich länger währen. Lloyd Tuckey suggerierte einer Dame, daß der Schweif ihrer gefleckten Katze drei Tage lang schwarz sein werde. Tatsächlich realisierte sich die Suggestion während der vorgeschriebenen Zeit.

Bei den Suggestions à échéance kann die Verfallzeit eine sehr lange sein (Monate) und doch sehr pünktlich eingehalten werden.

Bernheim erteilte einem hypnotisierten Unteroffizier im August 1883 die Suggestion, er werde am Mittwoch den ersten Oktober desselben Jahres zu Dr. Liébault gehen und dort den Präsidenten der Republik treffen, der ihm eine Medaille und eine Pension geben werde. Die Suggestion realisierte sich wie vorgeschrieben nach 63 Tagen an dem entsprechenden Mittwoch; an einer leeren Stelle des Zimmers von Dr. Liébault sah der Unteroffizier den Präsidenten der Republik, unterhielt sich mit dem Phantom und halluzinierte entsprechende Handlungen desselben.

Derartige Versuche sind zahlreich angestellt worden und pflegen bei geeigneten Individuen prompt und exakt zu gelingen. Besonders imponiert hat bei solchen Versuchen die Genauigkeit der Einhaltung des zeitlichen Termins. Selbst Eingebungen, daß ein Ereignis in einer bestimmten Zahl von Minuten (es werden dabei in der Literatur Zahlen von 1000 und 4335 Minuten angegeben) eintreffen werde, sollen mit bemerkenswerter Genauigkeit realisiert worden sein.

Von besonderem Interesse ist, wie die Versuchsperson zu der posthypnotischen Suggestion, besonders wenn diese mitten im wachen Leben verwirklicht wird, in ihrem Erleben Stellung nimmt. Ein Teil der Personen hat das Bewußtsein, daß es sich um einen aus der Hypnose stammenden Befehl usw. handle. Andere haben dieses Bewußtsein nicht, und suchen dann nach Erklärungen; sie motivieren Handlungen usw. mit Gründen, deren Unzulänglichkeit dem, der den Zusammenhang kennt, offenkundig ist. Hat man etwa einer Person befohlen, um eine bestimmte Zeit in Tränen auszubrechen, so wird sie eventuell, auf die Frage, warum sie weine, erwidern, es sei ihr ein trauriges Erlebnis eingefallen oder ähnlich. Hat man ihr die Ausführung einer Handlung anbefohlen, so sucht sie häufig ein irgendwie plausibles Motiv anzugeben. Ist die Handlung gar zu absurd — es ist nicht schwer, durch posthypnotisch wirksamen Befehl auch solche hervorzurufen —, so gibt die Versuchsperson nicht selten an, sie habe unter einem ihr nicht verständlichen Zwang gehandelt. So sind diese posthypnotisch wirksamen Suggestionen mit zugleich bestehender Amnesie — wie Forel betont — eine Demonstration des bekannten Ausspruchs des Philosophen, daß wir nur unsere Handlungen kennen und nicht die Voraussetzungen, aus denen sie erwachsen, und daß die Unkenntnis der wirklichen Beweggründe des Handelns zu Illusionen über unsere Handlungsweise führe.

Über den Bewußtseinszustand bei Verwirklichung posthypnotischer Suggestionen haben Zweifel bestanden. Es darf wohl gesagt werden, daß bei Realisierung von Eingebungen, die aus dem Rahmen des normalen Seelenlebens nicht allzusehr herausfallen — zum Beispiel bei den meisten therapeutischen Suggestionen —, das Bewußtsein im großen ganzen das gewohnte Wachbewußtsein ist. Nicht selten befindet sich allerdings bei experimentellen posthypnotisch wirkenden Suggestionen die Versuchsperson in einem Zustand der Unruhe bis zum Eintritt der Realisierung, ohne daß sie selbst imstande wäre, zu sagen, woher die Unruhe kommt. Bei experimentellen Eingebungen besonderer Art erfolgt nicht selten bei Verwirklichung der posthypnotischen Suggestion ein erneutes spontanes Verfallen in Hypnose; gelegentlich bleibt diese, wenn der Zeitpunkt für die Verwirklichung der posthypnotischen Suggestion nicht fern gewählt wird, ununterbrochen fortbestehen.

Über die Dauer der Suggestionswirkungen ist viel gestritten. Unnatürliche, der täglichen Erfahrung, evtl. auch den Wünschen der Hypnotisierten widersprechende experimentelle Suggestionen pflegen keine lange Wirkungsdauer zu haben. Natürliche, zweckmäßige, besonders therapeutische Suggestionen können jahrelang wirksam bleiben. Allerdings ist hierbei nicht zu übersehen, daß die Gewöhnung als ein neuer Faktor zu der reinen Suggestionswirkung hinzutritt.

c) Die oberflächlich-hypnotischen Zustände.

Tiefe „somnambule" Hypnosen, deren Symptome in dem Vorhergehenden geschildert worden sind, machen nur einen Bruchteil all jener Zustände aus, die wir als „hypnotische" auffassen müssen. Gerade für den Arzt, der alle Arten von Hypnosen für therapeutische Zwecke auszunutzen bestrebt sein muß, ist eine eindringliche Kenntnis der oberflächlichen hypnotischen Zustände, als welche die Mehrzahl der Zustände hypnotischer Beeinflussung zu kennzeichnen sind, erforderlich.

Seit man sich mit dem Studium der Hypnose genauer befaßt, hat man auch versucht, Grade oder Stufen hypnotischer Beeinflussung abzugrenzen. Der Vater des wissenschaftlichen Hypnotismus, Liébault, hat 6 Grade der Tiefe der Hypnose unterschieden, sein Schüler Bernheim 9 Grade. Bei beiden war das Hauptunterscheidungszeichen der tiefen von den oberflächlichen Hypnosen die Amnesie. Innerhalb dieser Hauptklassen wurden dann noch eine Reihe weiterer Stufen unterschieden.

Besondere historische Bedeutung hat die Einteilung Charcots. Er unterschied drei Stadien:

1. Das kataleptische — es sollte durch ein plötzliches starkes Geräusch oder die Einwirkung starken Lichtes (Drummondsches Kalklicht) hervorgerufen werden oder nach künstlichem Augenöffnen aus dem sogleich zu schildernden zweiten Stadium entstehen. In dem ersten Stadium waren nach Charcot die Glieder kataleptisch, in jeder gegebenen Lage verharrend, die Reflexe sollten aufgehoben sein, Analgesie bestehen und Suggestionen des Hypnotiseurs angenommen werden.

2. Das lethargische Stadium entsteht nach Charcot durch Fixation direkt oder läßt sich aus dem ersten kataleptischen Stadium dadurch entwickeln, daß man die im ersten Stadium offenen Augen der hypnotisierten Person schließt. Im lethargischen Stadium sind die

Augen geschlossen, es besteht Empfindungslosigkeit, die Glieder sind schlaff, die Reflexe aber gesteigert, und es ist ein Zustand erhöhter neuromuskulärer Erregbarkeit vorhanden; durch Hautreize, Reizungen von Muskeln und Sehnen lassen sich Kontrakturen erzeugen, die Muskelkraft ist erhöht. Suggestionen realisieren sich nicht.

3. Das dritte Stadium nach CHARCOT endlich, der Somnambulismus, sollte durch Reiben des Scheitels aus dem ersten oder zweiten Stadium entwickelt werden. Die äußere Haltung ist daher nach CHARCOT der des lethargischen Zustandes ähnlich. Die Augen sind halb oder ganz geschlossen. Auf Hautreize usw. hin entstehen Kontrakturen, welche durch den gleichen Reiz wieder beseitigt werden können. Die Sinnestätigkeit ist verschärft, posthypnotische Suggestionen werden realisiert.

Die Auffassung CHARCOTS, welche in ihrem ursprünglichen Umfang heute kaum mehr Anhänger hat, ist, abgesehen von ihrer historischen Bedeutung, deshalb erwähnenswert, weil sie für manche Auffassungen der hypnotischen Erscheinungen typisch ist. Die einzelnen Stadien erscheinen hier gekennzeichnet durch ein konstantes Beieinander bestimmter Symptome. Körperliche Erscheinungen („neuromuskuläre Übererregbarkeit") spielen eine große Rolle, und bestimmte körperliche Maßnahmen rufen gesetzmäßig die einzelnen Stadien hervor.

So besteht eine enge Beziehung zwischen der Auffassung von der großen „hypnotischen Neurose" und der der Hysterie im Sinne CHARCOTS. Auch manche neueren Anschauungen kennzeichnet noch diese übertriebene Einschätzung körperlicher Erscheinungen und die Sucht nach Abgrenzung von „Syndromen" in den hypnotischen Zustandsbildern. Heute wissen wir, daß all die so sauber abgetrennten und durch bestimmte körperliche Erscheinungen ausgezeichneten Stadien CHARCOTS Kunstprodukte — hervorgerufen durch unbemerkte Suggestion des Hypnotiseurs — gewesen sind.

Demgegenüber betonte die Nancyer Schule LIÉBAULTS und seiner Nachfolger die seelische Ätiologie der hypnotischen Erscheinungen, sah die Wirkung der Suggestion auch in den körperlichen Symptomen, und betrachtete somit alle hypnotisch-suggestiven Phänomene als ein zusammenhängendes Ganzes; dabei wurde zugleich der Übergang zu den Suggestionsphänomenen des gewöhnlichen normalen Lebens gebührend berücksichtigt.

Während die Einteilungsschemata LIÉBAULTS und BERNHEIMS mit ihren vielen Unterabteilungen keinen großen Anklang fanden, ist die Einteilung FORELS, der in seinen Grundanschauungen auf dem Boden der Schule NANCYS steht, recht gebräuchlich geworden.

FOREL unterscheidet drei Stadien hypnotischer Beeinflussung, wobei er betont, daß Übergänge zwischen den einzelnen Stadien vorhanden sind. Diese Stadien sind:

1. Somnolenz: der nur leicht Beeinflußte kann noch mit Anwendung seiner Energie der Suggestion widerstehen und die Augen öffnen.

2. Leichter Schlaf, oder Hypotaxie, oder Charme: der Beeinflußte kann die Augen nicht mehr aufmachen, muß überhaupt einen Teil der Suggestionen, evtl. alle realisieren, mit Ausnahme der Amnesie. Er wird nicht amnestisch.

3. Tiefer Schlaf oder Somnambulismus. Dieser ist charakterisiert durch Amnesie nach dem Erwachen. Im übrigen betont Forel, daß die Suggestibilität auch bei tiefem Schlaf sehr gering, sogar fast Null sein kann (seltene Fälle). Posthypnotische Erscheinungen können nicht selten auch nach leichtem Schlaf eintreten. Man könne ferner das Schlafen bei offenen Augen, weitgehende Suggestionserfolge — auch Amnesie — im Wachzustand, und umgekehrt nach Amnesie die Erinnerung durch Suggestion hervorrufen, so daß auch jene drei Grade sehr mangelhaft definiert seien. Der Schlaf, die Amnesie und die Widerstandsfähigkeit werden hierbei nur Prüfsteine der Suggestibilität. Es komme hauptsächlich darauf an, was man anfänglich suggeriere.

Wichtig ist ferner, wie Forel mit anderen betont, daß man durch suggestive Übung und Dressur Somnolenz in Hypotaxie und letztere durch Suggestion der Amnesie in Somnambulismus — wenn auch nicht immer — überführen kann.

So notwendig es ist, zu berücksichtigen, daß die Grenzen der Stadien der Hypnose fließende sind — eine Tatsache, welche auch in der eben betonten Möglichkeit der „Vertiefung" der Hypnosen zum Ausdruck kommt —, so ist es doch andrerseits nicht nur aus praktischen Gründen erwünscht, verschieden tiefe Zustände voneinander zu sondern.

Es dürfte jedoch genügen, nur 2 Stadien hypnotischer Beeinflussung, die oberflächliche und die tiefe Hypnose zu unterscheiden. Unter die oberflächlichen Zustände wären zu begreifen solche von einfacher Schläfrigkeit, Benommenheit, mit Gefühl der Schwere in den Gliedern, der Unfähigkeit, die Augen zu öffnen, die Glieder zu rühren, mit dem Gefühl „gebannt" zu sein, bis zu Katalepsie und Drehautomatismus usw., Bewegungslosigkeit bei nur leicht getrübtem Bewußtsein und erhaltener Erinnerung.

Sind die oberflächlichen Zustände durch nur leichte Umnebelung, Müdigkeit und Erscheinungen auf dem Gebiete der Motilität gekennzeichnet, so ist für die Abgrenzung der tiefen Hypnosen die starke Veränderung des Bewußtseins, die Beeinflußbarkeit der Sinneswahrnehmung und der Erinnerung heranzuziehen. Haben Liébault, Bernheim, Forel die Amnesie als charakteristisch für die tiefere Hypnose herausgehoben, so haben Dessoir und Moll besonders auf die Beeinflußbarkeit der Sinneswahrnehmung Nachdruck gelegt. (Übrigens hat auch schon Bernheim auf die Bedeutung der Halluzinationsfähigkeit als Einteilungszeichen hingewiesen.)

Es wird zweckmäßig sein, nicht nur eines der genannten Merkmale der tiefen Hypnose als ausschlaggebend anzunehmen. Daß die Bewußtseinsveränderung nicht nur als Schlafbewußtsein oder Benommenheit mit einfacher Erschwerung der Auffassung und der übrigen seelischen Funktionen betrachtet werden darf, geht aus schon früher Gesagtem hervor; zeigt sich doch vielmehr in der Richtung des Rapports eine erhebliche Steigerung mannigfacher seelischer Leistungen. Die Amnesie braucht auch bei tiefen Hypnosen nicht immer vollständig zu sein, sie kann selbst bei ausdrücklichem suggestivem Befehl nicht vorhanden oder nicht vollständig sein. In jedem Fall kann sich die Erinnerung schnell wieder herstellen. So erscheint allerdings die Beeinflussung der Sinneswahrnehmung zunächst als das sicherste Zeichen der tiefen Hypnose. Am besten wird man aber nur solche Zustände als wirklich „tief" ansehen, welche sowohl Beeinflussung der Wahrnehmung wie der Erinnerung (wenigstens teilweise) zeigen.

Geht man so strenge in der Abgrenzung der tiefen Zustände vor, so wird ihr Prozentsatz unter der Gesamtzahl hypnotischer Zustände kein sehr großer sein.

Über die Häufigkeit der verschiedenen Grade der Hypnose haben verschiedene Autoren durch Zusammenstellung der an einem mehr oder minder großen Material gewonnenen Ergebnisse Klarheit zu schaffen gesucht. Es seien einige solche Statistiken hier angeführt unter Benutzung der Einteilung FORELS.

Autor	Personenzahl	Somnolenz %	Hypotaxie %	Somnambulismus %	Refraktär %
WETTERSTRAND (Stockholm)	3209	35	48	13	3
LIÉBAULT 1880 (Nancy) .	1011	12	71	13	3
LIÉBAULT 1884	753	27	44	18	8
VON RENTERGHEM (Amsterdam)	414	50	32	11	3
FOREL (Zürich)	275	26	37	27	6
v. SCHRENCK-NOTZING (Intern. Statistik) . . .	8705	29	49	15	6
HILGER (Magdeburg) . . .	351	19,7	41,6	32,2	6,5
RINGIER	221	7	52,5	34,8	5
v. RENTERGHEM u. v. EEDEN	1089	42,8	40,9	11,6	5,3

Aus der Übersicht geht hervor, daß die Zahl der tiefer Somnambulen zwischen 11 und 35% der Gesamtzahl der behandelten Fälle schwankt. Die Differenzen dürften zu erheblichem Teil auf den verschiedenen Grad von Strenge, mit der die verschiedenen Untersucher die tiefen Hypnosen abgrenzten, zurückzuführen sein. So hat z. B. VOGT, der 83% und mehr tiefe Hypnosen erhielt, die Kriterien der tiefen Hypnose (leichte Veränderungen der Sinneswahrnehmung) nicht sehr streng genommen. Stellt man die Anforderungen höher, begreift man unter der Klasse der somnambulen Zustände nur solche mit deutlicher Beeinflussung der Sinneswahrnehmung (Halluzinationen,

Illusionen und Amnesie), so wird die Prozentzahl der tiefen Hypnosen nicht wesentlich höher als auf 10—15% anzusetzen sein.

Die Zahlen für Somnolenz und Hypotaxie schwanken aus den eben genannten Gründen viel stärker; besonders hinsichtlich der Abgrenzung von Somnolenz und Hypotaxie ist dem subjektiven Ermessen bei der Beurteilung motorischer Erscheinungen (etwa mit Bezug auf das Gefühl, die Augen nicht öffnen zu können, regungslos zu sein usw.) erheblicher Spielraum freigelassen.

Von Interesse ist ferner die Zahl der der Hypnose absolut Unzugänglichen (Refraktären). Sie ist, wie aus allen Statistiken hervorgeht, sehr gering und sicher nicht wesentlich über 5% anzusetzen. Untersucht man die Refraktaren genauer, so ist leicht festzustellen, daß bei einem erheblichen Teil von ihnen Gemütsbewegungen, Angst, Widerwillen irgendwelcher Art usw. Ursache des Mißlingens der Hypnoseversuche sind. Man kann somit sagen, daß im großen ganzen alle normale Menschen wenigstens in die leichtesten Grade von Somnolenz zu bringen sind, wenn nicht irgendwelche besonderen Gründe entgegenwirken, oder der Hypnose absichtlich widerstrebt wird.

Gegen ihren Willen kann man Menschen von einiger Beharrlichkeit der Willensanspannung nicht hypnotisieren. Es ist ein Leichtes, sich jedem Hypnoseversuch zu entziehen, indem man die Konzentration auf ihn vermeidet, sich mit äußeren oder inneren Tätigkeiten ablenkt, oder sich künstlich in Affekte hineinversetzt.

Über die Beziehungen zwischen Lebensalter und Hypnotisierbarkeit haben schon Untersuchungen LIÉBAULTs Klarheit zu schaffen gesucht. Sie sind durch Feststellungen HILGERs und TRÖMNERs ergänzt worden und besagen ziemlich übereinstimmend, daß Kinder leicht und auch tief, die mittleren Lebensalter mittelschwer — und zwar leicht und mitteltief zu hypnotisieren sind. In höherem Lebensalter steigt die Zahl der Refraktären an, doch gibt es hier noch reichlich mitteltiefe, aber wenig tiefe Hypnosen. Über die höchsten Lebensalter sind nicht genügend Daten vorhanden. Im großen ganzen ist zu sagen, daß die Eignung zur tiefen Hypnose in mittlerem und höherem Lebensalter abnimmt.

Kinder sind geeignete Objekte für die Hypnose, allerdings erst etwa vom 5. bis 6. Lebensjahr ab, sobald die Bedingungen für eine genügende Konzentration in ihnen gegeben sind.

Schließlich ist zu bemerken, daß mit der Wiederholung der Hypnotisierung die Eignung für die Hypnose zunimmt bzw. die Hypnose sich vertieft, die von dem Hypnotiseur gegebenen Suggestionen sich immer prompter, mechanisierter verwirklichen (hypnotische Dressur). Werden die hypnotischen Versuche sehr lange, sehr häufig und besonders von demselben Hypnotiseur vorgenommen, so kann die Beeinflußbarkeit wenigstens temporär und demselben Hypnotiseur gegenüber abnehmen (der „Nimbus verblaßt“). Das gilt in erster Linie von den tiefen Hypnosen und von diesen besonders bei reichlichem Experimentieren.

d) Abnorme Hypnosen.

Von großer Wichtigkeit, besonders für den Arzt, ist die Kenntnis abnormer Erscheinungen in der Hypnose. Ihr Auftreten kann das Hypnotisieren zu Heilzwecken sehr schwierig machen oder verbieten. Die „abnormen Hypnosen“ sind stets Somnambulhypnosen; einzelne bedeutungsvolle Veränderungen geben ihnen gegenüber dem vorher geschilderten Bild der „normalen“ tiefen Hypnose einen „abnormen“ Charakter.

HIRSCHLAFF hat eine gute Kennzeichnung und zweckmäßige Einteilung dieser abnormen Hypnosen gegeben. Wenn man, wie er betont, als wesentlichste Charakteristika der normalen Somnambulhypnose die unbeschränkte — in oben geklärtem Sinne — Suggestibilität und das Fehlen spontaner Erscheinungen innerhalb der Hypnose, sowie das durch geeignete Suggestionen stets zu erzielende absolute Wohlbefinden nach der Hypnose ansieht, so weichen die abnormen Somnambulhypnosen in allen diesen Punkten mehr oder weniger stark von der normalen Hypnose ab. HIRSCHLAFF unterscheidet:

1. Die „Elektivhypnose“. Sie ist ausgezeichnet durch das Überwiegen der Autosuggestionen gegenüber den Fremdsuggestionen. Autosuggestionen spielen in der normalen Hypnose eine geringe Rolle. Sie treten im allgemeinen in ihr nur insofern zutage, als der Hypnotisierte bisweilen Suggestionen des Hypnotiseurs vorwegnimmt, errät, und in ihrem Sinne agiert, evtl. auch sich in dieser Einstellung täuscht, oder daß früher gegebene Suggestionen spontan wieder verwirklicht werden. Bei der Elektivhypnose dagegen treten Autosuggestionen auf, die der Absicht bzw. den Befehlen widersprechen. Die Suggestionen des Hypnotiseurs werden nur teilweise realisiert, teilweise nicht beachtet oder direkt mißachtet. Diese Loslösung vom Hypnotiseur geschieht allerdings nur mit Bezug auf diejenigen Erscheinungen, auf die die Versuchsperson sich bereits vor der Hypnose vorbereitet hat. Auf diese Weise kommt — wie HIRSCHLAFF betont — ein sehr merkwürdiges Bild einer Somnambulhypnose zustande, das bei Nichtsachkundigen den Eindruck der Simulation erwecken kann. Neue unerwartete Suggestionen gelingen bei diesen Personen auch nach Wiederholung der Hypnose, während Suggestionen, die schon dagewesen sind, abgelehnt werden. Es gelingt aber bisweilen auch schon dagewesene Suggestionen wieder wirksam zu machen, wenn man sie mit neuen überraschenden Zutaten ausstattet, oder wenn man die Versuchsperson überrumpelt. So berichtet HIRSCHLAFF, daß bei einer elektivhypnotischen Versuchsperson die Suggestion, ein Hund zu sein, sich realisierte, indem die Person auf allen Vieren im Zimmer herumsprang, bellte usw. „Bei dem nächsten Versuche beklagt sich die Versuchsperson über dieses unwürdige Experiment. Sie versichert, daß sie sich fest vorgenommen habe, niemals mehr in der Hypnose dieses oder ein ähnliches Experiment auszuführen. In der darauf folgenden Hypnose antwortet sie auf den Versuch, sie in einen Hund zu verwandeln, unwirsch: „Ich

bin kein Hund.“ Darauf wird ihr plötzlich und in möglichst dramatischem Tonfall suggeriert: „Aber Sie fühlen doch deutlich, wie Ihr Kopf sich nach vorn verlängert, wie die Nase feucht und kalt wird, wie die schwarzen Zotten an ihrem ganzen Körper herunterhängen, wie die Glieder zusammenschrumpfen, wie der Körper auf alle vier Gliedmaßen hinfällt und Sie schweifwedelnd im Zimmer umherlaufen und knurren.“ Die Suggestion realisiert sich sofort. In einem anderen Fall gelang es nicht, einer Versuchsperson, welche in der Hypnose spontan über Durst klagte, einen Bleistift als Wasserglas zu reichen. Sie betonte, es sei ja kein Wasser in dem Zimmer. Als nun der Hypnotiseur sagt, er sehe, daß er sie nicht betrügen könne, er werde hinausgehen um von der Leitung Wasser zu holen, und ihr nach seiner Rückkehr eine Stimmgabel als Glas Wasser reicht, gelingt die Suggestion. Noch andere Erscheinungen der Elektivhypnose zeigen eine Loslösung der Versuchsperson von dem Einfluß des Hypnotiseurs. Sie bewegt sich, halluziniert spontan, erwacht evtl. auch ohne Aufforderung. Nicht selten sind unangenehme Empfindungen nach der Hypnose vorhanden, welche wenig oder gar nicht durch vorherige hypnotische Suggestion zu beeinflussen sind.

2. Die abnorme Schlafhypnose. Zeigt die Elektivhypnose ein teilweises Versagen der Beeinflußbarkeit innerhalb einer zum Teil normal verlaufenden Hypnose, so ist die abnorme Schlafhypnose durch den Verfall in einen unnormalen Schlaf mit Loslösung vom Hypnotiseur gekennzeichnet. Es handelt sich hierbei nicht um einen gewöhnlichen tiefen Schlaf, der sich auch sonst während einer Hypnose einstellen kann und leicht durch Erwecken zu beenden ist, sondern um einen abnormen Zustand tiefen Schlafs mit Lösung jeden Rapports. Die Hypnotisierten können dabei unruhig sein, sich umherwerfen, sind absolut unbeeinflußbar und schwer zu erwecken.

3. Das „hysterische Hypnoid“. So bezeichnet HIRSCHLAFF hysterische Zufälle verschiedener Ausdehnung und Stärke, die bei einer Reihe von Personen nach Einleitung der Hypnose im Verlaufe dieser auftreten. Es handelt sich um Erscheinungen vom einfachen Zittern, Zucken, Schlucksen bis zum großen hysterischen Anfall.

4. Die spontane Somnambulie (BREUER u. FREUD, LOEWENFELD, VOGT). In einer zunächst normal verlaufenden somnambulen Hypnose treten plötzlich halluzinatorische Erregungszustände auf mit phantastisch-wahnhaften Erlebnissen, besonders erotischer Art.

Alle die genannten Anomalien werden nur bei hysterischen oder psychopathischen Persönlichkeiten beobachtet. Sie sind gekennzeichnet als Lösung des Rapports — entweder als teilweises Widerstehen gegen die Fremdsuggestion, wie in der Elektivhypnose oder als autosuggestive Phänomene in weniger oder mehr ausgedehnten hysterischen Attacken, welche die drei letzten Arten abnormer Hypnosen charakterisieren.

2. Die Theorie der Hypnose.

Die meisten Versuche einer Theorie der hypnotischen Erscheinungen haben sich zunächst an ihr hervorstechendstes Merkmal gehalten, das auch durch die Namengebung hervorgehoben wird, an die Schlafähnlichkeit dieser Zustände. Und so haben sich manche Erklärungsversuche damit genug getan, die Rätsel der Hypnose mit denen des Schlafs einfach zusammenzustellen. Allein kein ernster Erklärungsversuch darf die Unterschiede zwischen Schlaf- und Hypnosezuständen übersehen. Man hat sie auch genugsam betont und als den wichtigsten den „Rapport" herausgehoben.

In der Tat wird durch den Rapport die Hypnose zu einem Schlafzustand ganz besonderer Art. Daß dieser Schlaf durch den Gedanken an das Einschlafen, den der Suggestor eingibt, hervorgerufen wird, ist dabei noch nicht das Ausschlaggebende. Auch der gewöhnliche Schlaf wird, ohne vorher bestehende besondere Ermüdung, nicht selten nur durch das Denken an das Einschlafen und das dadurch hervorgerufene Müdigkeitsgefühl herbeigeführt — ebenso wie bei vorhandener Ermüdung bzw. Müdigkeit die Überzeugung, daß der Schlaf kommt, und die „Einstellung auf das Einschlafen" auch bei dem gewöhnlichen Schlaf eine Rolle spielt. Allein eine solche dauernd wirksam bleibende Beziehung, wie sie der Rapport zwischen Hypnotiseur und Hypnotisiertem darstellt, diese außerordentlich intensive Beeinflussung des Seelenlebens des Hypnotisierten, welche hierbei zustande kommt, stellen doch Besonderheiten dar, die den hypnotischen Schlaf von anderen Schlafarten unterscheiden.

Man hat nun mit Recht darauf hingewiesen, daß auch dem gewöhnlichen Schlaf Rapportbeziehungen nicht ganz fremd sind. Ein beliebtes und treffendes Beispiel ist das der neben ihrem kleinen Kind schlafenden Mutter, die sich durch andere Störungen nicht so leicht aus dem Schlaf bringen läßt, aber auf die leisesten Bewegungen, Laute usw., des Kindes, auf die sie auch im Schlafe „eingestellt" ist, reagiert, evtl. das Kind in einer Art Halbschlaf schnell in Ordnung bringt, um dann sogleich wieder in den vorherigen Schlafzustand zu versinken.

Ohne Zweifel stehen derartige Schlafzustände mit besonderer Einstellung hypnotischen Rapportzuständen nicht zu ferne. Hat doch FOREL die Hypnose zur Hervorrufung solcher Einstellungen schlafender Wärterinnen auf die Bewachung Kranker mit Erfolg angewendet. Immerhin übertreffen die Rapporterscheinungen in der Hypnose selbst die hier angezogenen Phänomene an Intensität und Umfang um ein Erhebliches.

Der Rapport ist aber sicherlich eindeutig bestimmt durch die Wirksamkeit der Eingebung, welche die Art der Verbindung zwischen Hypnotiseur und Hypnotisiertem herstellt. Und so würde sich die Frage nach dem Wesen der Hypnose zunächst auf die Frage nach dem Wesen der Suggestion konzentrieren.

Was ist eine Suggestion? Hier herrschen noch heute erhebliche Verschiedenheiten der Auffassung. Ungemein weit ist die Fassung, welche BERNHEIM vertritt: „l'acte par lequel une idée est introduite dans le cerveau et acceptée par lui". Bei solchem Umfang des Begriffs muß fast jedes psychische Erlebnis zur Suggestion gestempelt werden, was BERNHEIM auch ohne Bedenken tut: „toute impression, toute image psychique, tout phénomène de conscience est une suggestion." Man weiß dann nur nicht, warum wir diese Erlebnisse mit dem Titel Suggestion auszeichnen und hat wenig Nutzen für das Verständnis der Erscheinungen, die gerade dieser spezifisch sind, auch wenn in Anlehnung an die alte Lehre von den „idées force" (so LÉVY) darauf hingewiesen wird, daß jedes derartige Erlebnis „tend a se réaliser." Denn dort erst beginnt das Verständnis der Suggestion, wo uns die Einsicht gegeben wird, warum gerade in der Suggestion diese Realisierung erfolgt und welche Umstände sie normalerweise verhindern. JANET suchte darum in seiner Bestimmung der Suggestion als „phénomène d'automatisme monoidéique" den Wegfall der normalen entgegenstehenden Tendenzen und Korrekturen als ausschlaggebend herauszuheben. Auch FOREL betont eine solche „Dissoziation". Für diese, soweit sie den hypnotischen Zustand überhaupt charakterisiert, suchte O. VOGT in subtilen, freilich rein konstruktiven, Gedanken ein neurodynamisches Schema zu entwerfen. Die Suggestion aber definiert er psychologisch als „eine affektlose Zielvorstellung mit abnorm intensiver Folgewirkung". Es wird später erörtert werden, was die Heraushebung der Affektlosigkeit der Zielvorstellung für einen Sinn hat. Jedenfalls bedeutet die „abnorm intensive Folgewirkung" Ähnliches, wie das Fehlen der normalen Gegenwirkung, der normalen Widerstände — eben die Dissoziation. Nicht viel anders sucht TRÖMNER die Merkmale der Suggestion zu fassen. Nach ihm ist die Suggestion eine meist durch das Wort übertragene Vorstellung, die mit der gegegebenen psychischen Konstellation in Widerspruch steht, die aber kritiklos oder widerspruchslos angenommen, mit einer gewissen Intensität apperzipiert wird und die ihr entsprechende Vorgänge, Empfindungen oder Innervationen erregt. Dasselbe meint wohl auch DUBOIS etwas populärer mit der Umschreibung der Suggestion als einer „Eingebung oder Einflüsterung, die auf Schleichwegen stattfindet" oder „die volle ungewollte und unkontrollierte Entwicklung der angeregten Tendenz", welche Bestimmung VOGT als allen Teilnehmern an einer großen Hypnotismusdiskussion entsprechend feststellen konnte.

Derartigen Bestimmungen gegenüber suchte L. W. STERN einen neuen Gesichtspunkt hervorzuheben, indem er neuere in der Psychologie aktuelle Unterscheidungen aufgreift. Nicht in dem Hervorrufen bestimmter seelischer Inhalte (Vorstellungen, Empfindungen, Gefühle) besteht nach ihm die Wirksamkeit der Suggestion, sondern in einer Stellungnahme zu bestimmten Bewußtseinsinhalten. „Stellung nehmen kann der Mensch in verschiedener Weise: theoretisch im Glauben, Fürwahrhalten, Anerkennen und Bestreiten, Beachten und Vernachlässigen, wertend im Billigen und Mißbilligen, Lieben und Hassen, Vorziehen und Hintansetzen; praktisch im Wollen und Handeln. Auf jedem dieser Gebiete kann Suggestion stattfinden; in unseren Suggestivfragen werden Existenzialurteile suggeriert; in den sozialpsychologischen Phänomenen der Mode und des Parteiwesens werden Wertungen suggeriert; in der Hypnose werden oft genug Handlungen suggeriert. Gemeinsam ist all diesen Funktionen in der Suggestion — und damit kommt STERN zu einem weiteren Merkmal dieser letzteren —, daß die Stellungnahme im Resultat erzeugt wird, ohne daß ein Stellungnehmen als „Akt" vorausgegangen wäre. Demnach ist Suggestion Übernahme, Nachahmung einer anderweitigen Stellungnahme ohne eigenes Stellungnehmen. Dabei tritt die übernommene Stellungnahme auf, als ob sie eigenem Stellungnehmen entsprungen wäre; sie erscheint dem Suggerierten selber so. STERN definiert darum: „Suggestion ist das Übernehmen einer anderweitigen geistigen Stellungnahme unter dem Schein des eigenen Stellungnehmens."

Es kann nicht zweifelhaft sein, daß diese Begriffsbestimmung STERNS nicht dem ganzen Sachverhalt bei der Suggestion gerecht wird, daß sie zu enge ist. Sie paßt im besten Fall für die Suggestion des Urteilens, Wollens, Wertens. Im übrigen werden durch die Suggestion eben nicht nur die Stellungnahmen oder im Sinne einer neueren psychologischen Unterscheidung „Funktionen", sondern auch Bewußtseins-„inhalte" — im Sinne der genannten Begriffsbestimmung „Erscheinungen" — beeinflußt. Der durch Suggestion Halluzinierende glaubt nicht nur, wie STERN meint, einen nicht existierenden Tisch zu sehen, sondern er sieht ihn; er stolpert über die vorgetäuschte Treppe, er hat Gefühle der Angst und des Entsetzens, nicht er nimmt zu ihnen Stellung; gar nicht zu reden von körperlichen Veränderungen, Lähmungen, Menstruationserscheinungen, Blasen der Haut usw.

Allerdings ist in der Anschauung L. W. STERNS ein wichtiges Problem getroffen, das noch einer kurzen Erörterung bedarf. Es handelt sich hier um einen besonderen Fall des allgemeinen Problems, inwieweit „Stellungnahmen", besser „Einstellungen", auch den Bestand, den Ablauf, die Verbindungen der „Inhalte", der „Erscheinungen" beeinflussen. Diese Frage ist von der neueren Psychologie mit besonderer Aufmerksamkeit behandelt worden. Wir wissen, daß „Einstellungen" auf eine „Aufgabe" ein „Thema" ebenso wie „Akte des Wollens" eindeutige Beziehungen auch zu der weiteren Gestaltung der „Bewußtseinsinhalte" zeigen. Es treten nach der Einstellung auf eine „Aufgabe", infolge der von dieser ausgehenden „determinierenden Tendenzen", die passenden reproduktiven Elemente im Gedankenablauf hervor usw. Ebenso folgen bei den Vorgängen der Aufmerksamkeit auf „Akte der Zuwendung" die entsprechenden Veränderungen in der Klarheit und Deutlichkeit der Bewußtseinsinhalte (z. B. Empfindungs-Vorstellungstatsachen). So wird die Bedeutung der „Apperzeption", der „Akte", der „Funktionen" für die Gestaltung der „Inhalte" auch der Wahrnehmung deutlich.

Diese Bedeutung wird man auch für die Trugwahrnehmungen herausheben; und wenn man von apperzeptiven oder „funktionalen“ Sinnestäuschungen sprechen will, so wird man unter diese auch die suggestiven begreifen müssen. Ist also mit Stern wohl die Rolle der Stellungnahme bzw. Einstellung für das Zustandekommen der Suggestionswirkung zu betonen, so ist doch gleichzeitig die Beeinflussung der „Inhalte“ nicht außer acht zu lassen. Sie ist aber auch bei Festhaltung der Bedeutung des Funktionalen, wie an dem Beispiel gerade der weniger verständlichen suggestiven Beeinflussung der Wahrnehmung angedeutet werden konnte, wohl begreifbar. Inwieweit die von Stern betonte „Übernahme“ der Stellungnahme für den Begriff der Suggestion wesentlich ist, wird noch später erörtert werden.

Jedenfalls, zeigt die im übrigen psychologisch tiefgehende Begriffsbestimmung Sterns den Mangel einer gewissen Einseitigkeit. Ihr gegenüber hat schon vor Jahrzehnten Th. Lipps aus lichtvollen Erörterungen heraus eine wesentlich umfassendere, treffendere Begriffsbestimmung gegeben. Lipps faßt zusammen: Suggestion ist die Erzeugung eines über das bloße Dasein einer Vorstellung hinausgehenden psychischen Vorganges in einem Individuum seitens einer Person oder eines von jenem Individuum verschiedenen Objektes, wofern das Zustandekommen der fraglichen Wirkung unter Bedingungen stattfindet, die nicht als adäquate bezeichnet werden können.

Eine noch kürzere Formulierung hat Moll unter Übernahme der Lippsschen Merkmale versucht: Suggestion ist ein Vorgang, bei dem unter inadäquaten Bedingungen eine Wirkung dadurch eintritt, daß man die Vorstellung von dem Eintritt der Wirkung erweckt.

Das Wesentliche an der Definition von Lipps ist erstens das psychogene Moment, der Ursprung des Effekts aus der „Vorstellung“, zweitens aber die besondere Art des Eintritts dieses Effekts unter „inadäquaten Bedingungen“. Was unter solchen verstanden werden soll, hat Lipps mit prägnanten Worten klar gemacht. „Adäquate Mittel zur Erzeugung eines Urteils sind: Gründe; zur Erzeugung von Empfindungen: sinnliche Reize; zur Erzeugung von Willensakten: das Bewußtsein vom Werte eines Objektes oder Gewohnheit.“ Unter den inadäquaten Bedingungen der Suggestion hingegen entsteht „ein Urteil ohne in dem Individuum vorhandene Gründe, oder trotz der vorhandenen Gegengründe; eine Empfindung ohne den entsprechenden physiologischen Reiz; ein Antrieb zum Handeln ohne entsprechende Motive oder trotz der vorhandenen Gegenmotive“. Lipps fügt noch hinzu, daß man von Suggestion „im engeren Sinne“ dann reden kann, „wenn diese Suggestionswirkungen geschehen unter Umständen, unter denen sie ‚normalerweise‘ nicht geschehen, wenn also ihr Auftreten den Charakter des Außerordentlichen besitzt, und demnach auf eine ‚abnorme‘ Steigerung der Bedingungen der Suggestion hinweist“.

Es ist leicht, sich die Bedeutung der LIPPSschen Darlegungen an trivialen Beispielen klar zu machen. Ich sage etwa meinem Gegenüber, es sei eine Fliege auf seiner Stirn. Es ist tatsächlich eine dort; sie ist nicht bemerkt worden, weil eine anregende Unterhaltung von diesem Wahrnehmungsbezirke ablenkte. Jetzt wird die Aufmerksamkeit auf die Stirne gelenkt, die „Wahrnehmungsschwelle“ erniedrigt, und eine korrekte Wahrnehmung gemacht, das entsprechende Urteil gefällt, und auch demgemäß gehandelt, die Fliege verscheucht. Oder wir trösten jemanden in einem schweren Leid, indem wir ihm Tatsachen vorführen, die geeignet sind, Gefühle der Ruhe und Fassung zu erwecken; oder anderseits wir suchen jemanden zum Verlassen eines Ortes zu bewegen, indem wir ihn auf vorhandene Schwierigkeiten oder wirklich drohende Gefahren hinweisen — nirgends haben wir es hier mit einer suggestiven Beeinflussung zu tun. Wir erwecken wohl „Vorstellungen“ und erzeugen durch diese Wirkungen, jedoch nirgends haben wir „inadäquate“, sondern lauter „adäquate“ Bedingungen für den erreichten Effekt.

Hingegen: Ich sage meinem Gegenüber, es sei eine Fliege auf seiner Stirn. Es ist tatsächlich *keine* vorhanden, aber es wird sofort eine imaginäre Fliege wahrgenommen und fortgescheucht. Hier haben wir eine Suggestionswirkung. Adäquate Bedingungen, die entsprechenden Reize, waren nicht vorhanden, nur das hinweisende Wort hat den Effekt gezeitigt. Nähert sich die hier beschriebene Wirkung den im gewöhnlichen Leben häufigen Suggestionswirkungen an, so wissen wir, daß wir unter den experimentellen Bedingungen der Hypnose Suggestionswirkungen im „engeren Sinne“ von verblüffender Stärke und Umfang erzeugen können. Heller Sonnenglanz und Sturmesbrausen, wie erschütternder Weltuntergang werden erlebt, ohne eine Spur von „adäquaten Bedingungen“. Völlig unbegründete Gefühle treten auf, sinnlose Entschlüsse werden gefaßt und ausgeführt nur auf das Zauberwort des Suggestors hin.

Wie kommt es aber zu der Geltung der inadäquaten Bedingungen und der abnormen Steigerung dieser Geltung? Die Antwort auf diese Frage ist zugleich eine nähere Kennzeichnung der hypnotisch-suggestiven „Dissoziation“, welche von verschiedenen Seiten als Erklärungsgrund der hypnotisch-suggestiven Erscheinungen angezogen wird.

Jede Empfindung, Wahrnehmung, Vorstellung, jeder Gedanke ist normalerweise immer nur Bestandteil eines unendlich reichhaltigen Gewebes, in welchem unendlich viele Wege von einem Element zum anderen führen. Bei jeder seelischen Bewegung werden zahllose dieser Elemente aktiviert, gesellt sich Gleichartiges zu Gleichartigem und stellt sich Entgegengesetztem gegenüber. So wirken schon in der Wahrnehmung im Anschluß an den Sinnesreiz, mehr noch in der gedanklichen Bewegung, im Urteil und Schluß, viele Instanzen und Gegeninstanzen, so knüpfen sich an die Vorstellungs- und Gedankenbewegungen viele oft widersprechende Gefühle, und so entringt sich aus dem Für und Wider von Motiv und Gegenmotiv der Entschluß.

Ganz anders bei der Suggestion. Hier fehlt die Wirkung des „Entgegenstehenden“. Die seelische Bewegung läuft nur in der Richtung der Eingebung. Gegeninstanzen werden nicht wirksam, selbst die handgreiflichsten nicht. Es mögen och so klare Sinnesdaten dafür sprechen, daß die Zwiebel eine Zwiebel sei: durch das Wort des Hypnotiseurs wird sie doch zu einem köstlichen Apfel.

Diese Lähmung der Gegeninstanzen — die Dissoziation — wird in verschiedenen Mechanismen aber immer nach dem gleichen Prinzip bewirkt. Bei der „normalen“ Suggestion des täglichen Lebens ist es in erster Linie die Gewohnheit, welche durch Erzeugung entsprechender Erwartungen und Einstellungen Suggestiveffekte zeitigt; so etwa, wenn wir der Auffassung der Größe von Gegenständen folgend ihr Gewicht falsch schätzen. In der hypnotischen Suggestion aber wird vor allem wirksam die Person des Hypnotiseurs.

„Für jede Suggestion“ — so sagt Lipps — „ist wichtig die Person des Suggestors und die Weise seines Suggerierens; d. h. seine Fähigkeit autoritativ aufzutreten, auf sich die Aufmerksamkeit zu konzentrieren, Vertrauen zu erwecken, sich einzuschmeicheln oder in den Perzipienten sich einzuschleichen; die Fähigkeit, durch die Weise seines Verhaltens jeden Zweifel oder jeden Gedanken an die Möglichkeit des Widerspruches oder Widerhandelns auszuschließen.“ So tritt in diesen verschiedenen Weisen der Beeinflussung der Rapport zutage, der Rapport, der nichts anderes ist als die Wirksamkeit, welche die Vorstellung des Suggestors und die Vorstellung dessen, was von ihm ausgeht, in der Seele des Perzipienten durch solche Mittel gewinnen“. Durch diesen Einfluß des Suggestors wird die Dissoziation, die Hemmung alles normalerweise sich Entgegenstellenden bewirkt, eine Lähmung, die, wenn sie umfassend genug ist, allgemeiner Schlaf, Somnambul-Hypnose ist. Damit ist zugleich die enge Beziehung zwischen Suggestion und Hypnose dargelegt.

Es ist ganz gewiss nicht gerechtfertigt, wenn manche Theoretiker der Hypnose solchen Gedanken gegenüber einwenden, daß der „Schlaf“ in der Hypnose nur durch die besondere Suggestion „einzuschlafen“ bewirkt werde. Diese Behauptung trifft übrigens keineswegs für alle Fälle zu. Es kann gelegentlich passieren, daß, wenn man einer geeigneten Person — auch einer noch nie hypnotisierten — ohne jede Einleitung einer Hypnose eine tiefgreifende Suggestion erteilt, etwa völlig bewegungslos zu werden oder auch eine Sinnestäuschung zu haben, die Suggestion sogleich in einem tiefen Schlafzustande realisiert wird. Abgesehen hiervon aber bedeutet die extreme Einstellung auf die Richtung der Suggestion, der Rapport, einen Bewußtseinszustand im Sinne der Einengung, der an sich als schlafähnlich zu bezeichnen ist. Es ist darum keineswegs nur eine bildliche Ausdrucksweise, wenn — wie besonders von Lipps — die Lähmung der Gegeninstanzen als „partieller Schlaf“ bezeichnet worden ist. Schlaf und Hypnose haben das Gemeinsame — das hat insbesondere auch WUNDT hervorgehoben —, daß in ihnen große Teile des gesamten Seelischen funktionell ausgeschaltet sind, wobei dann in den funktionierenden Teilen um so lebhaftere Erscheinungen zu verzeichnen sein können. Der Unterschied zwischen Schlaf und Hypnose ist aber der, daß in dem ersteren die Ziellosigkeit herrscht, die ein bloß assoziatives Geschehen charakterisiert. In der Hypnose dagegen sind die Abläufe „gerichtet", die Richtung ist die, welche der Rapport bestimmt; sie stammt vom Hypnotiseur.

Es ist in Berücksichtigung dieser letzteren Umstände aber auch nicht gerechtfertigt, Schlaf und Hypnose insofern gleichzustellen, als man von einer Lähmung der Willkürhandlungen und der aktiven Apperzeption in beiden spricht. Der Hypnotische kann sehr lebhaft die Freiheit der Willensentscheidung erleben und ebenso die Aktivität der apperzeptiven Vorgänge. Tatsache ist nur, daß Willkür und Apperzeptionserlebnisse in der Richtung des Rapports gehen. „Übernehmen der Stellungnahme" im Sinne STERNS trifft in dieser Hinsicht mehr das Richtige. Nur ist dieser Ansicht, wie oben dargelegt, die Überbetonung des „funktionalen" Moments zu nehmen und die suggestiven Vorgänge als „Einstellungs"vorgänge zu erfassen.

Diese Rubrizierung würde andererseits auch die zu starke Betonung des „Vorstellungsmäßigen" welche in der LIPPSschen Definition liegt, vermeiden. Psychologische Untersuchungen haben gezeigt, daß bei den seelischen Erlebnissen unter der Determination durch Aufgaben das „Vorstellungs"mäßige keineswegs dominiert. Man hat vielmehr andersartige Erlebnisse als „Bewußtseinslagen", „Bewußtheiten" usw. zu kennzeichnen gestrebt. Unter dem Terminus der Einstellungsvorgänge wären darum sowohl diese phänomenologischen Besonderheiten wie andrerseits die Einwirkung auf das Sensuelle (Vorstellungsmäßige) zu begreifen. Es wäre darum wohl auch die Definition von LIPPS-MOLL zweckmäßiger zu modifizieren: Suggestion ist ein Vorgang, bei dem unter inadäquaten Bedingungen eine Wirkung dadurch eintritt, daß eine Einstellung auf den Eintritt dieser Wirkung hervorgerufen wird.

Hiermit wird über phänomenologische Einzelheiten nicht viel ausgesagt. Sie sind sicherlich reichhaltig und wenig erforscht. Oft wird es sich um das Ausmalen wirklicher sensueller Vorstellungen handeln, bisweilen werden Gefühle bei dieser „Einstellung" eine Rolle spielen. Solches hat z. B. MOHR bei der Beeinflussung der Menstruation beobachtet. Vielleicht werden nicht so selten vasomotorische und andere Ausdruckssymptome durch suggestive Erzeugung entsprechender Gefühlsvorgänge bewirkt. Andrerseits werden auch „Bewußtseinslagen", „Bewußtheiten" als bei der Realisierung von Suggestionen zahlreich zu verzeichnen sein. Gemeinsam ist aber allen Abläufen bei jeder phänomenologischen Besonderheit die Richtungsbestimmung durch den Rapport.

Und so ließe sich der hypnotische Gesamtzustand bei Berücksichtigung von Schlafähnlichkeit und suggestivem Rapport definieren als: ein schlafähnlicher Zustand bei durch suggestiven Rapport eingeengtem Bewußtsein.

Durch die Erkenntnis der Beziehungen zwischen Schlaf und Hypnose wird auch verständlich, warum Einschläferungsmaßnahmen zur Erzielung von Suggestionswirkungen förderlich sind. Die Einschläferung bedeutet zugleich eine Fortschaffung alles dessen, was den Rapport stören könnte; sie erleichtert somit die Herstellung des suggestiven Rapports, der diesen darstellenden „Dissoziation" und bewirkt an sich eine Steigerung der Suggestibilität.

Wir brauchen also die Hypnotisierungsverfahren um auch die Realisierung anderer Suggestionen als des Schlafes zu erleichtern. Die Hypnose stellt an sich einen Zustand erhöhter Dissoziabilität dar, einen Zustand, welcher die Geltung inadäquater Bedingungen in höherem Maße ermöglicht.

Was nun die Theorie der einzelnen hypnotischen Erscheinungen anlangt, so bietet die der Verwirklichung der Suggestionen, die mit der Schlaferzeugung zusammenhängen, bei der Erkenntnis der Verwandtschaft von Schlaf und Hypnose, keine Schwierigkeiten. Die extreme Bewußtseinseinengung muß auch die Realisierung der Empfindung körperlicher Müdigkeit, Schwere der Glieder, Bewegungslosigkeit — deren Assoziationen diesem Zustand nahe liegen — begünstigen. Auch die Katalepsie darf wohl aus dem eingeengten Bewußtseinszustand hergeleitet werden. Diesem sind Impulse und Gegenimpulse, welche die „Freiheit" der Bewegung darstellen, entrückt. Die Erinnerungslosigkeit, welche nach jeder tiefen Hypnose in mehr oder minder großem Umfang auch ohne besondere Suggestion bestehen kann, darf auch ohne weiteres aus dem veränderten Bewußtseinszustand hergeleitet werden. Wir wissen, daß von jedem erheblich veränderten Bewußtseinszustand nur unvollkommene Verbindungen in das gewöhnliche Bewußtsein führen.

Die übrigen hypnotischen Gedächtnisphänomene werden durch besondere Suggestion erzeugt. Hierher gehören die partiellen Amnesieen, die sich auf bestimmte Erlebnisse in der Hypnose oder außerhalb dieser beziehen, hierher gehört auch die Erinnerungslosigkeit für die Genese der posthypnotischen Wirkungen. Alle diese Erscheinungen können einen sehr auffallenden Charakter haben, vor allem, wenn sie sich auf wichtige Lebensperioden oder gar auf Teile des Persönlichkeitsbewußtseins selbst erstrecken. Besonders sensationelle Bilder haben wir dann, wenn verschiedenartige Zustände miteinander wechseln, und die Erinnerung für bestimmte Erlebnisphasen in bestimmten Zuständen da ist, in anderen fehlt. Dann können wir Bilder „alternierenden Bewußtseins" vor uns sehen, wie sie uns auch aus hysterischen Erkrankungen bekannt sind. In solchen Zuständen können dann ganz veränderte Persönlichkeiten vor uns agieren, die in spontanen Somnambulieen andere Sprachen sprechen, Erlebnisse vorbringen, die sonst ihrem Bewußtsein entrückt sind, sich dem Bewußtsein ihrer veränderten

Lebenslage durchaus entsprechend benehmen, und bei denen diese Erzeugung einer „anderen Persönlichkeit" so weit gehen kann, daß die Zustände dieser zweiten neuen Art nur miteinander durch Erinnerung verknüpft sind, mit dem gewöhnlichen Persönlichkeits-Bewußtsein aber nicht. Solche Bilder sind es gewesen, welche die Annahme von verschiedenen Bewußtseinssphären, einem Doppel-Ich mit Ober- und Unterbewußtsein nahe gelegt, und welche in „okkulten" Lehren sehr phantastische Deutungen gefunden haben.

Die Heranziehung eines Unter- oder Unbewußten legt aber schon die Wirksamkeit der einfachen posthypnotischen Suggestion bei bestehender Amnesie nahe. Sehen wir doch bei dieser eine Beeinflussung des Seelenlebens für längere Zeit, das ganze Gehaben der Versuchsperson auf diese Beeinflussung eingestellt, und doch kein Bewußtsein dieser Wirksamkeit, ja bisweilen — bei der Schaffung von Deckerklärungen (vgl. S. 22) — ein Verschleiern des wirklichen Tatbestandes. Schon hier — und noch mehr bei den alternierenden Persönlichkeiten — könnte es wirklich scheinen, als ob verschiedene seelische Sphären zutage treten würden.

Wenn eine solche Fiktion in die Theorie der Hypnose und Suggestion in dem Sinne eingeführt wird, daß Teile des zusammenhängenden ganzen Seelischen durch bestimmte Mechanismen aus- und eingestellt werden können, so ist gegen sie nichts einzuwenden, sie ist vielmehr für das Verständnis der in Frage stehenden Erscheinungen mit Nutzen zu verwenden.

Wenn aber die Annahme verschiedener seelischer Sphären im Sinne verschiedener seelischer Individualitäten, die miteinander wechseln, gefaßt wird, so ist sie als unwissenschaftlich, ja — wie schon Wundt betont hat — als mythologisch abzuweisen; selbst wenn das Un- oder Unterbewußte als ein mit dem Bewußten zusammenhängender, aber von ihm streng abgegrenzter und in seinem Umfang für sich konstant bestehender Bezirk angesehen wird, ist die Fiktion wissenschaftlich nicht mehr gerechtfertigt.

Es ist notwendig, hier einige Erörterungen über diese für die verschiedensten Strömungen in der Psychotherapie wichtigen Begriffsbildungen zu geben.

Das Unbewußte ist in der Psychologie ein notwendiger Hilfsbegriff zunächst für die Lehre vom Gedächtnis geworden. Die Tatsache, daß jedes Erlebnis aus unserem Bewußtsein verschwindet, aber doch nicht verloren geht, sondern als Erinnerung jederzeit wieder lebendig, „bewußtseinswirklich" werden kann, hat zu der Hypothese der „Spuren im Unbewußten" geführt. Diese Annahme besagt, daß jeder Bewußtseinsinhalt alle möglichen Grade helleren und dunkleren Bewußtseins durchlaufen kann, bis er als „unbewußt" unter die „Schwelle des Bewußtseins" sinkt. Er ist aber dann nicht für das seelische Gesamtwesen einfach verloren, sondern besteht als „unbewußte Disposition" im „Gedächtnisreservoir" weiter und kann jederzeit wieder lebendig werden als „Erinnerung".

Die Psychologie ist ferner in der Lage, über die unbewußten Dispositionen einige Aussagen zu machen. Zeit und Häufigkeit des Erlebens haben einen weitgehenden Einfluß auf das Wiederaktiviertwerden der „Spur". Je frischer ein Erlebnis ist, je häufiger es wiedererlebt oder wiedererinnert wurde, um so leichter kann es jederzeit von neuem bewußt werden. Die Psychologie hat Methoden ausgearbeitet, um diese „Dispositionsstärken" der unbewußten Spuren, ihre Bereitschaft, wieder bewußt zu werden, exakt zu messen.

Wir müssen aber ferner annehmen, daß die Dispositionen des Unbewußten nicht einfach chaotisch daliegen, sondern daß zwischen ihnen bestimmte gesetzmäßige Verbindungen — „Assoziationen" — bestehen, nach welchen sie im Bewußtsein wieder auftauchen. Zu dieser Annahme zwingt uns die Tatsache, daß uns solche Erinnerungen nach der Verwandtschaft der Vorstellungen (Ähnlichkeit) oder nach ihrer räumlichen oder zeitlichen Berührung wieder auftauchen.

Abgesehen hiervon aber wissen wir, daß die unbewußten Dispositionen auch aktiviert werden durch die determinierenden Tendenzen der „Einstellung" auf „Aufgaben", „Themen", „Obervorstellungen", „Bewegungsformeln" usw., wie man diese Hilfsbegriffe genannt hat. Wir wären ja bei jeder Denkaufgabe völlig hilflos, wenn uns Erinnerungen und Einfälle nur durch das Spiel der Assoziation zugewiesen würden; Zahlloses würde dann auftauchen, was wir nicht brauchen, was nur stört. Das ist aber im allgemeinen nicht der Fall. Es kommen, wie das tägliche Leben lehrt und experimentelle Untersuchungen genauer aufweisen, im allgemeinen Vorstellungen, Gedanken, Erinnerungen, Einfälle, die unserer Aufgabe und der Einstellung auf sie entsprechen. Sehr unangenehm empfinden wir es, wenn bei einer solchen Einstellung und einem ihr gemäßen „Suchen" nach bestimmten Erinnerungen sich nicht dazu Gehöriges einstellt.

Diese Andeutungen mögen dartun, inwieweit die Psychologie den Begriff des Unbewußten braucht und von Gesetzen, nach denen es aktiviert wird, handelt. Nach dem hier Gesagten ist das Unbewußte keine für sich bestehende, selbständige und von dem Bewußten sauber abgetrennte Sphäre. Jedes seelische Element kann bewußt, durch alle Grade der Bewußtheit hindurch abklingend unbewußt und wieder bewußt werden. Ferner hat das bisher Gesagte keine Anhaltspunkte dafür ergeben, daß etwa bestimmte seelische Erlebnisse eine abgesonderte dauernd unbewußte Existenz führen. Vielmehr ist betont, daß zahllose Verbindungen zwischen den unbewußten Dispositionen untereinander und nach dem momentan Bewußten hin bestehen, daß die Wiedererweckung des Unbewußten einerseits nach den Gesetzen der Assoziation und der Dispositionsstärke, andererseits systematisch nach „Einstellungen" geschieht.

Die vorgebrachten Hypothesen über das Unbewußte sind nun auch für das Verständnis der Tatsachen des Persönlichkeitsbewußtseins zu verwerten. Zunächst ist hier allerdings das Unbewußte noch in einer anderen Bedeutung heranzuziehen. Wir kommen nicht darum herum für das Erstehen seelischer Individualitäten bestimmte „Anlagen“ anzunehmen, Anlagen, welche durch die Art der Aufnahme und Verarbeitung der Lebenserfahrungen bewirken, daß die Persönlichkeiten so und nicht anders werden. Diese Anlagen sind nichts Bewußtes, sind unbewußte „Disposition“ in einem anderen Sinne als dem oben behandelten der „Spur“.

Das Zusammenwirken dieser verschiedenen unbewußten Unterlagen wird nun von der Psychologie für das Werden und die Artung des komplexen „Persönlichkeitsbewußtseins“ angenommen. Dieses Persönlichkeitsbewußtsein ist nicht nur eine einfache zentrale Ichbezielung, sondern ein sehr verwickelter seelischer Tatbestand, in welchen das Bewußtsein zahlloser Erlebnisse — nämlich der Lebenserfahrungen des Einzelnen — bestimmter Erlebnisweisen, Erlebnismöglichkeiten, insbesondere aber auch das Bewußtsein einer bestimmten Körperlichkeit, das Bewußtsein, diese Körperlichkeit zu „beherrschen“, eingeht.

Alle diese Tatsachen brauchen und können nicht jederzeit in allen Einzelheiten im Persönlichkeitsbewußtsein aktuell vergegenwärtigt sein. Ein „Extrakt“ von ihnen, der phänomenologisch keineswegs genauer festgestellt ist, wird wohl jederzeit bewußtseinswirklich sein müssen. Ferner ist es klar, daß, wenn wichtige größere Partieen aus den genannten Bezirken ausfallen, das Persönlichkeitsbewußtsein verändert werden muß. Wenn jemand sich an bestimmte bedeutungsvolle Lebensschicksale nicht mehr zu erinnern vermag, wenn ihm das Bewußtsein, wie er auf solche und andere Erlebnisse zu reagieren pflegt, abhanden gekommen ist, wenn er sich wichtige seelische und auch körperliche Kräfte und Betätigungsweisen nicht mehr vergegenwärtigen kann, dann hat sich seine seelische Individualität und sein Persönlichkeitsbewußtsein verändert.

Solche Veränderungen kann ein organischer Prozeß setzen; dann haben wir einen mehr oder minder ausgebreiteten, oft regellos und chaotisch erscheinenden Verfall der Persönlichkeit. Es gibt aber auch Störungen, bei denen in bestimmter Weise systematische Ausfälle oder Veränderungen der Persönlichkeit gesetzt werden. Diese Veränderungen zeigen keinerlei Abhängigkeit von etwaigen Ausfällen nach dem Aufbau des Zentralnervensystems. Sie kümmern sich nicht um „Nervenverteilungen“, wie schon CHARCOT von den körperlichen Störungen der Hysterie betonte, sondern sie erweisen sich als aufgebaut nach bestimmten Vorstellungen oder Einstellungen. Diesem Typus von Erscheinungen entsprechen die hypnotischen Veränderungen.

Hier sehen wir entsprechend der Suggestion bestimmte Provinzen des Persönlichkeitsbewußtseins ausgeschaltet, oder durch Ausschaltungen und phantastische Zutaten verändert. Jemand weiß dann nichts mehr von seiner Kindheit, oder von seinen letzten Lebensjahren, oder — indem gerade Kindheitserinnerungsdispositionen betont werden — er fühlt sich als Kind und benimmt sich so — oder — indem die Phantasie aus indirektem Erleben nachfühlend ausgestaltet — er wird eine andere Person, er spricht andere Sprachen usw. Wechseln dann diese Zustände mit normalen regelmäßig ab, dann haben wir die alternierende Persönlichkeit. Wir verstehen alle diese Erscheinungen unter Beziehung auf unbewußte Tatsachen. Dispositionen unbewußter Art werden aus- und eingeschaltet, alte Verbindungen werden wieder aktiviert, neue werden unter der Wirkung der Suggestion hergestellt. Die Einstellung schafft aber überall diese Ausschaltungen und Einschaltungen von Dispositionen, sowie ihren Verbindungen untereinander und mit dem augenblicklich Bewußtseinswirklichen.

Dabei darf nicht übersehen werden: Die Ausschaltung ist nur eine funktionelle Aussperrung, kein endgültiges Verschwinden. Was aus solchen Ursachen für eine Zeit nicht erinnert werden kann, ist nicht etwa definitiv aus dem Gedächtnis ausgelöscht, wie Material aus dem Gedächtnis verschwinden kann, weil die Spur vernichtet wird. Im Gegenteil können die Residuen sehr erhebliche „Dispositionsstärke" und „Reproduktionsbereitschaft" im Sinne der Gedächtnispsychologie besitzen, und doch kann die Reproduktion durch die hemmenden Faktoren der Suggestion verhindert sein. Ja es kann zur Reproduktion kommen, zum Wiedererscheinen früher aufgenommenen Materials, und das Bewußtsein zu „erinnern", das Wiedererkennen als „schon einmal erlebt", und „in solcher Weise schon einmal erlebt", kann fehlen. Alle diese Dinge lehren uns die suggestiven Phänomene, vor allem die posthypnotische Suggestion.

Verlangen die Tatsachen zu ihrer Erklärung die Annahme eines Unbewußten, so ist es doch notwendig sich genau vor Augen zu halten, in welchem Sinne dieses Unbewußte angenommen wird, und in welchem Sinne diese Annahme durch die vorliegenden Tatsachen nicht verlangt und nicht gerechtfertigt wird. Unklarheiten und Widersprüche in dieser Frage haben verhängnisvolle Folgen nicht nur für die Erkenntnis dieser Erscheinungen, sondern auch für die psychotherapeutische Praxis gezeitigt.

Das wichtigste hier Festzuhaltende ist, wie nochmals hervorgehoben werden muß, die Tatsache, daß das Unbewußte nichts vom Bewußten durch irgendwelche unüberwindlichen Schranken Abgetrenntes ist. Alles Unbewußte kann jederzeit bewußt werden, wenn die entsprechenden Bedingungen gegeben sind, und umgekehrt alles Bewußte unbewußt. Dabei haben wir einen stetigen Übergang in Graden der Bewußtheit vom Bewußten (dem hellst und dunkler Bewußten) zum Unbewußten. Und Bewußtes und Unbewußtes ist überall unlöslich und miteinander verknüpft. Bei dem einfachsten Erlebnis, schon dem einfachsten „Auffassungsakt", wirken zahllose dunkel- und unbewußte Tatsachen mit. Es ist unberechtigt, unbewußte Gebilde irgendwo, gesondert vom Bewußtsein wie in einem Raum für sich anzunehmen, sie dort eine Existenz für sich führen zu lassen. Es ist besonders unberechtigt, solche Sonderexistenzen als durch das übrige seelische Geschehen nicht berührt, gewissermaßen zeitlos, unveränderlich, keiner „Usur" unterworfen, wie Petrefakte für sich bestehend und ihre Wirkungen in das

Bewußte hineinsendend, anzunehmen. Wenigstens die bisher angeführten Tatsachen lassen diese Annahme keineswegs gerechtfertigt erscheinen — es wird noch zu überlegen sein, ob es andere triftige Gründe gibt, die solche Hypothesen besser sichern. Jedenfalls gibt die posthypnotische Suggestion zu solchen Annahmen keinen Anlaß.

Liefert die posthypnotische Suggestion hierfür keine Rechtfertigung, so kann doch gerade sie verständlich machen, wie soche Erklärungsversuche zustande kommen. Bei der posthypnotischen Wirksamkeit sehen wir gewissermaßen einen Fremdkörper in die Seele versenkt. Die eingegebene Vorstellung wirkt unbewußt; der Betroffene selbst weiß von den eigentlichen Beweggründen seines Handelns nichts,, macht sich und anderen Scheinerklärungen vor über den Zusammenhang der posthypnotisch erreichten Effekte. Hier scheint tatsächlich ein von dem übrigen Seelischen losgelöster Komplex für sich zu bestehen und wirksam zu sein — und zwar eventuell für geraume Zeit.

Allein auch hier ist der Sachverhalt so, daß die oben gemachten Überlegungen zutreffen. Weder ist die posthypnotische Suggestion ein unbegrenzt dauernder, noch ein vom übrigen Seelischen völlig losgelöster Komplex. Auch die posthypnotische Suggestion verblaßt allmählich und nimmt in ihrer Wirksamkeit ab, wenn sie nicht von neuem aufgefrischt wird. Meistens währt es sogar nicht einmal so überaus lange. Die posthypnotische Suggestion ist auch nicht unbeeinflußt vom übrigen Seelischen; sie kann infolge entgegenstehender Motive abgeändert, durchbrochen, ja sie kann wohl auch bei längerer Dauer ungenau und „verfälscht“ werden, wie eine andere Erinnerung auch.

Wir dürfen also wohl die Anschauung vom Unbewußten so festhalten, wie sie oben skizziert wurde: Bewußtes und Unbewußtes sind ein zusammenhängendes Ganze, in welchem, nach gesetzmäßiger Verteilung und in verschiedenem Grade, bald diese, bald jene Partien den Schimmer des Bewußtseins tragen. Für den Mechanismus der Hypnose und Suggestion kommen vor allem Aus- und Einschaltungen aus dem Bereiche des Bewußtseins bzw. in diesen hinein durch „Einstellung“ in Frage.

Dafür, daß diese Annahmen auch zur Erklärung der Erscheinungen von Hypnose und Suggestion gemacht werden dürfen, sind früher die Unterlagen gegeben worden. Daß Einstellungen die Dispositionen zur Reproduktion in positivem Sinne bestimmen, darf als sichergestellt gelten. Daß Einstellungen andererseits reproduktionsfähige und reproduktionsbereite Dispositionen an der Reproduktion hindern — „hemmen“ — können, ist wohl eine — angesichts der experimentellen Erfahrungen der Gedächtnispsychologie über „assoziative“, „reproduktive“ usw. Hemmungen — für das Verständnis der Suggestivwirkungen mit gutem Grunde zu machende Hypothese. Daß diese Ein- und Ausschaltungen ganze „Systeme“ betreffen können, hat nach dem Dargelegten gleichfalls kaum Denkschwierigkeiten. Auch eine alte „halbverklungene“

Jugenderinnerung, welche nach Jahrzehnten plötzlich vor uns auftaucht, ist ein solches „organisiertes System“, welches lange keine Bewußtseinswirklichkeit hatte und doch ganz normalerweise wieder erlangen kann. Als ein solches System kann ferner bezeichnet werden ein Plan, welchen wir vor Jahren genauer ausarbeiteten, dann haben liegen und „vergessen“ werden lassen, und der aus einem besonderen Anlaß nun plötzlich in seinen Einzelheiten vor unserem geistigen Auge dasteht.

Für die meisten hypnotisch-suggestiven Phänomene dürfte die Theorie nach dem angedeuteten Schema zu bilden sein. Die suggestiven Trugwahrnehmungen — um früher Gebrachtem hier noch Einiges anzufügen — wären zu verstehen aus der Steigerung des Helligkeitsgrades durch Konzentration, aus der Heraushebung zur Bewußtseinswirklichkeit und dem Zurücktretenlassen durch Einstellung, aus der Bestimmung der „entsprechenden“ Reproduktionen, Hemmung der nicht „entsprechenden“ durch „determinierende Tendenzen“. Die negativen Sinnestäuschungen und die Anästhesien, Analgesien wären in analoger Weise zu verstehen. Auch hier erleichtern Versuchsresultate die Theoriebildung. Insbesondere wären hier die Erfahrungen über abstraktive Einstellung mit ihrer Beleuchtung der Wirksamkeit des „Heraushebens“ und „Absehens von“ heranzuziehen.

Ebenso wären die suggestiven Beeinflussungen des Wollens, des Urteilens aus Einschaltung und Ausschaltung von Instanz bzw. Gegeninstanz, Motiv bzw. Gegenmotiv durch die einstellende Eingebung zu begreifen. Zur Theorie der Mehrleistungen wäre zu sagen, daß ein Teil (z. B. die Gedächtnis- bzw. Erinnerungsleistungen) direkt aus der gesteigerten Konzentration herzuleiten sind. Die vasomotorischen, sekretorischen usw. Phänomene werden, wohl teilweise indirekt, durch Erzeugung entsprechender Gefühlsvorgänge, bewirkt.

Es sind nun noch — in Rücksicht der Theorie von Hypnose und Suggestion — einige weitere Fragen zu erledigen, welche nicht nur an sich von Interesse, sondern zum Teil von erheblicher Bedeutung für die praktische Psychotherapie sind.

Solche Probleme sind zunächst die nach dem Verhältnis von Suggestion und Aufmerksamkeit und Suggestion und Gefühl, über welche bis in die jüngste Zeit Erörterungen stattgefunden haben. Was die erste Frage anlangt, so haben eine Reihe von Forschern die Suggestion einfach als Aufmerksamkeitserscheinung begreifen und restlos aus dem Verhalten der Aufmerksamkeit herleiten zu können gemeint. So Levy, der die positiven und negativen Wirkungen der Suggestion aus einer Aufmerksamkeitszu- und -abwendung herleitet, ähnlich auch Münsterberg. Demgegenüber hat Janet die Suggestion nicht als ein gewolltes, sondern als ein automatisches Phänomen hingestellt und gegenüber den Vertretern der Aufmerksamkeitstheorien darauf hingewiesen (wie schon Bramwell), daß die Suggestion schnell wechseln könne, daß oft mehrere Suggestionen auf einmal wirksam sind, so daß — wenn wir nur Aufmerksamkeitserscheinungen annähmen — wir also eine Art von „Krämpfen“ der Aufmerksamkeit vor uns hätten, ferner, daß oft gerade zerstreute und willensschwache Personen Suggestionen leicht zugänglich seien.

Diesen Einwänden ist zuzugestehen, daß das Wesentliche der Suggestion nicht getroffen wird, wenn man sie nur als Aufmerksamkeitserscheinung betrachtet. Eine starke Zuwendung der Aufmerksamkeit an sich bedingt noch nicht die Dissoziation, welche den Boden für die Suggestion bildet. Die Aufmerksamkeitszuwendung kann sogar, wie BLEULER besonders betont hat, wenn sie sich auf den Mechanismus der Suggestion selbst richtet, diesen zerstören, ganz ähnlich wie sie unter analogen Bedingungen den Ablauf der Gefühle stört.

Andrerseits wissen wir, daß da, wo eine Aufmerksamkeitskonzentration nicht möglich ist, z. B. bei Schwachsinnigen oder Geisteskranken, eine suggestive Beeinflussung ausgeschlossen ist. Die Aufmerksamkeitszuwendung muß als eine Vorbedingung angesehen werden; mit ihr allein ist jedoch die Suggestion natürlich noch nicht gegeben. Diese tritt vielmehr erst dann ein, wenn die „Dissoziation" vorhanden ist, die Hemmung des dem Suggerierten Antithetischen. Diesem Gesamtzustand entspricht dann die oben betonte elektive Form der Aufmerksamkeit, welche durch die Einstellung in eine bestimmte Richtung — „Rapport" oder Richtung der Suggestion — gekennzeichnet ist. Will man diese Einstellung der Aufmerksamkeit mit JANET als „Krampf" bezeichnen, so ist dagegen nichts einzuwenden.

Es ist aber nicht zu übersehen, daß die zahlreichen Meinungsverschiedenheiten, die über diesen Punkt bestehen, zum Teil auf die Vieldeutigkeit und mangelnde Geklärtheit des Begriffes der „Aufmerksamkeit" zurückzuführen sind. Es handelt sich jedenfalls nicht nur um Verteilung von Hell und Dunkel der Bewußtseinsinhalte. Es handelt sich vielmehr um Einstellungen mit weitgehender Beeinflussung des Unbewußten, mit Bestimmung der Richtung reproduktiver Vorgänge, mit Ein- und Ausschaltungen, die für die Ausprägung eigenartiger niederer und höherer abstraktiver Vorgänge, der einseitigen Determination von Denk- und Willensabläufen maßgebend sind.

Es erhebt sich aber die Frage, welches letzten Endes der Grund des Rapports und der suggestiven Einengung ist. Die nächstliegende Annahme ist die, daß es Gefühle sind, welche eine derartige Einstellung bedingen. In der Definition von LIPPS finden wir dementsprechend auch eine Reihe von solchen affektiven Momenten, deren Erzeugung dem Suggestor Hilfsmittel zur Herstellung des Rapports ist, angedeutet.

Sehr viel stärker aber hat BLEULER die Bedeutung der Affektivität für die Suggestion hervorgehoben. Er betont eindringlich, daß die Wirkungen der Suggestion durchaus analog sind denen der Affekte; das gilt von körperlichen Wirkungen wie von psychischen. Die Affekte und die Suggestion beeinflussen vegetative Funktionen, den Darm, die Menstruation, den Schlaf; sie begünstigen die dem Affekt gleichsinnigen und hemmen die entgegengesetzten Assoziationen und wirken so auf das Gedächtnis, die Logik, beherrschen die ganze

Persönlichkeit. An vielen Beispielen sucht BLEULER diese Verwandtschaft darzutun. Er schließt: die Suggestion ist ein affektiver Vorgang; die Suggestibilität ist eine Teilerscheinung der Affektivität. „Ob eine Hysterische ein Delirium bekommt, weil sie den Schmerz über den Verlust ihres Gatten mit allem, was assoziativ damit verbunden ist, abspaltet, oder weil sie sich die Autosuggestion macht, daß ihr Gatte nicht gestorben sei, ist durchaus irrelevant". Es handele sich nur um verschiedene Bezeichnungen desselben Vorgangs. Die besonderen Probleme der Hypnose sucht BLEULER auch auf diesem Boden zu lösen. Der Rapport ist ihm gleichfalls nur verständlich aus einer Gefühlslage. Es ist ein Bewußtsein des Dominiertwerdens; ein Gefühl einerseits des Unterliegens wie in der Schrecklähmung, andererseits des Hingegebenseins wie in einer Art von Liebe, dabei von einer gewissen Süßigkeit — Tatbestände, deren besondere Art in der Bezeichnung „Fascination" einigen Ausdruck findet.

Von hier aus ist es nicht mehr weit zu der Auffassung des hypnotischen Rapports, welche die Schule FREUDS vertreten hat.

In einem späteren Abschnitt wird genauer dargelegt werden, welche Bedeutung der Begriff der Übertragung in der Lehre FREUDS besitzt; hier sei vorweggenommen, was darunter verstanden wird, weil gerade die „Übertragung" die hypnotischen Erscheinungen verständlich machen soll. Übertragungen sind im Sinne FERENCZIS und FREUDS Neuauflagen, Nachbildungen von Regungen und Phantasien, welche im Verlaufe des besonderen psychotherapeutischen Verfahrens der Psychoanalyse erweckt und bewußt gemacht werden mit einer charakteristischen Ersetzung einer früheren Person durch die Person des Arztes.

Dieser Mechanismus der Übertragung ist nach der FREUD-Schule auch geeignet, die Phänomene der Suggestion und Hypnose zu erklären. Erschiene es doch ohne Rückgreifen auf solche Gründe kaum verständlich, daß durch im ganzen so irrelevante Prozeduren, wie es die des Hypnotisierens sind, so eingreifende Effekte erzielt werden können, wenn nicht schon lange in der Person selbst die Bedingungen gegeben wären, die jetzt, während der Prozedur, sozusagen mehr zufällig, die entsprechenden Wirkungen zeitigen. Alles spreche dafür, daß beim Hypnotisieren und Suggerieren die Hauptarbeit nicht der Hypnotiseur und Suggereur, sondern die Person selbst verrichte, die gewöhnlich nur als „Gegenstand" der Eingebungsprozeduren in Betracht gezogen werde. Dabei schaffe der Hypnotiseur durch seine Maßnahmen eigentlich nichts Neues, er finde die „Dissoziation" im Individuum schon vorbereitet und nutze sie gewissermaßen nur aus. Es sind — nach dieser Anschauung — die im Laufe der individuellen Entwicklung im Unbewußten „aufgespeicherten" Affekte und Triebe, welche in der Hypnose in der Form der Übertragung aktiv werden und die Erscheinungen der Hypnose und Suggestion bestimmen. Die wirklichen Motive für die Suggestionswirkungen finde man, wenn man bis zu genügend tiefen Schichten des Unbewußten hinabsteige. Es sind letzten Endes die — von der FREUD-Schule auch sonst so stark betonten — sexuell-libidinösen Beziehungen des Kindes zu seinen Eltern, die in der Übertragung auf den Hypnotiseur wieder aktiv werden. Ja, die Hypnotisierbarkeit hängt nach dieser Anschauung direkt ab von der Möglichkeit solcher Übertragung, von der Möglichkeit der libidinösen — wenn auch unbewußten — Stellungnahme dem Hypnotiseur gegenüber. Dabei ist die letzte Wurzel der Erscheinungen der „Elternkomplex“; und es ist versucht worden, die Art der Übertragung der unbewußten infantil-libidinösen Regungen auf den Hypnotiseur näher zu bestimmen. Danach wecken die energischen brüsken Maßnahmen, welche der Hypnotiseur anwendet, die Erinnerung an den Vater, die zarten, einschmeichelnden die an das Wesen der Mutter. Jedoch wird auf diese Unterscheidung kein ausschlaggebender Wert gelegt; das Wesentliche ist, daß überhaupt der Elternkomplex hier eine Rolle spielt, und daß die Wirksamkeit der Suggestion in „masochistischen Trieben und Inzestphantasien“ ihre Wurzel hat.

Es wird erst später auf den Komplex der Lehren, aus dem diese Anschauung über die Hypnose stammt, eingegangen werden. Hier muß nur betont werden, daß die Grundlage für die vorgebrachten Behauptungen eine äußerst dürftige oder vielmehr gar nicht vorhanden ist. Man wird in dem Vorgebrachten kaum etwas anderes Tatsächliches finden können, als daß Liebe, Achtung, auch Furcht gute Vorbedingungen für die Einleitung einer Hypnose sind; daß die Eltern geliebte, geachtete, bisweilen auch gefürchtete Personen sind; und daß Erinnerungen an sie unter entsprechenden Konstellationen — in mehr oder minder engem Anschluß an Hypnose und Hypnotiseur — auftauchen.

Indessen ist mit der Ablehnung dieser Lehre noch nicht die Frage nach der Bedeutung von Gefühlen für die Wirksamkeit von Suggestionen erledigt. Im Gegensatz zu den früher vorgebrachten Anschauungen Bleulers haben Andere mit gutem Recht gerade auf die Affektlosigkeit der Suggestion hingewiesen. So definierte Vogt, die Suggestion als „affektlose Zielvorstellung mit einer abnorm intensiven Folgewirkung“. Etwas Ähnliches meint auch Hellpach, wenn er für die Suggestion das Kriterium der Sinnlosigkeit oder Maßlosigkeit des Effekts in Anspruch nimmt. Auch nach Lipps haftet der Charakter des Aufgenötigten der Suggestion gerade infolge des Mangels der Affektbetonung an, bedingt gerade wegen dieses Mangels die „Passivität des Individuums bei der Aufnahme und Wirkung“ und damit die Eigenart der Suggestion. In der Tat gehört es zu der „Inadäquatheit“ der Suggestion, daß sie affektlos ist, und dieser ihr auffallender Charakter hat die Schule Freuds dazu bewogen, jene Affektbetonung nicht an der Oberfläche des Bewußtseins zu suchen, sondern in tiefen Schichten der Seele und von hier aus eine Brücke zu den Suggestionsphänomenen herzustellen. Das war eine konsequente Fortsetzung der Anschauungen Bleulers, der in seinen Darlegungen nur immer betonen konnte, die Wirkungen der Suggestion seien denen von Affekten gleich; daß die einzelne suggestive „Vorstellung“

selbst, wenigstens im Bewußtsein, affektiv betont sei, hat er nicht aufzeigen können.

Es ist unzweifelhaft, daß die suggerierte Vorstellung nicht durch direkte Gefühlsbetonung ihre Wirkung erreicht; sonst würde uns das ganze Problem nicht als Suggestion imponieren. Es ist doch sicher, daß sich oft die gleichgültigsten Dinge als Suggestionswirkungen realisieren. Nach dieser Richtung muß O. VOGT beigestimmt werden: Affektbetonung ist nicht das Kriterium der einzelnen realisierten Suggestion. — Spielt aber darum die Affektivität bei der Suggestion gar keine Rolle? Man wird doch wohl nicht umhin können, der Affektivität eine wesentliche Bedeutung für das Zustandekommen der Suggestionswirkung zuzuschreiben; nur ist es falsch, der einzelnen suggerierten Vorstellung besondere Gefühlsbetonung zuzuerkennen. Die Affektivität gehört vielmehr nur zu den Vorbedingungen, sozusagen zu der Vorgeschichte der Suggestion, und zwar auch nicht Affektivität schlechthin, die nur durch ihre Intensität wirkt, sondern Affektivität in besonderer Gestaltung. Denn affektive Vorgänge sind es allerdings, welche die Hemmungen der kritischen Gegeninstanzen einleiten und so die „Dissoziation“ der Suggestion ermöglichen. Diesen Effekt leisten in den Suggestionswirkungen des täglichen Lebens gefühlsbetonte Bewußtseinslagen, wie die einer bestimmten Erwartung, des Vertrauens, der Sicherheit, des Glaubens an die Autorität usw., Bewußtseinslagen, die aber nicht einfach durch die Stärke der ihnen zugehörigen Gefühlsbetonung wirken, sondern durch ihre bestimmte Artung, eben eine solche, welche spontane Gegenvorstellungen — dieses Wort im weitesten Sinne genommen — ausschließt. Für das Zustandekommen der hypnotischen Einstellung haben nun so geartete Bewußtseinslagen offenbar ebenfalls die Bedeutung allgemeiner Grundbedingungen. Die einzelne suggerierte Vorstellung realisiert sich aber dann „affektlos“ und der ganze hypnotische Zustand ist nicht der eines intensiven Affekts; (daß in ihm suggerierte Affekte besonders leicht und stark ansprechen, hat mit dieser Grundfrage natürlich nichts zu tun). Im ganzen muß festgestellt werden, daß die einzelne suggestive Vorstellung nicht durch die Intensität affektiver Betonung zu ihrer Wirkung gebracht wird; nach dieser Richtung muß der Begriff der Inadäquatheit aufrecht erhalten werden. Die Suggestionswirkungen bei einer Suggestivfrage oder einer Gewichtsschätzungstäuschung oder einer beliebigen hypnotischen Suggestion sind nicht aus einer besonderen Affektstärke herzuleiten, wohl aber sind bestimmte Arten von Gefühlszuständen — eben jene durch „väterliche“ oder „mütterliche“ Art der Beeinflussung hervorgerufenen — Vorbedingungen für die Hemmung von Gegeninstanzen. An dieser Betrachtungsweise wird wohl festgehalten werden können auch Anschauungen gegenüber, wie sie KRONFELD unter starker Hinneigung zu den oben behandelten Auffassungen der FREUDschen Schule vorgebracht hat. Wenn dieser geistvolle Forscher das Wesentliche des Vorgangs psychologisch gesehen in der „Ausschaltung der Persönlichkeit des Suggerierten von ihrem Einfluß auf die Motivsetzung" findet, so sind hier ähnliche Vorbehalte wie gegenüber den Anschauungen L. W. STERNS zu machen, wozu noch kommt, daß, wie hervorgehoben, der wirkliche Kern der Persönlichkeit, der Hypnose und Suggestion siegreich widerstehen kann. Auch für KRONFELD ist die Reaktion des Suggerierten auf den Suggestor eine „Komplexreaktion", welche in vorgebildeten entwicklungspsychologisch primitiveren Seelenstadien mit besonderer Empfänglichkeit für magisch-zauberische Geschehnisse verankert ist. Der wachbewußte Oberbau kritischer Reflexion und bewußter Willenseinstellung wird ausgeschaltet und weicht „frühkindlichen Gefühlseinstellungen der Passivität, Hingabe und Willfähigkeit, die getragen sind von den Gefühlsbindungen an die machtvoll überlegenen Persönlichkeiten der Eltern, an deren schrankenlose irrationale Übermacht und zugleich an ihre gläubig und erwartungsvoll hingenommene Hilfe und Güte." Gewiß: „Gehorsam, Fügsamkeit, Leitbarkeit, Unterordnung, gesteigerte Willfährigkeit, Gläubigkeit" — seelische Verfassungen, welche in der Tat den geeigneten Boden für suggestive Vorgänge abgeben — sind der kindlichen Seele in besonderem Maße eigen und können auch in entwickelten Persönlichkeiten als „infantile" Züge erscheinen. Gleichwohl ist zu weitgehender Analogisierung mit entwicklungspsychologischen Stadien Vorsicht entgegenzustellen. Die Berufung aber auf „Komplexe" im Sinne unbewußter Erinnerungen und Erlebnisse aus der Elternsphäre ist — sofern es sich nicht nur um allgemeinste Züge handelt — nicht nur übertreibend, sondern im wesentlichen ohne Halt.

Eine besondere Erwägung verdienen die Autosuggestionen, vor allem die krankhafter Art. Von Auto- oder Selbstsuggestionen — im Gegensatz zu Hetero- oder Fremdsuggestionen — sprechen wir dann, wenn die assoziative oder gedankliche Tätigkeit des Individuums selbst ohne besondere Beeinflussung durch die Außenwelt (Personen oder Sachen) Suggestivwirkungen hervorbringt. Zum Teil ist der Mechanismus bei den Autosuggestionen durchaus analog dem bei den Fremdsuggestionen gegebenen. Bewußtseinslagen der Erwartung, Überzeugung, des Vertrauens bewirken auch hier die dissoziative Wirkung. Auch bei krankhaften Selbstsuggestionen ist es so. Wenn etwa jemand infolge entsprechender Einstellung auf den Genuß bestimmter harmloser Speisen bestimmte abnorme Empfindungen in der Magendarmsphäre bekommt, so ist der Vorgang nach den oben dargelegten Mechanismen leicht zu verstehen.

Anders aber scheint der Sachverhalt zu sein bei Tatbeständen, wie ihn etwa ein Beispiel BLEULERS wiedergibt. Wenn jemand infolge einer starken Gemütserschütterung in einer psychogenen Bewußtseinsstörung das traumatische Erlebnis „abspaltet" und in Delirien bestimmte erwünschte Dinge autosuggestiv als reell erlebt, so ist doch der Sachverhalt nicht einfach so, daß es gleich ist, ob eine Hysterische das Delir bekommt, weil sie von Schmerz ergriffen ist, oder weil sie sich die Autosuggestion macht. Wir sehen ja zahllose Male im Leben

Schmerz und Wunsch anders wirksam werden, als durch die Erzeugung eines Delirs. Es ist also eine besondere Art von Wirkung, die in diesem zutage tritt, eben eine solche, daß ein Bewußtseinszustand aufgetreten ist, in welchem hervorgerufen und gestaltet bzw. gehemmt und unterdrückt wird, was Wunsch und Schmerz entspricht, bzw. nicht entspricht. Dabei ist auch im Delir der Affekt nicht das Kennzeichen der einzelnen realisierten Wirkung. Der Affekt liegt in der Vorgeschichte, in den Erlebnissen, welche die suggestiv wirkende Einstellung vorbereiten dann aber selbst nicht mehr Bewußtseinswirklichkeit sind. In diesem Sinne könnte man also auch mit FREUD sagen, daß der Affekt im Unbewußten ruhe.

Die hier vorgebrachten Überlegungen scheinen mir auch dem nicht anfechtbaren Teil der Analyse von Wesen und Vorgang der Suggestion, welche E. STRAUS gegeben hat, gerecht zu werden. Das Ganze des Seelenlebens scheint mir in den Ausführungen über Einstellung, Stellungnahme, Instanz und Gegeninstanz genügend berücksichtigt. Keineswegs wird hier der Ansicht beigetreten, daß es schon Bejahung bedeute, wenn ein Inhalt das Bewußtsein ausfüllt. Andrerseits halte ich den Versuch, die Suggestion als bewußt-motiviertes Geschehen aus einem „Wir-Erlebnis“ verständlich zu machen, trotz der erheblichen auf diesen Versuch verwendeten Denkenergie für nicht gelungen. Ohne ausgiebige Unterlegung unbewußter Vorgänge scheint mir eine Psychologie der Suggestion nicht möglich.

Für die Theorie der Hypnose sind ohne Zweifel die Beziehungen zwischen dieser und den Schlafzuständen und das Verhältnis der einzelnen hypnotischen Stadien untereinander von Bedeutung. Zu dieser Frage hat HIRSCHLAFF Ansichten geäußert, welche von den früher berichteten, allgemeiner angenommenen, erheblich abweichen und wegen der aus ihnen zu ziehenden theoretischen und praktischen Folgerungen Aufmerksamkeit verdienen.

HIRSCHLAFF tritt der Parallelsetzung von Stadien der Hypnose mit denen der Schlaftiefe entgegen. Nach seiner Anschauung sind die Grade der Hypnose gar nicht Abstufungen in einer Reihe gleichartiger Erscheinungen, sondern oberflächliche und tiefe Hypnose sind wesensverschiedene Dinge. Die oberflächliche Hypnose ist, wie HIRSCHLAFF meint, kein dem Wachleben gegenüber grundsätzlich veränderter Seelenzustand, insofern die Art der seelischen Erscheinungen hier nicht spezifisch beeinflußt erscheint. Vielmehr ist die oberflächliche Hypnose lediglich charakterisiert durch die Ruhe der willkürlichen Organe und durch Konzentration der Aufmerksamkeit, verbunden mit einem mehr oder minder großen Müdigkeitsgefühl. Die tiefe Hypnose ist dagegen ein spezifisch veränderter Seelenzustand, der hauptsächlich durch eine erhöhte Beeinflußbarkeit gegenüber allerhand Eingebungen gekennzeichnet ist. Die Schlafvorstellung hält HIRSCHLAFF für diese Zustände für unwesentlich.

Dieser Auffassung entsprechend ist die Theorie der „oberflächlichen Hypnosen“ sehr leicht, da sie eigentlich Wachzustände sind. Sie können jederzeit willkürlich hervorgerufen werden, weil sie nur solche physiologische und psychologische Elemente aufweisen, die auch sonst der spontanen Aktivität der Seele unterworfen sind. „Sie sind am besten mit den willkürlichen Anstrengungen parallel zu setzen, die dem gewöhnlichen Einschlafen des Menschen vorausgehen. Auch hierbei findet ja eine freiwillige Unterdrückung aller willkürlichen Organfunktionen statt; desgleichen eine bewußte oder instinktive Konzentration der Aufmerksamkeit, sowie eine aktive Hingabe an die mehr oder minder deutliche Empfindung der Ruhe, der Müdigkeit und des Einschlafens. Nur daß die Aufmerksamkeit in den oberflächlichen hypnotischen Zuständen geteilt ist zwischen der Empfindung der Ruhe, Müdigkeit usw. und den psychotherapeutischen Einwirkungen des Hypnotiseurs. Das Bewußtsein, das Urteilsvermögen, der Wille der Versuchsperson in diesen Zuständen ist, abgesehen von den quantitativen Schwankungen, denen diese Seelenelemente auch im Wachleben durch geeignete Maßnahmen ausgesetzt werden können, durchaus in der qualitativen Verfassung wie im vollen Wachsein." Deshalb belegt HIRSCHLAFF diese Zustände auch mit dem Namen der „pseudohypnotischen" oder „epistatischen".

Die tiefen, somnambulhypnotischen Zustände hingegen beruhen nach HIRSCHLAFF auf tiefgreifender pathologischer Alteration des Seelenlebens, einer krankhaften Dissoziabilität der neuropsychischen Konstitution. Eine solche Dissoziabilität finden wir nach HIRSCHLAFF bei Hysterischen und bei an chronischen Vergiftungen (mit Morphium, Alkohol, Cocain usw.) Leidenden.

Diesen Anschauungen HIRSCHLAFFS wird man schwerlich zustimmen können; sie haben auch bisher wenig Anklang gefunden. Die Trennung von pseudohypnotischen und hypnotischen Zuständen kann der unleugbaren Tatsache nicht gerecht werden, daß wir unmerkliche und unbestimmbare Übergänge der verschiedenen Stufen hypnotischer Beeinflussung haben. Es gibt, wie schon dargelegt, nicht eine oberflächliche und eine tiefe Hypnose, die durch eine scharfe Grenze voneinander getrennt sind, sondern es gibt zahlreiche Grade innerhalb der beiden Gebiete und Übergänge aus dem einen in das andere. Wir erleben solche Übergänge fortdauernd bei unseren hypnotischen Versuchen — die Schwierigkeit der Einteilung der „Grade der Hypnose" hat ja hierin ihre Wurzel — und wir würden eine gekünstelte Schematisierung vornehmen, wenn wir „pseudohypnotische" und hypnotische Zustände voneinander sonderten. Auch die leichten „pseudohypnotischen" Phasen zeigen Merkmale von Schlafähnlichkeit: die mehr oder minder große Müdigkeit, die Bewußtseinseinengung und Dissoziation, die Empfindung der „Lähmung" der motorischen Sphäre. Im übrigen scheint auch für den natürlichen Schlaf die Tatsache zahlreicher Stufen und Übergänge gegeben.

Über die praktischen Konsequenzen der Lehre von den „pseudohypnotischen" Zuständen wird noch später gehandelt werden.

In der Lehre von der Pseudohypnose ist die Entstehung der

„echten“ tiefen Hypnose auf eine pathologische Dissoziabilität zurückgeführt; damit ist die Frage nach dem Verhältnis der Hypnose zu psychopathologischen Zuständen berührt.

Seit CHARCOT, welcher die hypnotischen Phänomene für provozierte hysterische hielt, hat besonders die Frage nach dem Verhältnis der Hypnose zur Hysterie sehr lebhafte Antworten in diesem oder jenem Sinne gefunden; und der therapeutischen Verwertung des Hypnotismus hat das Dogma von der „künstlichen Hysterisierung“ sehr erhebliche Hindernisse in den Weg gelegt. Neuerdings hat die Schule FREUDS in besonderem Sinne gemeint, daß Hypnose und Hysterie wesensgleich seien. Der Hypnotiseur kann nach dieser — schon oben skizzierten — Auffassung nichts mehr und nichts anderes zeigen, als was die Neurose spontan produziert. In beiden Zustandsarten bestimmen unbewußte Vorstellungsmassen die Symptome, und spielen die infantilen und sexuellen, besonders die auf die Eltern bezüglichen Komplexe eine bedeutungsvolle Rolle. Und wenn man als Argument gegen die Identität von Hypnose und Hysterie die große Zahl der hypnotisierbaren Gesunden anführt, so hat nach FERENCZI auch diese Überlegung keine Überzeugungskraft, da — nach der Lehre FREUDS — die Gesunden mit denselben Komplexen kämpfen wie die Neurotischen.

Indem die endgültige Auseinandersetzung mit den Lehren FREUDS einem späteren Kapitel vorbehalten bleibt, muß hier nur auf die oben gemachten Darlegungen verwiesen werden, daß jeder Beweis für diese eigenartige Auffassung der Hypnose fehlt. Andrerseits kann kein Zweifel sein, daß Tatbestände vorhanden sind, welche die Analogisierung von Hysterie und Hypnose nahelegen. Diese Analogie besteht darin, daß die Symptome in beiden „psychogen“, durch Vorstellungen bzw. Einstellungen bewirkt sind. Und wenn man mit MOEBIUS sich darauf beschränkt, den Begriff der Hysterie darin zu suchen, daß alle Krankheitserscheinungen in ihr durch Vorstellungen hervorgerufen sind, so wird man nicht umhin können, die Hypnose — allerdings dann auch die „normalen“ Suggestionserscheinungen des täglichen Lebens — als „hysterisch“ zu bezeichnen.

Demgegenüber macht sich in neuerer Zeit mit Recht immer mehr das Bestreben geltend, den Begriffsumfang des Psychogenen und Hysterischen nicht einfach zusammenfallen zu lassen. Was die Hysterie anlangt, so sieht man immer mehr ihre Besonderheit nicht nur in der Wirksamkeit psychogener Mechanismen, sondern auch in einer bestimmten klinischen Eigenart des Ablaufs und des Zusammentreffens der Symptome, wie sie jeweils in besonderer Ausprägung auf dem Boden bestimmter Entwicklungsphasen (Entwicklungshysterie KRAEPELIN) oder einer charakteristischen psychopathischen Konstitution (Entartungshysterie KRAEPELIN) erwachsen. Dieses Beieinander von Symptomen braucht aber keineswegs überall da gegeben zu sein, wo hypnotische Phänomene beobachtet werden, ebensowenig wie der Boden, auf dem diese Symptome erwachsen, Grundbedingung für hypnotische Wirkungen zu sein braucht. Keineswegs aber kann gesagt werden, daß die Hypnose imstande sei, solche konstitutionellen Züge in einer Person zu erzeugen. Auch einer „traumatischen Hysterie" — ohne daß auf diesen Begriff hier näher eingegangen werden soll — kann eine Hypnose nicht gleichgesetzt werden. Die ganze Verwirrung, welche die Lehre von der künstlichen Hysterisierung in sich schließt, ist nur möglich, wenn man den weiteren psychologischen Begriff des Psychogenen mit dem engeren klinischen des Hysterischen identifiziert. Leichtere Suggestivwirkungen — also psychogene Erscheinungen — gehören zu dem Alltagsleben des Normalen; aber auch die Eignung zu einer tiefen Hypnose schließt noch nicht das Vorhandensein einer besonderen Konstitution im Sinne der klinischen Hysterie in sich. Allerdings wird man zugestehen müssen, daß die Eignung zu ganz tiefen Somnambulhypnosen mit Realisation aller möglichen experimentellen Suggestionen in der Regel bei Hysterischen verschiedener Artung und bei psychopathischen Personen gefunden wird; häufig allerdings sind, wie allgemein bekannt, gerade Hysterische und Psychopathen sehr refraktär. Jedenfalls ist es nicht angängig, jemanden, weil er in eine tiefe Hypnose kommt, für hysterisch oder psychopathisch zu erklären. Weder erzeugt die Hypnose Hysterie und Psychopathie, noch sind diese unerläßliche Grundbedingungen für die Realisierung hypnotischer Erscheinungen. An der Trennung von psychogen und hysterisch ist vielmehr festzuhalten und zu berücksichtigen, daß auch das Bestreben der klinischen Forschung dahingeht, die hysterischen Erscheinungen noch genauer zu ordnen und psychogene Geistesstörungen nicht hysterischer Art aus dem klinischen Bilde der Hysterie herauszusondern.

Der Versuch der Schule FREUDS, Neurose und Hypnose zu identifizieren, kann das eben Gesagte nicht erschüttern. Dieser Versuch läuft — abgesehen von den schon behandelten Besonderheiten — auf die Frage hinaus, inwieweit die herangezogenen infantil-sexuellen Mechanismen den Begriff der psychopathischen Konstitution begründen oder ersetzen können. Auf diese Frage wird später im Zusammenhang eingegangen werden.

Anhang:

Die Tierhypnose.

Schon seit Jahrhunderten finden sich in der Literatur Angaben über an Tieren hervorzurufende Phänomene, die Verwandtschaft mit den hypnotischen zu haben scheinen. Bekannt ist das „experimentum mirabile" des Jesuitenpaters ATHANASIUS KIRCHER (1646 in „Ars magna lucis et umbrae"). Man bindet einer Henne die Beine zusammen, legt sie auf den Boden und hält sie fest, bis sie aufhört sich zu sträuben. Dann zieht man vor jedem Auge des Tieres einen Kreidestrich, worauf das Tier, auch nachdem die Fesseln gelöst sind, längere Zeit regungslos verbleibt. CZERMAK (1872) hat ähnliche Experimente an einer Reihe von kleineren und größeren Vögeln ausgeführt und glaubte auch feststellen zu können, daß wenn kleine Gegenstände den

Tieren zur Fixation auf dem Schnabel befestigt wurden, der bewegungslose Zustand früher eintrat. PREYER wies darauf hin, daß die Erscheinungen nichts mit Hypnose zu tun hätten. Er hielt sie für Schreckwirkungen (Kateplexie) und wies auf die entsprechenden Ausdruckssymptome — beschleunigte Atmung, Herzschlag usw. — hin. Seitdem sind die Phänomene oft an vielen kleinen Tieren wie Hühnern, Meerschweinchen, Kaninchen, Fröschen, Schlangen, Krebsen gezeigt und teils als eine Art von Hypnose, teils auch als Schreck- oder Dressurwirkungen angesehen worden.

In besonderer Weise hat VERWORN die tierhypnotischen Erscheinungen auf bestimmte Reflexmechanismen zurückzuführen gesucht. Er glaubt, daß es sich bei den zu erklärenden Erscheinungen um tonische Erregungen des Lagekorrektionsreflexes handelt. Als einen solchen Reflex zur Korrektur der Lage glaubte er reflektorische Mechanismen zur Abänderung einer abnormen Lage in die dem Tier gewohnte ansprechen zu dürfen. Bei der Tierhypnose sei nun eine tonische Erregung des cerebralen Lagereflexgebietes gesetzt; dazu komme als zweites Moment die Untätigkeit der motorischen Großhirnrindenzone, welche sich im Ausfall der spontanen Impulse zum Aufstehen äußert.

MANGOLD hat den hierhergehörigen Erscheinungen in dem letzten Jahrzehnt eingehendere Aufmerksamkeit gewidmet. Er definiert die Phänomene als einen „schlafähnlichen Zustand mit Fehlen der Ortsbewegung und Lagekorrektion, mit Veränderungen des Muskeltonus und der Sinnestätigkeit (Analgesie)“ und hält es für gerechtfertigt, die tierische Hypnose in physiologischer Beziehung der menschlichen an die Seite zu stellen. Demgegenüber werden die besonderen Eigentümlichkeiten der menschlichen Hypnose nicht übersehen werden dürfen.

Überblickt man das zur Frage der Tierhypnose vorgebrachte Material, so wird man die Annahme echter suggestiver Vorgänge mit Rücksicht auf die primitiven seelischen Organisationen, um die es sich hier handelt, ablehnen.

Hingegen wird man, auch bei Anerkennung der betonten besonderen Mechanismen, doch nach einem Grund der „Dissoziation“ suchen, welche den Fortfall der Willkürimpulse erklärt. Um diesen zu begreifen, wird man doch auf Chok, Schreckwirkungen, evtl. auf den Zwang durch Dressur zurückgehen müssen. Der Parallelismus mit der menschlichen Hypnose liegt in der Dissoziation, welch letztere beim Tier jedoch durch primitivere Mechanismen bewirkt wird, als sie Vorstellung und Einstellung, die wir beim Menschen verantwortlich machen, darstellen.

3. Die Technik der Hypnose.

Die Technik der therapeutischen Hypnose hängt in starkem Grade ab von theoretischen Anschauungen über das Wesen der Hypnose und ihre Besonderheiten. Wer glaubt, daß die tiefsten Zustände die größte suggestive Ausnutzung gewährleisten, und daß es möglich ist, durch geeignete Technik bei sehr vielen Menschen tiefe Zustände zu erzeugen, wird anders verfahren als derjenige, der auch oberflächlichen Stadien gute Suggestionseffekte zuschreibt, der etwa meint, daß bei den meisten Menschen tiefe Stadien durch keinerlei Technik bewirkt werden können, oder der gar oberflächliche und tiefe Zustände als in ihrem Kern durchaus anders geartet ansieht.

Am wesentlichsten für die hier bestehenden Meinungsverschiedenheiten ist die Frage, ob die Wirksamkeit posthypnotischer Suggestionen, insbesondere solcher therapeutischer Art, mit der Tiefe des hypnotischen Schlafzustandes gesteigert wird. Nicht wenige Therapeuten (z. B. FOREL, MOLL) halten auch jetzt noch an der Ansicht von der optimalen Wirksamkeit der tiefen Hypnosen fest; dementsprechend erstreben sie möglichst tiefen Schlaf, motorische und sensorische Symptome und Amnesie und suchen sich bei der Einleitung der Hypnose von der Realisierung dieser Symptome zu überzeugen. Andere (GROSSMANN, HECKER, LOEWENFELD, HIRSCHLAFF) haben demgegenüber die genügende therapeutische Wirksamkeit oberflächlicher Stadien betont und ein Parallelgehen von Tiefe der Hypnose und Energie der posthypnotischen Wirkung besonders therapeutischer Suggestionen bestritten. Dementsprechend wird dann jede Methode, welche einseitig auf die Erzeugung tiefer Hypnosen abzielt, verworfen.

Dieser Standpunkt ist natürlich besonders dann der einzig mögliche, wenn man — wie HIRSCHLAFF — pseudohypnotische und hypnotische Erscheinungen völlig voneinander trennt und von den meisten Menschen annimmt, daß sie in echte Somnambulhypnosen überhaupt nicht zu versetzen sind. Aber auch diejenigen, welche diese strenge Trennung nicht mitmachen, sondern nur von dem Parallelismus zwischen Tiefe der Hypnose und Energie der posthypnotischen Wirksamkeit nicht überzeugt sind und andererseits die Häufigkeit der tiefen Hypnosen gering ansetzen, werden „mildere“ Techniken wählen. Von diesem Standpunkt aus wird jedes Experimentieren mit dem Kranken verpönt sein; die Technik wird — unter Konzentration des Kranken auf Ruhe und Müdigkeit — so gestaltet sein müssen, daß sie Zumutungen, die keine Aussicht haben, sich zu realisieren, möglichst vermeidet und doch so vielseitig ist, daß sie tiefe Hypnosen hervorrufen kann, wo sie hervorrufbar sind, und oberflächliche genügend therapeutisch auszunutzen gestattet.

Bei dieser Art des Vorgehens eröffnen sich dem Hypnotiseur bessere Aussichten, als wenn seine Technik nur auf möglichst tiefes Einschläfern und kommandoartiges Suggerieren eingestellt ist. Nicht mehr bloße hypnotische „Dressur“, sondern möglichst umfassende Psychotherapie wird dann auch für die Hypnose die Losung; und die Verknüpfung mit später zu besprechenden, aufklärenden, beruhigenden, ausgleichenden, erziehenden Methoden ergibt sich von selbst.

Diese Entwicklung der Hypnotherapie ist schon durch den Umstand bedingt worden, daß bei einer Anzahl auch günstig zu beeinflussender Krankheitszustände (z. B. Angst, Erwartungsstörungen verschiedener Art) selten tiefe Hypnosen zu erzielen sind, und jeder brüske Versuch, solche zu bewirken, den ganzen Arbeitsplan verdirbt. Für manche Fälle allerdings, in denen man den Eindruck hat, daß der Patient des Gefühls einer gewissen „Passivität" bedürfe, befürworten auch wohl die meisten Vertreter der „milden" Hypnotisierungstechnik einiges Experimentieren (z. B. Katalepsie). Ebenso sind da, wo der Schlafzustand als solcher ausgenutzt werden soll, — etwa bei den zu erörternden Dauerhypnosen nach WETTERSTRAND — tiefe Zustände zu erstreben.

Was übrigens die Frage des Parallelismus von Tiefe der Hypnose und Haften der therapeutischen Suggestion anlangt, so ist sie wohl strittig, aber keineswegs in bejahendem Sinne entschieden. Daß gerade sehr tief hypnotisierbare Menschen häufig therapeutischen Suggestionen schwer zugänglich sind, wird auch von den Verfechtern der tiefen Hypnose zugestanden. Doch wird dann betont, daß die zu tiefen Hypnosen Neigenden oft Anomalien haben, die prognostisch ungünstig sind und die Leiden der zu oberflächlichen Hypnosen Neigenden prognostisch günstiger liegen. Jedenfalls gebe in dem gleichen Fall die tiefere Hypnose die besseren Chancen. — Diese Behauptung ist nun bei der Schwierigkeit der Beschaffung eines tauglichen Vergleichsmaterials ebenso schwer exakt zu beweisen wie zu widerlegen. Sie dürfte kaum in dieser Allgemeinheit zutreffen, schon weil die psychischen Bedingungen (Interessen, Wünsche, Befürchtungen, Widerstände) ganz andere zu sein pflegen für die Hervorrufung eines experimentell-hypnotischen Symptoms, als für die Beseitigung von Krankheitserscheinungen. Es bedeutet für eine Hysterische wohl etwas anderes, ob man ihr einen Drehautomatismus oder eine Halluzination hervorruft, oder ob man ein tief in ihrer Persönlichkeit verankertes Krankheitssymptom wegsuggerieren will. Andrerseits können auch in leicht hypnotischen Zuständen, in denen sich nicht viele Experimente mit Glück machen lassen, die Bedingungen gegeben sein, bestimmte Krankheitserscheinungen günstig zu beeinflussen. Diese Bedingungen brauchen durch weitere Vertiefung des hypnotischen Zustandes a priori nicht gesteigert zu werden.

Die Lösung dieser Frage mag wie immer gegeben werden, so sind doch mit dem Streben, um jeden Preis eine möglichst tiefe Hypnose zu erzielen, so viel Nachteile verknüpft, daß man schon aus technischen Gründen im allgemeinen den milderen Verfahrungsweisen den Vorzug geben wird.

Da aber auch die tiefen Hypnosen für manche Zwecke notwendig sind, so werden im folgenden verschiedene Arten der Hypnotisierungstechnik geschildert.

Zunächst sind einige allgemeine Regeln für alle Fälle zu beachten, ganz gleich, ob man diese oder jene besondere Technik zur Einleitung und Durchführung der Hypnotherapie bevorzugt.

Man wird selbstverständlich den Raum, den man für die hypnotherapeutische Tätigkeit wählt, dem Zweck entsprechend ausgestalten. Man wird ruhige, behagliche Räumlichkeiten suchen mit gedämpftem Licht und entsprechender Ausstattung. Störende oder ängstigende Gegenstände (Bilder, Skelette, ärztliche Instrumente), unangenehme medizinische Geräusche, möglichst auch den Lärm der Straße vermeiden. (Daß man freilich auch unter recht ungünstigen äußeren Bedingungen mit Erfolg Hypnotherapie treiben kann, haben mir langjährige poliklinische Kursstunden mit ihrem unvermeidlichen Geräusch und ihrer Unbequemlichkeit gezeigt.)

Wichtiger ist die Vorbereitung des Kranken selbst. Man beseitige vor jedem Hypnotisierungsversuch möglichst jede Angst, Unruhe, Furcht vor der Behandlung. Man kläre auf, daß es sich um eine wirksame, aber ungefährliche seelische Beeinflussung handle, daß die Krankheitszustände seelische Gründe habe, denen man durch psychische Beeinflussung beizukommen suche. In einer dem Bildungsgrade des Kranken und der Art des Leidens entsprechenden Form gebe man hierüber eine etwas ausführlichere Belehrung. Man verweise auf die Bedeutung der Suggestion im täglichen Leben, auf die suggestiven Täuschungen, auf die Mehrleistungen durch die Überzeugung, daß man Bestimmtes wirklich leisten kann usw.

Das Vertrauen des Kranken ist zu gewinnen, vor allem durch gründliche Untersuchung. Der Patient muß das Gefühl haben, daß er nicht nur einem geschickten Routinier gegenübersteht, sondern einem Arzt, der Einblick in die Mechanismen der Störungen hat und mit Kritik zu sondern versteht. Man gebe ferner beruhigende Versicherungen über die Art des Leidens, über die Zweckmäßigkeit der Behandlungsart, über die günstigen Aussichten. Man vergesse auch nicht, nach etwa bestehenden Vorurteilen mit Bezug auf die Hypnose zu suchen, versichere, daß diese nicht den Behandelten zum Sklaven des Arztes mache usw. Man kläre auch auf über die zu erwartende Dauer der Behandlung, daß (im allgemeinen) nicht etwa die Störungen auf einen Schlag zu beseitigen sind u. ähnl. Man hypnotisiere im allgemeinen auch nicht gleich bei der ersten Konsultation, da diese eine zu starke Erregung zu setzen pflegt.

Der ersten Hypnose selbst lasse man wieder eine kurze aufklärende, beruhigende Aussprache vorausgehen, dehne diese aber nicht zu lange aus.

Man lasse den Patienten in einem bequemen Lehnstuhl oder auf einem Diwan eine Ruhelage einnehmen und schreite — nachdem man evtl. den Kranken zur weiteren Beruhigung eine kleine Weile hat auf die Decke oder einfach vor sich hin sehen oder mit geschlossenen Augen in Gedanken zählen und ans Ruhen denken lassen — zur Einleitung der Hypnose.

Will man vor allem möglichst tiefe Schlafzustände mit Amnesie erreichen, so verfährt man am besten, etwa wie FOREL schildert:

„Man setzt nach BERNHEIMS Verfahren den Patienten auf den Lehnstuhl, läßt sich von ihm einige Sekunden bis höchstens eine Minute in die Augen schauen und erklärt ihm dabei laut und sicher, aber in monotonem Ton, es gehe ihm ganz famos, seine Augen seien bereits feucht, seine Lider schwer, er fühle eine angenehme Wärme in den Beinen und Armen. Dann läßt man ihn zwei Finger (Daumen und Zeigefinger) der linken Hand (des Hypnotiseurs) anschauen, die man unmerklich senkt, damit die Lider folgen. Wenn dann bald die Lider von selbst zufallen, hat man gewonnenes Spiel. Wenn nicht, so sagt man: „Schließen Sie die Augen.“ ... „Hierauf kann man ... einen Arm heben und ihn an die Wand oder auf den Kopf des Patienten anlehnen, erklärend, er sei steif. Am besten erklärt man gleich, es werde die Hand des betreffenden Arms gegen den Kopf wie durch einen Magneten ganz unwiderstehlich angezogen. Geht es nicht, so hilft man etwas dazu, wird sehr bestimmt und intensiv im Suggerieren, suggeriert zugleich Schwinden der Gedanken, Gehorsam der Nerven, Wohlsein, Ruhe, Schlummer. Sobald man merkt, daß eine oder die andere Suggestion zu wirken beginnt, so benutzt und betont man es, läßt unter Umständen den Patienten auch durch Kopfzeichen gleich darüber Auskunft geben. Jede bejahte Suggestion ist am Anfang ein bedeutendes Aktivum, das man für weitere Suggestionen benutzen muß. „Sehen Sie! Es wirkt ganz gut. Sie schlummern immer besser ein. Ihr Arm wird immer steifer. Sie können ihn nicht mehr herunterbringen (der Patient versucht es mit etwas Erfolg; man hindert ihn aber daran und erklärt schnell): Im Gegenteil, wenn Sie ihn herunterbringen wollen, geht er hinauf gegen den Kopf; sehen Sie, ich ziehe ihn immer mehr gegen den Kopf! usw.“

Bei sehr kritischen und refraktären Patienten empfiehlt auch Forel, anfangs die Suggestion der Armkatalepsie zu unterlassen. Bei etwas Übung sehe man bald, wann man es riskieren dürfe. Forel hält es für einen Kunstfehler, zu lange fixieren zu lassen. In der Tat stellen sich nicht selten bei langem Fixieren Beschwerden ein, welche den Fortgang der Hypnose stören. Nach Forel läßt man selten mehr als eine Minute fixieren, und das nur zu Anfang der ersten Sitzung. Später genügt es, den zu Hypnotisierenden einige Sekunden anzuschauen bzw. einen Gegenstand ansehen zu lassen und dabei die Suggestion des Schlafes zu geben. „Meistens erkläre ich dann bloß: Sie schlafen! indem ich eine Bewegung meiner Hand gegen die Augen mache, und der Betreffende ist augenblicklich hypnotisiert“ (Forel).

Eine Anzahl von Hypnotiseuren haben Tricks ersonnen, um schwer zu Hypnotisierende zu überrumpeln. So hat Grossmann eine Reihe von Hilfsmitteln dieser Art angegeben. Den Skeptiker bereitet er durch folgendes kleine Experiment vor. Er sagt ihm, daß er, was der Patient gewiß kaum glauben werde, mit seinem Finger des Patienten Conjunctiva bulbi drücken werde, ohne daß auf diesen Eingriff mit einem reflektorischen Lidschluß, also einem Zwinkern, reagiert werden werde. Das Experiment gelinge fast immer, da die Conjunctiva bulbi fast bei allen Menschen, zumal bei gleichzeitigem Fixieren, auf die diesbezügliche Suggestion anästhetisch wird. Im übrigen empfiehlt GROSSMANN in etwas schwierigeren Fällen folgendes Verfahren: Er läßt den auf einem Fauteuil nicht angelehnt sitzenden oder noch besser auf einem Diwan in halb sitzender, halb liegender Stellung befindlichen Patienten einige Sekunden fest fixieren. „Ich suggeriere ihm nun, daß ein Gefühl der Wärme seine Glieder durchziehe, daß vor allem seine Arme, die auf den Knien aufliegen, bleischwer würden. Bei diesen Worten hebe ich diese, sie bei den Handgelenken erfassend, und lasse sie mit einem leichten Ruck meiner Hände plötzlich fallen. Sie fallen anscheinend bleischwer auf den Knien auf, der Patient hat tatsächlich das Gefühl außerordentlicher Müdigkeit in seinen Armen ... Nun kommt, wenn ich noch nicht etwa den etwas starren Ausdruck im Blick ... bemerke, der Haupttrick. Ich bitte den Patienten seine Augen zu schließen, oder schließe sie ihm schnell selbst, ergreife seine Handgelenke bei rechtwinklig nach oben flektierten Unterarmen und suggeriere, daß er so müde würde, daß er sich nicht mehr aufrecht erhalten könne, vielmehr unbedingt hintenüberfalle. Dabei drücke ich ihn selbst mit minimalen Rucken allmählich hintenüber, bis er mit dem Kopf an der Fauteuillehne angelangt ist, und erteile, wenn überhaupt noch nötig, den Schlafbefehl."

Ein anderes ganz brauchbares Hilfsmittel zur Einleitung der Hypnose in schwierigen Fällen hat LEVY-SUHL angegeben; es kann allerdings nur da wirksam werden, wo nicht genügende Kenntnis des auszunutzenden psychologisch-optischen Phänomens vorhanden ist.

LEVY-SUHL benutzt das Erscheinen des farbigen Simultankontrasts zur Einleitung der Hypnose.

Er verwendet gewöhnlich ein klares, lebhaft grünes oder blaues Glas von der Größe einer Postkarte; auf die Mitte wird ein kleiner, 2—3 mm breiter, ca. 1 cm langer Streifen grauen Papiers von etwa gleicher Helligkeit wie die Farbe glatt aufgeklebt. Das Glas wird nun auf eine weiße Unterlage gelegt (weißer Karton) und bei guter Beleuchtung von dem auf dem Sofa liegenden Patienten ruhig fixierend betrachtet. Die Kontrastfarbe beginnt naturgemäß an den Rändern aufzutreten, je nach Anordnung, Helligkeit und Fixation etwa nach 5, 10—25 Sek. Sie breitet sich im Laufe von ca. 1—2 Min. über den ganzen Streifen aus. Einfacher gelingt der Versuch noch, wenn man einen solchen grauen Streifen auf eine der bekannten farbensatten Kreiselscheiben klebt und fest betrachten läßt. Besonders wirksam ist nach LEVY-SUHL die gelbe Scheibe, auf der sich ein schönes, intensives Blau entwickelt. Diese Farbe ist auch für fast alle Farbenanomalen anwendbar. — Man sagt bei Einleitung der Hypnose die Erscheinung voraus und suggeriert bei ihrem Eintritt Müdigkeit usw.

Ein weiteres zweckmäßiges Hilfsmittel zur Erzielung tiefer Hypnosen ist das „Vorhypnotisieren". Ist es schon zur Beruhigung und Fortschaffung von unbegründeten Befürchtungen oft zweckmäßig, dem zu Behandelnden einen hypnotisch-ruhenden Patienten bzw. den Verlauf einer Hypnose zu zeigen, so wirkt das „Vorhypnotisieren" häufig als ein starkes Steigerungsmittel der Hypnotisierbarkeit.

Auch die von Wetterstrand bevorzugten gemeinsamen Hypnosen, bei denen viele Menschen in einem Raume hypnotisiert werden, sind nach dieser Richtung wirksam durch Ausnutzung einer stark suggestiven Atmosphäre. Sie tragen allerdings die Gefahr einer Vergröberung der Psychotherapie und Schwierigkeiten der Einhaltung der notwendigen Diskretion in sich. Für poliklinische Zwecke ist das Verfahren häufig sehr erwünscht.

Zur Einleitung der Hypnose in refraktären Fällen habe ich ferner — mit anderen — die Ausnutzung natürlicher Schlafzustände empfehlenswert befunden. Man macht mit den betreffenden Personen keine eigentlichen Hypnotisierungsversuche, sondern sagt ihnen einfach, sie möchten versuchen zu schlummern oder zu schlafen. Ist ein solcher Schlummer oder Schlafzustand nach einigen Sitzungen erzielt, so gelingt es gewöhnlich bald, auch eine Art von Rapport herzustellen. Der Patient schreckt zwar die ersten Male, sobald der Hypnotiseur zu sprechen beginnt, auf, ist aber bald, wenn dann vor Beginn der Hypnose die Weisung erteilt wird, nicht zu erwachen, sondern im Halbschlaf zu bleiben und nach Erteilung der therapeutischen Suggestionen gleich wieder in tiefen Schlaf zu verfallen, zu dem entsprechenden Verhalten zu bringen. Es lassen sich nicht selten auf solche Art auch sehr tiefe Hypnosen herstellen.

Endlich ist hier das sogenannte fraktionierte Hypnotisierungsverfahren nach Vogt-Brodmann zu nennen. Das Prinzip dieser Methode ist, den Patienten nicht längere Zeit hindurch fortzuhypnotisieren, sondern den Hypnotisierungsversuch immer wieder zu unterbrechen, und dann von neuem zu hypnotisieren. Man hat dann den Vorteil, daß man durch den Patienten unterrichtet wird, was von den Hypnotisierungs- und Suggestionsmaßnahmen wirksam geworden ist. Man betont dann sofort bei der nächsten Suggestion das Erreichte stärker und fügt einiges Weitere hinzu, unterbricht wieder, fragt, hypnotisiert und suggeriert von neuem usf. Dabei kann man sich auch, da man über die seelischen Vorgänge bei dem Patienten genauer orientiert wird, der Individualität des zu Hypnotisierenden anpassen. Man beginnt im allgemeinen — mit oder ohne kurze Fixation — mit einigen wenigen einfachen Suggestionen, der Müdigkeit, Wärme des Körpers, Schwere der Glieder. Man unterbricht, verstärkt die realisierten Suggestionen, fügt neue hinzu: Benommenheit, Regungslosigkeit, Schwinden der Gedanken, Versinken in Dunkel. Man kann auch nach einem der sogleich unten wiedergegebenen Schemata fraktioniert verfahren, indem man Teile davon in entsprechender Weise nacheinander vorbringt.

Diese jetzt zu erörternden Hypnotisierungsschemata sind von Vertretern der Ansicht entworfen, daß das Erstreben möglichst großer Schlaftiefe der Hypnose und der Realisierung möglichst vieler experimenteller Suggestionen grundsätzlich zu verwerfen sei (Loewenfeld, Hirschlaff). Diese Hypnotisierungsverfahren sind vielmehr auf mehr oberflächliche Zustände eingerichtet, aber doch so, daß auch ganz tiefe Zustände mit ihnen erreicht werden können.

Loewenfeld schildert sein Vorgehen in folgender Weise:

Ich sage dem zu Hypnotisierenden, der auf einem Sofa oder Fauteuil Platz genommen hat, folgendes: „Bleiben Sie ruhig liegen und kümmern Sie sich um nichts Weiteres. Ein Ruhegefühl, ein Gefühl angenehmer, behaglicher Ruhe überkommt Sie mehr und mehr; in allen Nerven, in allen Gliedern, im ganzen Körper wird es ruhiger und ruhiger, und der Kopf wird müder und müder, und diese Müdigkeit breitet sich mehr und mehr aus, die Arme, die Beine, der ganze Körper wird müde und träge und schwer und immer müder und träger. Die Müdigkeit geht auch auf die Augen über, auch die Augen werden müde und schwer und immer müder und schwerer; das Sehen wird verschwommener, undeutlicher und schwächer; die Augen werden ganz müde, ganz schwer; die Lider senken sich mehr und mehr, fallen mehr und mehr zu und schließen sich jetzt ganz. (Bei letzteren Suggestionen wird das Fixierungsobjekt mehr und mehr gesenkt, und wenn die Augen sich nicht bereits spontan geschlossen haben, mit der Hand das Zeichen für den Augenschluß gegeben.) Die Augen sind geschlossen, die Müdigkeit und die Schläfrigkeit nehmen jetzt rasch zu, dabei wird es immer ruhiger, immer stiller im ganzen Körper; auch der Atem geht ganz langsam und ruhig vor sich, das Herz schlägt langsam und ruhig, und im Kopfe wird es ruhiger und ruhiger; das Denken nimmt immer mehr ab, wird träger und träger, langsamer und langsamer, weniger und weniger, und schon gehen die Gedanken mehr und mehr durcheinander, alles verwirrt sich im Kopf, alles verwischt sich. Alles verschwindet, Sie kommen mehr und mehr ins Schlummern, und schlummern so ganz ruhig und sachte ein (die letzten Sätze werden mit zunehmender Dämpfung der Stimme gesprochen, die allmählich ins Flüstern übergeht). Es wird immer besser, die Schlafsucht, die Betäubung wird stärker und stärker, das Denken hört allgemach ganz auf, Sie kümmern sich um gar nichts mehr, Sie wissen von gar nichts mehr, Sie sehen nichts mehr, Sie hören nur ganz leise und schwach, Sie fühlen nichts mehr, das Bewußtsein schwindet ganz und gar, Sie schlafen immer mehr, immer mehr, und der Schlaf wird noch besser, immer fester und fester, immer tiefer und tiefer, Sie schlafen so ruhig und sanft ein und schlafen ruhig und fest weiter."

In diesem im ganzen sehr milde und allmählich vorgehenden Verfahren sind noch manche Zumutungen (Verwirrung der Gedanken, Betäubung, kategorische Behauptung des Schlafens) geeignet, zu erschrecken oder zu chokieren.

Noch vorsichtiger ist, unter Berücksichtigung solcher Punkte, das Verfahren Hirschlaffs. Er vermeidet die Suggestion des Zufallens der Augen, da damit viel Zeit verloren gehe und ein, wenn auch kleiner Prozentsatz, selbst dieser Suggestion widerstehe, er meidet überhaupt alle experimentellen, beängstigenden und nicht sicher realisierbaren Suggestionen und wählt deshalh etwa folgende Formel:

„Nun atmen Sie einmal recht ruhig, langsam und gleichmäßig — und achten Sie genau auf jeden Atemzug von Anfang bis zu Ende. —

Geben Sie sich ganz dem Gefühle einer tiefen, erquickenden Ruhe hin, als wenn Sie selbst einschlummern wollten. Allmählich werden Sie in der Tat immer müder und schläfriger werden. — Die Nerven legen sich zur Ruhe — die Gedanken schlummern ein, die Müdigkeit nimmt immer mehr zu. — Es tritt eine behagliche Erschlaffung im ganzen Körper ein, — die Glieder werden träge und schwer, — es wird Ihnen immer dunkler vor den Augen — eine tiefe erquickende Ruhe senkt sich auf Sie herab.“ —

Hat man Grund, schnell eine tiefe Hypnose erwarten zu dürfen, so kann die obige Formel erheblich abgekürzt werden. Darf man nur oberflächliche Stadien erhoffen und hypnotisiert man zum erstenmal, so wird man sie zweckmäßig erweitern. Hirschlaff gibt folgende Fassung für solche Fälle:

„Nun atmen Sie ganz ruhig, gleichmäßig und langsam, und achten Sie genau auf jeden Atemzug von Anfang bis zu Ende; — achten Sie darauf, wie die Brust sich langsam hebt und senkt und der Atem gleichmäßig aus- und einströmt. — Nun geben Sie sich ganz dem Gefühl einer tiefen, erquickenden Ruhe hin, als wenn Sie selbst einschlummern wollten. — Allmählich werden Sie in der Tat immer müder und schläfriger werden. — Die Nerven legen sich zur Ruhe, — die Gedanken konzentrieren sich auf die Ruhe und auf die Müdigkeit, — alle störenden Gedanken verschwinden; nun nimmt die Müdigkeit immer mehr zu — es tritt eine behagliche Erschlaffung im ganzen Körper ein — alle Muskeln entspannen sich — die Glieder werden träge und schwer; — die Empfindung der Schwere wird immer deutlicher und stärker. — Sie haben das Gefühl, als ob Sie die Glieder von selbst nicht mehr bewegen könnten. — Jetzt macht sich eine angenehme Wärme im ganzen Körper bemerkbar; — zuerst spüren Sie die Wärme deutlich in den Beinen, — jetzt auch in den Armen; — und auch an den Augenlidern empfinden Sie deutlich diese angenehme Wärme. — Dabei nimmt die Müdigkeit immer weiter zu — die Augenlider werden immer schwerer und schwerer — es wird immer dunkler um Sie herum, eine tiefe erquickende Ruhe breitet sich über den ganzen Körper aus.“ —

Die hier wiedergegebenen Formeln von Loewenfeld und Hirschlaff entsprechen dem Vorgehen, das heute wohl die Mehrzahl der Hypnotherapeuten befolgt. Sie verzichten auf das Streben nach Erzwingung „tiefer“ Erscheinungen, ohne jedoch die Möglichkeit des Eintritts tiefer Hypnosen außer acht zu lassen. Ich selbst pflege besonders dem Verfahren Hirschlaffs zu folgen, lasse jedoch gewöhnlich kurze Zeit fixieren und gehe dann zur Regulierung des Atmens über. Diese letztere ist aber auch nicht in allen Fällen zweckmäßig, da manche Personen beginnen, übermäßig krampfhaft zu atmen und nicht davon abgebracht werden können. In solchen Fällen wird man einfach zu Ruhe- und Müdigkeitssuggestionen, der Eingebung der Umnebelung der Gedanken, des Versinkens wie in einen Nebel u. ähnl. übergehen. Auch von einem Ruhestrom, der den Körper durchfließt, alle Spannungen löst, wird zweckmäßig gesprochen. Immer achte man darauf, daß eine krampfhafte Spannung auf den Eintritt der Hypnose sich nicht entwickele. Ferner braucht wohl nicht betont zu werden, daß die zitierten Formeln nicht sklavisch von Fall zu Fall genau in derselben Weise angewendet werden dürfen, sondern daß sie jeweils nach den Erfordernissen modifiziert werden müssen. Es ist aber zweckmäßig, sich Richtlinien für die Art des Suggerierens bereit zu halten und sich auch wortweise klar zu machen, wie man suggerieren will, damit desillusionierendes Stocken vermieden werde.

Die zitierten Formeln sind auch deshalb zweckmäßig, weil sie natürlich eintretende Vorgänge benutzen und betonen. Empfehlenswert ist auch, wenn man stärkere Zumutungen stellen will, die Benutzung der „als ob"-Fassung. „Sie haben das Gefühl, als ob Sie völlig regungslos würden, als ob Ihre Glieder Ihnen gar nicht gehörten, und — unter Erheben des Arms — Sie den Arm gar nicht bewegen könnten (und bei Anzeichen von der Realisierung), „Sie können ihn nicht bewegen." Oder man spricht gar nicht von dem, was man gerade prüft, spricht etwa von der Atmung und prüft Katalepsie — die man vielleicht vorher in der „als ob"-Form angedeutet hat, und man suggeriert kategorisch, sobald man beginnende Realisierung merkt. Katalepsie und wächserne Biegsamkeit läßt sich in vielen Fällen mühelos und ohne jede Gefahr des „Chokierens" erzeugen, wenn man die Hände leicht (nicht gefaltet) auf den Kopf legt, nur obenhin einige entsprechende Suggestionen — oder auch gar keine — gibt — und mit ganz leichten Strichen die Hände am Körper abwärts zu bewegen sucht; sie pflegen meistens zu folgen und geben gerade, wenn das Folgen unter leicht federndem Widerstand geschieht, ein gutes Zeichen für den Zustand der Beeinflussung. Auch hier kann man dann eventuell mit gröberen Suggestionen kommen, „Ihre Hände kleben an meinem Finger oder es ist als ob" usw.

Im ganzen wird man jedes brüske Experimentieren in den allermeisten, und auch vorsichtiges Erzeugen von motorischen u. dgl. Phänomenen in sehr vielen Fällen vermeiden. Wo man aber den Eindruck hat, durch die Erzeugung von Gefühlen der „Passivität" zu nutzen, wird man bei vorsichtigem Verfahren auch nicht schaden. Nur in einer Minderzahl von Fällen wird das scharfe Vorgehen zur Erzeugung einer möglichst tiefen Hypnose empfehlenswert sein.

Statt der Einschläferung durch Ermüdung der Augen (Fixation) haben manche Autoren (Heidenhain) die Ermüdung des Gehörorgans zur Einleitung der Hypnose empfohlen. In manchen Fällen wird man auch hiervon (Surren des Induktionsapparates) mit Vorteil Gebrauch machen. Ein larviertes Hypnotisierungsverfahren stammt von Eulenburg. Er leitet einen schwachen galvanischen Strom durch den Kopf der zu hypnotisierenden Person und gibt zugleich die Suggestionen der Müdigkeit usw. Auch solche Prozeduren werden bei leicht abgelenkten, schwer zu hypnotisierenden Personen und solchen die zum elektrischen Strom mehr Vertrauen als zur einfachen Suggestion haben, hin und wieder angebracht sein.

Den MESSMERschen Strichen hat man merkwürdigerweise bis in die jüngste Zeit hinein allerlei somatische Einwirkungen zugeschrieben. Auch sie haben aber im wesentlichen suggestive Effekte. Diese werden allerdings wohl erleichtert durch die eintönige körperliche Einwirkung. Man wird sich leichter Striche über Gesicht, Arme, Körper gelegentlich mit Nutzen bedienen können.

Auch das Auflegen der Hand auf die Stirne mit der Suggestion, es fließe von der Hand aus ein Strom von Wärme und Ruhe durch den Körper usw., ist bisweilen vorteilhaft — man wird sich all derartige Hilfsmittel merken und gelegentlich von ihnen Gebrauch machen.

Durch Schrecken, Einschüchterung usw. eine Hypnose erzwingen zu wollen ist im allgemeinen verpönt und wird auch selten gelingen. Hingegen wird es bei hysterischen, mit ihrer Skepsis auftrumpfenden Personen hin und wieder empfehlenswert erscheinen, schärfer zuzufassen und zu versuchen, durch Überrumpelung zu wirken.

Nicht selten verlangen schwer hypnotisierbare Patienten, man möge ihnen ein Narkoticum geben; auch ärztliche Psychotherapeuten haben Derartiges des öfteren empfohlen. Man wird jedenfalls sehr vorsichtig mit derartigen Hilfsmitteln sein und sie nur anwenden, um zu Anfang der Behandlung bestehende Hemmungen zu beseitigen. Unbedenklich ist es, aufgeregte Patienten $^1/_2$—1 Stunde vor der Hypnose 2—4 g Bromnatrium oder Brommischung nehmen zu lassen. Auch 0,3—0,6 g Bromural, 0,3—0,5 g Adalin, 0,3 g Veronal, 0,5 Diogenal u. dgl. haben sich mir in manchen Fällen, eine entsprechende Zeit vor der Hypnose appliziert, nützlich erwiesen. Niemals habe ich mich bisher veranlaßt gesehen, Äther, der auch empfohlen wird, u. ähnl. anzuwenden. In weitaus der Mehrzahl der Fälle wird man mit den früher geschilderten Hilfsmitteln genügend weit kommen — an dem Rest, auch bei Anwendung narkotisierender Mittel wenig Freude erleben. Ein einfacher und oft wirksamer Weg, eine Hypnose leichter zu erzielen, ist übrigens die Ausnutzung der nach einer größeren Mahlzeit — etwa dem Mittagessen — auftretenden Müdigkeit. Diese durch ein wenig Alkohol noch zu vermehren, kann gelegentlich auch zweckmäßig sein — doch darf nie vergessen werden, daß der Alkohol bei Nervösen und Psychopathen leicht ein gefährlicher Helfer werden kann; er ist deshalb nur mit großer Vorsicht, eventuell in Mixtur heranzuziehen.

Ist die Hypnose auf einem der angegebenen Wege in befriedigender Weise herbeigeführt, so überläßt man den Patienten eine Weile der Ruhe. Es ist zweckmäßig, diese Ruhezeit auf 10—20 Minuten anzusetzen. Dann erteilt man die therapeutischen Suggestionen. Man wird sich auch hier nach dem Verhalten des Patienten richten und den Zeitpunkt so wählen, daß der Kranke ruhig und konzentriert genug, und — bei sehr oberflächlichen Hypnosen — des Zustandes auch noch nicht „überdrüssig“ erscheint.

Es erfolgt nun die eigentliche therapeutische Beeinflussung durch entsprechende Suggestionserteilung. Für diese sind folgende allgemeine Regeln gültig:

Da es das Bestreben der Suggestionsbehandlung sein muß, den Charakter einer einfachen Dressur möglichst zu meiden, und eine umfassende Psychotherapie darzustellen, so wird auch die einfache Kommandosuggestion in den allermeisten Fällen als ungenügend und verpönt erscheinen. Vielmehr wird auch die therapeutische Suggestion bestrebt sein, sich einer rationellen, begründenden, „pädagogischen" Beeinflussung anzunähern, wenn sie auch auf die Wirksamkeit unter inadäquaten Bedingungen nicht völlig verzichten kann und soll. Dementsprechend wird also nicht nur neben der suggestiven Behandlung eine allgemein verstehende, erziehende, psychisch diäthetische durchzuführen sein; sondern auch in der Hypnose wird die therapeutische Suggestion in — wenn auch kurzer Weise — rationell und begründet gegeben werden müssen. HIRSCHLAFF hat recht zweckmäßige Vorschriften für die Art der Erteilung therapeutischer Suggestionen zusammengestellt. Nach ihm sollen 1. die Suggestionen aktiviert werden, „d. h. wir sollen uns bemühen, den Suggestionen, soweit es angängig ist, eine scheinbare oder reelle physiologische Unterlage zu geben, anstatt uns auf die bloßen verbalen Suggestionen zu verlassen." Es ist deshalb häufig empfehlenswert, die jeweils notwendigen Verbalsuggestionen mit körperlichen Einwirkungen zu verknüpfen, die ersteren durch die letzteren zu stützen. Man kann also Schmerzen fortsuggerieren, indem man zu gleicher Zeit Massage, elektrischen Strom, eventuell auch nur die Wärme der Hand einwirken läßt, auf den Wärmestrom, der von der Hand ausgeht und die Schmerzen mindert, hinweist usw. Man kann aber auch kurze Übungen, etwa gymnastische, Sprechübungen, Atemübungen usw. in der Hypnose selbst machen, ganz abgesehen davon, daß man durch solche kurze Übungen längere nach der Hypnose vorzunehmende vorbereitet.

2. Die Suggestionen sollen „detailliert" werden. „Die Suggestion: Sie werden von jetzt an regelmäßig schlafen, wird sich in Fällen echter Schlaflosigkeit schwerlich jemals realisieren — meint HIRSCHLAFF. Vielmehr ist es zweckmäßig, in solchen Fällen ganz genaue suggestive Voraussagen zu machen, etwa: „Die quälende, spannende Erwartung auf den Schlaf, an der Sie leiden, wird verschwinden. Sie werden eine tiefe Ruhe und selbstverständliche Sicherheit haben und wissen, daß der Schlaf kommt. Gegen Abend zu werden Sie allmählich müder und sehr ruhig werden, alle Zweifel, ob der Schlaf kommen wird, werden schwinden, Sie werden wissen, daß der Schlaf kommt. Nach dem Zubett-gehen werden Sie eine bequeme Lage wählen, ruhig und tief atmen und schnell sehr müde werden, wie jetzt" (in der Hypnose) „und einschlafen" usw. Derartige Vorschriften müssen jeweils aus der genauen Kenntnis des Falles heraus bis ins einzelne gegeben werden.

3. In der eben gebrachten Formulierung ist auch schon die Er-

füllung der dritten Forderung, welche besonders HIRSCHLAFF stellt, angedeutet, die Motivierung. Es ist schon genugsam betont worden, daß auch die Hypnotherapie eine möglichst rationelle Psychotherapie sein soll. Auch sie soll im allgemeinen nicht einfach voraussagen oder befehlen, sondern möglichst begründen. Auch dieses wird in den einzelnen Fällen verschieden geschehen. Die Unterhaltung, Untersuchung, Belehrung usw. vor und nach der Hypnose hat bereits diesem Zwecke zu dienen. In der Hypnose selbst wird kurz auf Übungen u. ähnl. Bezug zu nehmen sein; fast in allen Fällen ist es aber zweckmäßig, auf den durch die Hypnose gesetzten spezifischen Ruhezustand zurückzugehen und die Suggestionen auf diese zu stützen, etwa bei Spannungs-, Angst-, Erwartungsstörungen, wie später noch im einzelnen gezeigt werden soll.

Im übrigen ist zu bemerken, daß die therapeutischen Suggestionen ohne zu großen Wortreichtum zu geben sind. Auch wenn man nicht kommandierend, sondern rationell vorgehen will, ist dies sehr wohl möglich. Es ist — wie schon oben dargelegt — zweckmäßig, sich den Wortlaut der Suggestionen vorher festzulegen; denn wenn irgendwo, so kommt es hier auf den Eindruck an, den das einzelne Wort hervorruft.

Es ist ferner bisweilen erforderlich — bei sehr oberflächlichen Hypnosen — die therapeutischen Suggestionen durch ein paar beruhigende Worte einzuleiten, auch ruhige Atmung zu empfehlen, auf die allgemeine Ruhe, die empfunden werde, hinzuweisen, und dann mit den therapeutischen Suggestionen zu beginnen. Bei den therapeutischen Suggestionen selbst brauchen Wiederholungen nicht ängstlich gemieden zu werden. Es ist auch nicht unzweckmäßig, jedesmal mit den gleichen Worten zu schließen, damit der Hypnotisierte weiß, daß nun wieder eine längere Ruhe folgt.

Nach der Erteilung der therapeutischen Suggestionen läßt man nämlich zweckmäßigerweise wieder eine Ruhepause eintreten; die Dauer dieser darf ebenso lang oder etwas kürzer sein als die der Erteilung der therapeutischen Suggestionen vorhergehende „Schlaf“zeit, also 7—10—15 Minuten. Bei unruhigen Patienten können übrigens auch diese Ruhepausen durch Ruhesuggestionen, Hinweise auf die Atmung usw. unterbrochen werden. Dann schreitet man zu dem „Erwecken“.

Dieses wird im allgemeinen allmählich ins Werk gesetzt, da bei zu plötzlichem Vorgehen, besonders bei etwas größerer Schlaftiefe, Benommenheit und unangenehme Schwindelempfindungen usw. zurückbleiben können. Man erteilt also allmählich Suggestionen des „Wacherwerdens“. Etwa in folgender Form: „Ich beende jetzt allmählich den hypnotischen Zustand. — Die Müdigkeit verschwindet langsam. — Die Schwere der Glieder nimmt ab. — Sie fühlen sich allmählich beweglicher. — Die Gedanken werden wieder lebhafter — die Empfindungen deutlicher. — Sie fühlen sich wohl und werden sich nach Beendigung der Hypnose frisch fühlen und keinerlei Beschwerden (evtl.: keinen eingenommenen Kopf usw.) haben. — Ich werde langsam zählen

— bei drei öffnen Sie — (evtl. „öffnen sich“) die Augen — Eins — zwei — drei.“

Bei ganz oberflächlichen Hypnosen wird man die angegebene Formel stark abkürzen, gegebenenfalls auch ohne jede weitere Zeremonie die Hypnose beenden. Andrerseits wird man bei Ersthypnosen auch etwas mehr Worte machen können, insbesondere auf das Desuggestionieren von Mißempfindungen Wert legen.

Nach Beendigung der Hypnose ist eine kurze indifferente Unterhaltung — besonders bei Bestehen leichter Mißempfindungen — empfehlenswert. Einem etwa vorhandenen Bedürfnis, weiter auszuruhen, darf nur mit großer Vorsicht nachgegeben werden, wegen der Gefahr der Begünstigung von Autohypnosen. Über die Hypnose selbst mache man wenig Worte. Doch darf man sich über die Wirkung der einzelnen Maßnahmen, den Grad der Beeinflussung Aufklärung zu schaffen suchen. Insbesondere darf dies bei Beginn der nächsten Sitzung geschehen, wobei man auch nach dem Befinden nach der Hypnose fragt. Die erhaltenen Auskünfte werden dann sogleich für das weitere Vorgehen verwertet.

Die Zahl und Häufung der hypnotischen Sitzungen hängt von der Art des Leidens und seinem Verlauf ab. Wo es notwendig erscheint, darf täglich und längere Zeit hindurch hypnotisiert werden. Freilich stumpft eine gar zu starke Häufung der Hypnosen den Eindruck dieser ab. Doch wird man im Beginn der Behandlung häufig gut tun, eine Reihe von Sitzungen (3—6—8) an Tagen hintereinander vorzunehmen und dann erst hypnosefreie Tage einzuschieben. Bei der speziellen Psychotherapie wird hierzu noch Genaueres gesagt werden.

Einige Worte sind noch zu sagen über Modifikationen der therapeutischen Technik bei den früher behandelten besonderen Arten der Einleitung und Durchführung der Hypnose. Da das Vogt-Brodmannsche Verfahren nur ein Hilfsmittel der Einleitung bzw. Vertiefung der Hypnose ist, wird bei diesem nach Erreichung des gewünschten Zustandes weiter vorgegangen, wie nach jedem anderen Einleitungsverfahren. — In jenen nicht häufigen Fällen, wo man Somnambulhypnosen zu Kommandosuggestionen ausnutzen will, wird man natürlich auch den Wortlaut für die therapeutischen Eingebungen entsprechend kurz, energisch, gegebenenfalls auch ohne eine Motivierung wählen. — Bei den von Wetterstrand besonders gepflegten gemeinsamen Hypnosen — die sich bei poliklinischer Behandlung oft von selbst ergeben — wird die Rücksicht auf die Diskretion besonders zu beachten sein. Leider haftet diesem Verfahren — das durch die suggestive Atmosphäre, die es erzeugt, vorteilhaft wirkt, neben der Erschwerung der Diskretion auch der Mangel an, daß ein wirklich intimeres psychotherapeutisches Eingehen auf das Seelenleben des Kranken erschwert ist und so die Behandlung leicht schematisch und zu grob ausfällt. Trotzdem hat es mich stets in Verwunderung gesetzt, wieviel mit dieser Behandlungsart selbst in Unterrichtskursen erreicht werden kann.

Von Wetterstrand stammt auch die Empfehlung der „protrahierten Hypnosen“. Dieser Autor hat den „künstlich verlängerten“ Schlaf bisweilen über Wochen, ja Monate ausgedehnt, um durch die Setzung des Ruhezustandes an sich Heilwirkungen zu entfalten. Es ist klar, daß diese Art der Behandlung nur bei längerer Bettruhe durchgeführt werden kann. Die Hypnose wird hierbei wie gewöhnlich herbeigeführt, und die Suggestion erteilt, daß fortdauernd Tag und Nacht, bis zum Erwecken, weitergeschlafen werde. Zugleich werden entsprechende therapeutische Suggestionen — gesundes Erwachen betreffend u. ähnl. — angefügt. Wetterstrand hält für solche Hypnosen den somnambulen Zustand für vorteilhaft, aber nicht absolut notwendig. Für einen wirklich tage- oder gar wochenlang fortgesetzten Dauerschlaf wird man aber nur tiefe Zustände benutzen können. Vogt hat die Wetterstrandsche verlängerte Hypnose in der Weise ausgestaltet, daß er die Kranken etwa 20 Stunden des Tages schlafen ließ, und ihnen dadurch ermöglichte, die Nahrungsaufnahme usw. ohne fremde Hilfe zu bewerkstelligen.

Nach Hirschlaff kann man, sobald der somnambule Dauerschlaf eingeleitet ist, die Funktionen des Essens und der notwendigen körperlichen Bedürfnisse suggestiv so regeln, daß sie zu einer bestimmten Zeit erfolgen, und daß die Patienten dazu halb oder ganz wach werden, um unmittelbar nachher von selbst wieder einzuschlafen. Es genügt dann nach der Erfahrung Hirschlaffs die in der Dauerhypnose befindlichen, bettlägerigen Patienten täglich einmal zu besuchen, um ihnen auch psychotherapeutische Beeinflussungen wiederholter und energischer Art zuteil werden zu lassen. Auch kann man einer geeigneten Person die Pflege des Kranken anvertrauen und diesem die Suggestion erteilen, daß er die Weisungen der pflegenden Person ebenso befolgen werde, wie die des Hypnotiseurs. Man kann dann auch mit dieser Dauerhypnose eine Mastkur verbinden. Auf solche Weise, gibt Hirschlaff an, in geeigneten Fällen glänzende Heilerfolge erzielt zu haben. Voraussetzung sei allerdings die Eignung zu tiefer, somnambuler Hypnose.

Ich selbst habe Hypnosen von mehreren Stunden bei Angstzuständen, hysterischen Tics, Kloni, Schlafstörungen mit gutem Erfolg angewendet. Länger dauernde Hypnosen habe ich nur mit großer Vorsicht versucht. Bei schweren hysterischen Erregungs-, Wut- usw. Zuständen, wo sie mir zweckmäßig erschienen, haben sie keine lange Dauer gehabt, bzw. waren überhaupt nicht einzuleiten. In Fällen, wo vor allem Bettruhe und Mastkur ausgenutzt werden sollten, schienen diese allein oder mit Unterstützung kürzerer hypnotischer Einwirkungen zu genügen. Im Laufe der Jahre bin ich immer mehr von „protrahierten“ Hypnosen abgekommen. Jedenfalls ist bei lange ausgedehnten Hypnosen große Vorsicht nötig, damit das Auftreten pathologischer Symptome, etwa von Dämmerzuständen, Abasie usw. vermieden werde.

Es ist hier der Ort einige Verhaltungsmaßregeln anzuführen gegenüber unerwarteten und unerwünschten Erscheinungen in der Hypnose.

Es sind früher die „abnormen Hypnosen“ eingehender geschildert worden. An sie muß bei jeder Hypnose, vor allem bei jeder somnambulen, gedacht werden; alle Anzeichen, die auf eine Lösung des Rapports deuten, ein „Widerspenstig werden“ des Patienten, ein Verfallen in spontanes Phantasieren ebenso wie die leichtesten abnormen motorischen Symptome — Zucken der Glieder, Augenzwinkern, stark beschleunigte Atmung usw. — müssen sorgfältig beachtet werden. Solche Zeichen sind sogleich durch sanfte oder brüske Maßnahmen zu beseitigen; wollen sie nicht weichen, so ist die Hypnose sofort zu beenden; eventuell ist bei Neigung zur Wiederkehr dieser Symptome die hypnotische Behandlung überhaupt aufzugeben. Im übrigen ist zu bemerken, daß solche Zufälle sehr selten auftreten, wenn nicht experimentiert wird.

Ein nicht so seltenes Vorkommnis allerdings ist das „schwere Erwachen“. Auch bei sachgemäßer therapeutischer Hypnose kommt es gelegentlich vor, daß die hypnotisierte Person auch bei regelrechter Ausführung des Erweckens die Augen nicht öffnet und nicht wach wird. Ruhe und Sicherheit des Vorgehens, evtl. etwas brüskere Aufforderung unter Aufreißen der Augen und Einwirkung stärkeren Lichtes hat stets genügenden Erfolg. Wo der Rapport in ausgesprochener Weise gelöst ist, muß dieser wieder hergestellt werden; doch soll es bei regelrechtem Vorgehen nicht zu einem solchen Ereignis kommen.

Bisweilen ist das schwere Erwachen ein Zeichen der Neigung zu Autohypnosen. Wo diese deutlich wird und durch entsprechende Anweisungen, Suggestionen, Verbote nicht unterbunden wird, ist die hypnotische Behandlung abzubrechen.

Ziemlich häufig sind Müdigkeit, Schläfrigkeit, unangenehme Empfindungen im Kopf, die eine Zeitlang nach der Hypnose andauern. Diese Störungen treten gewöhnlich im Beginn der Behandlung auf, sind nicht selten die Folge eines zu raschen Erwachens und pflegen schnell im Verlauf der Behandlung — besonders bei entsprechenden Aufklärungs- und Suggestivmaßnahmen — nicht mehr wiederzukehren.

Es ist in dem Vorhergehenden oft und eindringlich dargelegt worden, daß für die therapeutische Hypnose alles Experimentieren überflüssig und oft genug nicht ohne Bedenken ist. Die meisten unerwünschten Ereignisse kommen in der Hypnose durch ungeschicktes Experimentieren zustande. Es ist deshalb in den vorhergehenden Anweisungen empfohlen worden, das Experimentieren entweder völlig zu unterlassen oder auf einige wenige einfache Maßnahmen zu beschränken. Entschließt man sich aus irgendwelchen Gründen, z. B. zum Zwecke didaktischer Demonstrationen oder wissenschaftlicher Untersuchungen zu umfangreicheren Experimenten, so dürfen diese nur vorsichtig unter dauernder eingehender Beobachtung des Verhaltens der Versuchsperson (z. B. der ersten Anzeichen abnormer Erscheinungen) durchgeführt werden. Nach jedem eingreifenderen Experimentieren muß sorgfältig „desuggestioniert“ werden (z. B. nach suggestiv erzeugtem Halluzinieren die Anweisung: die Erscheinungen verschwinden, es war alles Täuschung, Sie wissen es, es war wie ein Traum usw.); eindringliche Beruhigungssuggestionen müssen erteilt werden („Sie fühlen sich völlig ruhig; alle Aufregung verschwindet; Sie denken nicht mehr an das Erlebte; Sie vergessen es schnell, Sie fühlen sich sehr ruhig und wohl"). Bei Einhaltung solcher Vorsicht wird man auch als experimentierender Hypnotiseur nichts Unerfreuliches erleben.

4. Anzeigen und Gegenanzeigen.

Die Indikationen für die hypnotische Behandlung umfassen nach der Ansicht des Therapeuten, welche die Hypnose anwenden, das weite Gebiet psychoneurotischer Zustände. Ziemlich allgemein gilt dabei die Anschauung, daß die Wirksamkeit der Hypnose sich vor allem in der Bekämpfung von Symptomen und Syndromen bewährt, daß sie aber die Grundlagen der Persönlichkeit nicht in wesentlicher Weise wandeln könne. Dementsprechend findet die Hypnose bei der Behandlung ausgeprägt abnormer Konstitutionen nur als Hilfsmittel zur Beseitigung besonders vordringlicher Krankheitszeichen Anwendung und tritt hier gegenüber einer umfassenden und systematischen Erziehungstherapie zurück. Deshalb sind heute weder die Hysterie noch Typen allgemeiner Psychopathie Hauptgegenstände der Hypnotherapie. Dagegen wird sich diese vor allem da zweckmäßig erweisen, wo es nicht so sehr um aus den Wurzeln der Persönlichkeit entspringende, sondern dieser mehr durch bestimmte Erlebnisse und äußere Einflüsse aufgezwungene psychogene Krankheitsmechanismen handelt. So hat KRÄPELIN besonders bei den von ihm unter dem Titel der Erwartungsneurose beschriebenen psychogenen Symptomenkomplexen Erfolge gesehen. Aber auch viele andersartige einfach „nervöse", nicht zu sehr den Ausdruck einer schwereren psychopathischen Degeneration bildende Symptome sind durch eine hypnotische Therapie in weitgehendem Maße beeinflußbar; so: leichte Angstzustände, Verstimmungen nervöse Herzbeschwerden, Schlafstörungen, nervöse Magen- und Darmstörungen, auch krankhafte Neigungen leichterer Art. Besonders Nutzbringendes kann — wie entgegen manchen Ärzten betont werden muß — die Hypnose bei nervösen Erkrankungen der Kinder leisten. Auf das Genauere der Indikationsstellung wird später in der speziellen Psychotherapie eingegangen werden.

Hinsichtlich der Frage, wie weit eine hypnotische Behandlung bei Geisteskranken indiziert sein kann, besteht allgemeine Übereinstimmung, daß bei schwereren psychotischen Zuständen von irgendeiner Wirksamkeit hypnotischer Beeinflussung keine Rede ist. Bei den meisten derartigen Erkrankungen gelingt schon die Hypnotisierung gar nicht, und bei wahnbildenden Prozessen gibt sie Anlaß zu Wahnideen.

Nur ganz vereinzelt findet man bei Psychiatern und Psychotherapeuten die Ansicht, daß man schwerere Zustände von echter (manischdepressiver) Depression und ähnliches suggestiv nachhaltig beeinflussen könne. Dagegen herrscht über die Berechtigung der Anwendung der Hypnose zur Behandlung leichtester Zustände der ebengenannten Krankheit, vor allem der zyklothymen Depressionen, einige Meinungsverschiedenheit. In der speziellen Psychotherapie wird auch hierüber gehandelt werden.

Man hat früher viel von den Gefahren der hypnotischen Behandlung gesprochen. Auch heute sind entsprechende Meinungsäußerungen nicht ganz selten. Allein die zahlreichen hypnotherapeutischen Bemühungen vieler Ärzte haben im Verlauf von Jahrzehnten gezeigt, daß solche Gefahren nicht bestehen, wenigstens bei sachkundigem Vorgehen nicht. Mit Recht hat Möbius betont, daß es wenig therapeutisch wirksame Mittel gibt, die so ungefährlich sind, wie die Hypnose. Mit Hirschlaff wird man als Kontraindikationen gegen die hypnotische Behandlung wohl nur die folgenden gelten lassen:

1. Die dauernde unüberwindliche Skepsis, Abneigung und Widerspenstigkeit der Patienten gegen diese Art der Therapie.

2. Das Auftreten schwerer, abnormer hypnotischer Erscheinungen (hierher gehört auch die Neigung zu Autohypnosen, wenn sie nicht zu beseitigen ist).

3. Die ausgesprochenen Geisteskrankheiten.

Im übrigen ist es in jedem Falle bedenklich, zu dieser Art der Behandlung zu drängen. Nur in seltenen Fällen wird man ablehnenden Patienten gegenüber — nach genügender Aufklärung über die Therapie — mehr als eine einfache Empfehlung versuchen.

Trotz aller Bewährung aber sind bis in die jüngste Zeit hinein die Stimmen nicht verstummt, welche den Hypnotismus als ärztliches Behandlungsverfahren von Grund aus verwarfen, zumal im Laufe der Zeit Methoden ausgebildet worden sind, die auch ohne Hypnose erfolgreich wirken können.

Allgemeiner bekannt geworden ist das Gutachten, welches im Jahre 1902 vom preußischen Ärztekammerausschuß auf Befragen des Kultusministers abgegeben worden ist. Es kam zu einem ablehnenden Urteil. Der wesentlichste Einwand — der übrigens sehr verbreiteten Ansichten entspringt — ist der, daß der Hypnotiseur die Selbständigkeit des Individuums aufhebe und unfreie, vom Arzt abhängige Wesen erzeuge. „Er häuft Suggestion auf Suggestion; er macht den Kranken oder will ihn wenigstens abhängig machen von dem Hypnotiseur. In einzelnen Fällen gelang es dem letzteren auch wirklich, ein solch von ihm abhängiges Wesen zu schaffen und die Individualität beinahe zu vernichten. Die Behandlung der Hysterie (welche vorher als wesentlichstes Objekt der Hypnotherapie gekennzeichnet wurde) mit Hypnotismus ist demnach nicht nur nicht imstande, die Krankheit zu heilen, sondern diese Behandlung muß geradezu, wenn die hypnotische Behandlung überhaupt längere Zeit fortgesetzt wird, als schädlich erachtet werden“ (zit. nach Brügelmann, die Behandlung von

Kranken durch Suggestion, Leipzig 1906). Ganz ähnlich sind die Einwände, welche DUBOIS gegen die Anwendung des Hypnotismus als therapeutische Methode erhebt. Es ist der „Schleichweg" der Suggestion, den DUBOIS für verwerflich hält. Suggestibilität ist ihm zwar eine normale Eigenschaft, aber eine inferiore, die überwunden werden muß. Gerade die Kranken müsse man gegen die Suggestion immunisieren und sich an ihr höchstes, selbständiges Ich wenden, in einer rationellen Psychotherapie.

In ähnlicher Weise motivierten DÉJÉRINE und seine Schüler ihre Ablehnung hypnotischer Prozeduren damit, daß die Hypnose nur symptomatisch behandle und daß sie nichts anderes leiste als „transformer l'hypnotisé en une machine, en un automate, qui repond à une impulsion et agît au réveil sans savoir ce qu'il fait, ni pourquoi il le fait" (CAMUS et PAGNIEZ: Isolement et Psychothérapie). Auch ROSENBACH verwirft die Hypnotherapie wegen ihres mystischen Charakters. Vorstellungskrankheiten können nach seiner Ansicht nur geheilt werden, wenn der Kranke aktiven Anteil an der Heilung nimmt, wenn er entweder aus eigener Initiative, dem eigenen Wunsch folgend, oder scheinbar passiv, in Wirklichkeit doch aktiv, seinen Vorstellungsinhalt im Sinne dieses Bestrebens ändert.

BABINSKI endlich hat gleichfalls eine sehr entschiedene Stellung gegen die Hypnotherapie eingenommen. Nach ihm ist die Hypnose durch keinerlei objektive somatische Charaktere, welche nicht willkürlich hervorgebracht werden könnten, gekennzeichnet. Sie ist ein Effekt der durch Suggestion geleiteten Einbildung und trägt stets ausgeprägte Züge eines Produktes der Simulation. Dabei schafft die Hypnose nicht die Suggestibilität, steigert sie auch nicht einmal. Da die hypnotisierbaren Personen auch außerhalb der Hypnose suggestibel sind, hat es also keinen Sinn, sie in diesen halbsimulierten Zustand zu versetzen; die Wachsuggestion führt bei ihnen zum gleichen Ziele. Einzig in den ganz besonderen Fällen von Hysterie, in denen die Kranken unter der Suggestion stehen, nur durch die Hypnose geheilt werden zu können, sei deren Anwendung am Platze.

Gegen alle diese Einwände ist zu bemerken, daß jede Art von Behandlung suggestibler Nervenkranker imstande ist, diese in eine mehr oder minder große Abhängigkeit von dem Behandelnden zu bringen. Es ist keineswegs eine Besonderheit der Hypnose, wenn Derartiges durch sie bewirkt wird; im übrigen aber ist ein bedenklicher Effekt dieser Art bei ihr wie bei jeder anderen Art der Therapie als ein Kunstfehler anzusehen und leicht zu vermeiden.

Es ist ferner eine Täuschung, wenn man, wie DUBOIS und DÉJÉRINE, meint, bei anderen Behandlungen keine Suggestion zu benutzen; ebensowenig ist es ersichtlich, warum nur auf vernunftgemäße Deduktionen zurückgegriffen werden dürfe bei Zuständen, in denen das vernünftige Ich sich seiner Ohnmacht bewußt ist und schwer oder gar nicht durch bloße Einsicht zu einer Überwindung seiner Schwäche gebracht werden kann. In solchen Fällen ist die Suggestion eine begrüßenswerte Stütze und keineswegs bloß Schleichweg, zumal wenn sie sich mit Belehrung und Erziehung verbindet. Daß aber auch die Suggestivtherapie rationalisiert werden kann, ist genugsam dargelegt worden.

Die Hypnotherapie darf bei rationeller Anwendung nur für Momente „abhängig" machen; da wo es gilt, den Kranken über die Zustände der Ohnmacht, in die ihn sein Leiden versetzt, hinwegzubringen. Weitere suggestive Behandlung und Erziehung sowie Belehrung wird dann darauf abzielen, ihn zur Selbständigkeit und Freiheit — auch zur Befreiung vom Arzte — hinzuführen.

Gegen Babinski im besonderen ist einzuwenden, daß die Hypnose sehr wohl durch objektive Symptome (psychophysische und körperliche) gekennzeichnet ist (vasomotorische Erscheinungen, Blasenbildung, Beeinflussung der Menstruation, komplette Anästhesie gegen schwere Eingriffe, Veränderungen des Gedächtnisses, Zeitschätzungen bei posthypnotischen Suggestionen, um nur einiges Aufdringliche zu nennen). Es kann ferner nicht bezweifelt werden, daß die Suggestibilität in der Bewußtseinseinengung der Hypnose erhöht ist; und es ist darum — wenn man wie Babinski die Anwendung der Suggestion zugesteht — kein Grund vorhanden, die Ausnutzung der Hypnose in geeigneten Fällen auszuschließen. Daß die Hypnose einfach als ein halbsimulierter Zustand bezeichnet wird, ist eine gewiß ebenso bequeme wie unzulängliche psychologische Auffassung. Es kann bisweilen eine Hypnose simuliert werden; wo sie aber bewirkt worden ist, kann von einer bewußten Verstellung nicht gesprochen werden.

B. Die Wachsuggestion.

Die beliebteste Methode, im Wachzustand zu suggerieren, bilden immer noch die mannigfachen Arten larvierter Suggestion. Elektrizität, Bäder usw. sind noch bei vielen Ärzten das souveräne Verfahren bei der Behandlung Nervöser. Diese Methoden sind gewiß in manchen Fällen nicht zu umgehen. Doch sollte jeder Arzt sich dann bewußt sein, daß er mit seiner eigentlichen psychotherapeutischen Kunst Schiffbruch gelitten hat, daß er wirklich auf einem „Schleichweg" vorgeht, und daß all das, was dem Hypnotismus vorgeworfen wird, mit Recht von dem larvierenden Vorgehen gesagt werden kann, nämlich daß es „betrüge", „abhängig" mache usw. Ohne Zweifel haben solche Behandlungsweisen bei nicht genügend kritischer Zurückhaltung oft psychopathische Haltlosigkeit, die Sucht nach Medikamenten und „neuen Methoden", sowie die Neigung zu Hypochondrie gesteigert; und es ist wunderbar genug, daß sie so viele Jahre nach den Darlegungen von Möbius, Dubois u. a. immer noch einen übermäßigen Raum in dem Arbeitsplan vieler Ärzte einnehmen.

Trotz dieser Einsicht werden die larvierten Suggestionen kaum je aus der Praxis des Psychotherapeuten völlig ausgemerzt werden können. Doch wird man von jedem Arzt, der sie anwendet, genügend

Kritik seines eigenen Vorgehens verlangen müssen. Keinesfalls darf der Kranke mit allen möglichen medizinischen Vorurteilen vollgetopft werden, nur damit ein augenblicklicher Erfolg erzielt werde.

In gewissem Maße kann man auch diese Art der Therapie „rationalisieren", indem man wirklich vorhandene Wirkungen eines Medikamentes oder einer sonstigen körperlichen Einwirkung ausnutzt für weitergehende suggestive Beeinflussung. In solcher Weise kann man etwa die Wirkungen des Broms, prolongierter Bäder, des elektrischen Stromes usw. verwerten für daran anschließende psychotherapeutische Beeinflussung. Der Kranke wird dabei über die wirklich vorhandenen Ruhe- usw. wirkungen aufgeklärt und weitergehende Suggestionen der Ruhe, der Widerstandskraft usw. werden angeschlossen.

Wachsuggestion (nichtlarvierte) ohne Hypnose, oder richtiger ohne besondere auf den Schlaf abzielende Maßnahmen, ist schon von der Nancyer Schule (z. B. BERNHEIM) in geeigneten Fällen angewendet worden und hat auch bei denen, welche die Hypnose wegen ihres „mystischen" Charakters verwerfen, Anklang gefunden — ja sie ist gerade von solchen nicht selten gegen die Hypnotherapie ausgespielt worden. Gewiß mit wenig Recht, denn ein prinzipieller Unterschied zwischen der Wachsuggestion und hypnotischen Suggestion besteht nicht; realisieren sich umfassendere und eingreifendere suggestive Wirkungen unter erheblicher Konzentration auf den zu erreichenden Effekt durch „Wach"suggestion, so ist gewöhnlich ein hypnotischer Zustand erreicht, auch ohne daß man besonders auf ihn abzielte. Und der Vorgang des Suggerierens wird auch nicht dadurch mystischer, daß natürliche Mittel der Ermüdung und Einschläferung benutzt werden, als wenn ohne solche Hilfsmittel die Autorität oder ähnliche Faktoren allein (in der „Wachsuggestion") analoge Wirkungen erzielen.

Zweifellos aber finden sich gar nicht so selten Fälle, in denen es zweckmäßig ist, therapeutische Suggestionen zu erteilen, ohne Hypnotisiermaßnahmen. Besonders in Fällen wo die Hypnose als solche gefürchtet wird und doch genügend Empfänglichkeit für direkte (nicht larvierte) therapeutische Suggestion vorhanden zu sein scheint, wird man die „Wach"suggestion wählen. Man wird natürlich auch hier vor der Einleitung der Behandlung genügend über das Wesen der Suggestion belehren, wird an Beispielen des täglichen Lebens auf die Bedeutung der Suggestion für unser Handeln und das Gelingen unseres Handelns hinweisen. Man wird gut tun, sich einfache Beispiele hierfür bereit zu legen, die dartun, wie sehr die Überzeugung, daß man etwas vollbringen könne, daß etwas sicher gelinge, das Gelingen sichert; wie umgekehrt die innere Unsicherheit das Gelingen vereiteln kann. Man wird dann die Nutzanwendung auf den vorliegenden Krankheitsfall ziehen, wird die Bedeutung der inneren Sicherheit, der Überzeugung vom Eintritt dieses oder jenes Effekts betonen. Man wird die Anweisung geben, sich in diesen oder jenen Zustand, der erwünscht wird, bereits versetzt zu fühlen. Geschieht dies freilich in stärkerer Weise, so haben wir bereits leichte Hypnosezustände. Es ist klar, daß eine strenge Grenze zwischen Wach- und hypnotischer Suggestionstherapie nicht gezogen werden kann. Das Kennzeichen der Wachsuggestion ist es, daß sie auf Schlaf herbeiführende Maßnahmen verzichtet, in ihrem Vorgehen aber unter starker Ausnutzung von Belehrung und vernünftiger Beeinflussung die Eingebung unlarvierter Suggestion als wesentlichen Bestandteil der Behandlung enthält.

Eine besondere Art der Suggestionstherapie hat LÉVY in der systematischen Verwendung der Autosuggestion ausgebildet. Er empfiehlt Übung von Autosuggestionen in einem Zustand der Ruhe und Konzentration (recueillement); dabei hat der sich Suggerierende sich die erwünschten Effekte sehr lebhaft als bereits erreicht vorzustellen. Er kann z. B. ohne Angst über die Straße gehen usf. — bis in alle Einzelheiten. Es handelt sich hierbei zweifellos um Autosuggestion in hypnoiden Zuständen. Derartige Prozeduren können bei leichteren nervösen Erscheinungen gewiß von wohltuendem Einfluß sein. Eine allgemeinere therapeutische Verwendung dürfen sie nicht finden wegen der Gefahr der Neigung zu Autohypnosen. Sicher ist in jedem Fall, wo man etwa Derartiges empfiehlt, genaue Kontrolle und Vorsicht am Platze. Auch da, wo Neigung zu hypnotischer Selbstanalyse besteht, wird diese Art von Beeinflussung jedenfalls zu unterlassen sein.

Die neuerdings so beliebte Methode COUÉ bringt dem hier Dargelegten gegenüber nichts grundsätzlich Neues. Sie kann durch Mechanisierung von Suggestionen besonders in einem Milieu, das auf Massenwirkung angelegt ist, manche Erfolge zeitigen. Wenn sie im Rahmen einer rationellen Psychotherapie Platz finden soll, wird das nur in sehr „veredelter“ Form unter sorgfältigster leitender Kontrolle des behandelnden Psychotherapeuten geschehen dürfen.

IV. Die Erziehungstherapie.

1. Belehrung und Überzeugung (Persuasion).

Unter dem Titel der Erziehungstherapie begreifen wir eine Reihe psychotherapeutischer Beeinflussungen, welche im Gegensatz zur Suggestion, die ein irrationales Moment der Einwirkung zur Grundlage hat, sich bemühen mit rationalen, vernunftgemäß begründeten Maßnahmen — ähnlich wie in der Pädagogik — vorzugehen und auf diesem Wege seelische Krankheitszustände zu beseitigen. Erzieherische Maßnahmen sind auch — wie hervorgehoben — von einsichtigen Hypnotherapeuten in ausgiebiger Weise benutzt worden; doch sind im Laufe der Entwicklung der Psychotherapie Bestrebungen hervorgetreten, welche nicht nur erzieherische Verfahrungsweisen den suggestiven gegenüber in den Vordergrund rücken, sondern sogar die suggestiven als völlig verfehlt betrachten und verwerfen (Rosenbach, Déjérine, Dubois). Dabei wird — wie schon erörtert — der Suggestivbehandlung immer ihr „mystischer" Charakter und die angebliche Tatsache, daß sie die Autosuggestibilität, welche sie beseitigen müsse, vermehre, vorgehalten und demgegenüber die alleinige Berechtigung einer Therapie hervorgehoben, die in vernünftigen Belehrungen eine Einsicht in die Natur der Krankheitszustände verschaffe und diese durch solche Belehrung beseitige. Daß aber eine bloße Belehrung, eine Verschaffung verstandesmäßiger Einsicht diesen Effekt zeitigen könne, diese Ansicht hat bei den extremen Vertretern der Belehrungstherapie („Persuasion" — Dubois, Déjérine) in der Überzeugung ihre Wurzel, daß die neurotischen Symptome letzten Endes Produkte mangelhaften Erkennens, fehlerhafter Gedankengänge seien. Eine solche Anschauung wird vor allem von Dubois vertreten. Er bekämpft auf das heftigste die Hypnose. „Suggerieren" — so sagt er — „heißt geistig überrumpeln, die Leichtgläubigkeit des Kranken ausnutzen, um ihm eine Idee beizubringen, welche ihn zwar heilen kann, jedoch in seinem Geiste eine andere Gestalt hat, als in dem Kopfe des Arztes. Darin liegt etwas Lügenhaftes, eine absichtliche, wenn auch gutgemeinte Täuschung". Dagegen ist „Überzeugen . . . seinem Kranken den Gedanken klar machen, den man selbst hat, ihm eine Anschauung beibringen, die man auch teilt . . ." So unterscheidet sich die Überzeugung von der Suggestion, „wie ein guter Rat von einem Aprilscherz".

Die Möglichkeit aber der rationellen Überzeugungstherapie, der „Persuasion", soll darauf beruhen, daß alle Psychoneurosen letzten

Endes auf Denkfehler zurückzuführen sind, und daß es genügt, die Kranken zum richtigen Denken zu veranlassen, um die pathologischen Symptome zu beseitigen. Dabei übersieht Dubois nicht, daß auch die „Fühllage“ neben den „Vorstellungen“ in den Krankheitserscheinungen eine Rolle spielt. Aber das Gefühl entspringt nach seiner Ansicht immer aus der allein primären Idee, und so wird für ihn auch die Phobie zu einer Art von Geistesschwäche. Damit ist aber für Dubois dargetan, daß die Tragweite der „Dialektik“ in der Behandlung von Psychoneurosen unbegrenzt ist; selbst bei der Paranoia soll sie nicht versagen.

Dabei wird nicht außer Acht gelassen, daß auch „Unbewußtes“ in der Entstehung und Ausbildung der Psychoneurosen bedeutungsvoll ist; allein Unbewußt ist für die Lehrer der Persuasion letzten Endes — nicht genügend erkannt. Die Sonne der Vernunft hat die Kraft, überall hineinzuleuchten; vor ihr entfliehen alle Schatten des Krankhaften. Und das im Unbewußten wirkende Krankmachende kann nur deshalb so wirken, weil die Erkenntnis es nicht genügend aufgehellt hat. Psychisch zum mindesten psychoneurotisch — krank sein ist eben nach der Ansicht der Vertreter der Persuasion nichts anderes als fehlerhaft denken, und die Aufgabe des Psychotherapeuten ist es, vor allem richtig denken zu lehren.

Trotz alldem finden sich auch bei Dubois schon in der theoretischen Darlegung Momente, welche nicht mehr unter den Begriff der bloßen Belehrung gehören. Er weiß, daß die Furcht der Hauptfehler ist bei „diesen Schwachen von Gemüt“, und daß der Zweck der Behandlung darin gesehen werden muß, dem Kranken die Herrschaft über sich selbst wiederzugeben. Dubois betont auch immer wieder, daß die dazu nötige Willenserziehung durch ethische Bildung erreicht werden müsse. Aber er ist schließlich doch der Ansicht, daß es eine „Dialektik der Gefühle“ gibt, daß die Vernunft das Gefühlsleben beaufsichtigt, und daß Selbstbeherrschung letzten Endes auf Einsicht zurückgeht.

Gegenüber diesem sehr einseitigen Herausheben des intellektualistischen Moments als des allein ausschlaggebenden treten bei anderen Verfechtern der Persuasion auch in der Theorie neben dem bloß vernunftgemäßen andere Momente hervor, wenn sie auch — in der Theorie wenigstens — nicht zu einer sehr erheblichen Geltung kommen. So meinen Camus et Pagniez[1]): „Nous admettons donc dans la persuasion deux éléments: l'un, la conviction, dépendant des raisons apportées, de la manière dont les accepte l'intelligence du sujet, l'autre, un élément émotif surajouté et qui dépend, soit directement des idées présentées, soit de la manière dont elles sont présentées.“ Hier ist also in der Art in welcher die „Ideen“ dargeboten werden, ein Moment gegeben, dessen Art, noch genauer zu bestimmen wäre.

---

[1]) Isolement et Psychothérapie.

Im ganzen schließen CAMUS et PAGNIEZ: „la persuasion est l'ensemble des operations, qui font accepter (après controle) une idée par le cerveau et provoquent vis-à-vis d'elle un sentiment naissant". Es ist somit die „Kontrolle", welche das unterscheidende Merkmal gegenüber der Suggestion bildet; diese verwerfen auch die genannten Autoren.

Im übrigen betont DÉJÉRINE und seine Schule — zu welcher auch die eben genannten Autoren gehören — in viel geringerem Maße die ausschließliche Bedeutung des Raisonnements und der Dialektik. Hier wird eine besondere Betonung auf die „Psychothérapie sentimentale" gelegt, auf die unmittelbare Beeinflussung des Gefühls des Kranken; die Möglichkeit einer solchen Beeinflussung ist für DÉJÉRINE die Grundlage aller Psychotherapie. „Ich glaube an den wohltätigen Einfluß eines Wesens auf das andere; das ist für mich das Fundament der Psychotherapie" — versichert dieser Autor. Und weiter: „Man heilt keinen Neurasthenischen, man verändert keinen Seelenzustand durch Syllogismen und Raisonnements. Man heilt ihn, wenn er, nachdem er Vertrauen gewonnen hat, dazu kommt, an den Arzt zu glauben. In der Tat kann die Psychotherapie nur dann wirksam sein, wenn derjenige, an welchem sie ausgeübt wird, dem Arzt sein ganzes Leben gebeichtet, wenn er ihm also ein unbeschränktes Vertrauen geschenkt hat. Zwischen dem Raisonnement und der Billigung dieses Raisonnements durch den Behandelten existiert ein Element, dessen Bedeutung nicht genug betont werden kann — das Gefühl. Das Gefühl schafft die Atmosphäre von Vertrauen, ohne welche es keine Psychotherapie gibt. Hier besteht etwas, was, ohne Suggestion zu sein, sich ihr doch nähert, und besonders dem Glauben nähert. Es ist übrigens die Anwendung des alten Sprichworts: Der Glaube hilft oder macht gesund."

Es leuchtet ein, daß bei dieser Betonung des Glaubens, des Vertrauens, des Sentiments die Grenze zwischen Suggestion und Überredung oder Überzeugung, zwischen „adäquaten" und „inadäquaten" Beeinflussungen nicht genau angegeben werden kann. Immerhin muß der Psychotherapie DÉJÈRINES, wenn sie ja auch ohne Zweifel in weitgehendem Maße Suggestionsbehandlung ist, zugestanden werden, daß sie das Programm einer möglichst weitgehenden Rationalisierung der Behandlung in zweckmäßiger Weise durchführt. Es ist schon gesagt worden, daß mit einem solchen Vorgehen eine offene Suggestionsbehandlung ohne Schwierigkeit und ohne Schaden verknüpft werden kann.

Wie gestaltet sich nun im einzelnen das Verfahren der Belehrungs-, Überzeugungs-Persuasionsbehandlung?

Es ist aus dem Vorhergehenden schon klar geworden, daß es sich hier nicht um eine Methode handelt, sondern um verschiedenartige Benutzungen eines Grundgedankens, des Gedankens, daß mangelnde Einsicht schuld an krankhaften Symptomen sein könne. Die Betonung des „Vertrauens", des „Sentiments", freilich führte, wie gezeigt worden, aus dem Kreise dieses Grundgedankens schon heraus.

Fast in allen Fällen psychisch-nervöser Erkrankung wird man Gelegenheit haben, schon durch bloße Aufklärung und Belehrung zu nützen. Wenn auch die These DUBOIS, daß psychoneurotisch krank sein und falsch denken zusammenfalle, einseitig ist, so sind doch fast überall Irrtümer und falsche Gedankengänge für die Ausbildung psychoneurotischer Symptome von Bedeutung. Ohne daß also die Psychotherapie eine ausschließlich dialektische Kunst im Sinne DUBOIS zu sein braucht, wird sie durch Aufklärung und Beseitigung von Irrtümern segensreich wirken können. So wird man etwa nach ROSENBACH einem Patienten, der sich wegen bestimmter Schwankungen seines Pulses für herzkrank hält, klar machen, daß auch unter normalen Verhältnissen solche Schwankungen vorkommen, daß die angespannte Selbstbeobachtung, eine geringe Muskelarbeit usw. ähnliche Erscheinungen hervorrufen könne. Man wird darauf hinweisen, daß darum der Arzt Puls und Atmung am besten dann untersucht, wenn der Patient nicht darauf achtet, um solche künstlich gesetzten Veränderungen zu vermeiden.

Besonders wichtig sind derartige Aufklärungsmaßnahmen bei bestimmten psychogenen Sekretions- und ähnlichen Störungen. Bei vielen psychoneurotischen Magendarmstörungen sind solche Hinweise sehr nützlich. Man berichtet hier etwa über die Tierversuche PAWLOWS u. a., die zeigten, wie sehr die Magensekretion von psychischen Einflüssen abhängig ist, leitet daraus ab, wie Trauer, Aufregung, Angst die Magentätigkeit verändern können. Man kann in etwas drastischer Weise den Magen in seiner Abhängigkeit von psychischen Einflüssen mit der Tränendrüse vergleichen, weist auf die Beschleunigung der Peristaltik durch Angst hin usw.

Ebenso ist es oft angezeigt, über die Abhängigkeit abnormer Sensationen, z. B. von Kopfdruck und Kopfschmerzen, von depressiver Stimmung zu belehren; auch hier ist es leicht, auf Beispiele aus dem normalen Leben, nach Erschrecken, Aufregung, Empfang einer Trauerbotschaft hinzuweisen. Besonders wichtig ist es für viele Kranke, zu hören, daß Schreck, Aufregung, Trauer Störungen des Gedankenablaufs und der Erinnerung bedingen können; man verweist auf triviale Beispiele, welche dartun, daß man in solchen Affekten wie „vor den Kopf geschlagen“ sei, verweist auf die Aufregungs-Stupidität der Examinanden und ist so imstande, manche ungerechtfertigte Furcht vor Geisteskrankheit zu beseitigen.

In vielen Fällen wird auch eine genaue ärztliche Untersuchung zu den wirksamsten Mitteln der Aufklärung und Belehrung gehören. Sie wird häufig da, wo ungerechtfertigte Furcht vor bestimmten Krankheitserscheinungen besteht, das Nichtvorhandensein solcher darzutun haben.

Neben diese einfachste Aufklärung und Belehrung treten bei DÉJÉRINE und DUBOIS eingehendere Bemühungen um die Einsicht des Kranken. Die Konsultation nimmt die Form einer zwar nicht systematisch streng geordneten, aber doch auch nicht planlosen „dialektischen“ Belehrung an. Besonders bei DUBOIS tritt mehr das Lehrhafte in den Vordergrund der Behandlung, wenigstens in der Theorie derselben — denn in der Praxis spielt natürlich auch bei ihm die unmittelbare Beeinflussung des „sentiment“ ihre ausschlaggebende Rolle.

Es ist klar, daß sich für diese „rationelle“ Psychotherapie wenig allgemein gültige methodische Regeln zur Anwendung im Einzelfalle festlegen lassen. Nur ganz umfassend kann die Aufgabe gestellt werden, den Patienten über seine Krankheit, über die psychische Bedingtheit körperlicher Erscheinungen, über die Möglichkeit, abnorme seelische Erscheinungen zu korrigieren, aufzuklären und durch Erweckung der Überzeugung, daß die einzelnen Symptome in starkem Maße durch Denkunklarheiten bedingt sind, die Krankheitserscheinungen zu bekämpfen. In den Einzelheiten muß die Behandlung von Fall zu Fall wechseln. Doch ist es auch für den geübten Psychotherapeuten zweckmäßig, sich eine Reihe von Beispielen, welche die „Persuasion“ stützen sollen, bereit zu halten. Einiges Hierhergehörige ist gebracht worden, weiteres wird sich noch in der speziellen Psychotherapie sagen lassen.

Wie DUBOIS sein Vorgehen im einzelnen gestaltet, sei hier durch einige der vielen von ihm in seinem Buche über die Psychoneurosen gegebenen Beispiele verdeutlicht.

„Herr X..., ein vierzigjähriger Neurastheniker, war von jeher leicht ermüdbar und zu etwas hypochondrischer Verstimmung geneigt. Er leidet an Dyspepsie, häufig auch an Schlaflosigkeit; aber am meisten quält ihn seine Empfindlichkeit gegen alle Geräusche. Der Lärm der Straße regt ihn auf und verursacht ihm Kopfschmerzen.“ ... Der Kranke wird in einer Pension untergebracht. „Doch kaum ist er dort, so fängt er schon an zu klagen. In der Nähe ist ein Kupferschmied, der den ganzen Tag an seinem Kupferblech herumhämmert; der Kranke zählt die Hammerschläge und wenn diese aussetzen, sagt er sich: „Nun wird es wieder losgehen.“ Das Knirschen der vielen vorbeifahrenden Wagen ist nicht zum Aushalten! Des Nachts stören ihn die Hunde, oder die Nachbarn, welche spät nach Hause kommen! Diese Klagen bringt der Mann im Tone des Vorwurfs zur Sprache; denn er hatte mich mehrere Wochen zum voraus brieflich darauf aufmerksam gemacht, daß er eines ruhigen Zimmers bedürfe. — „Mein Herr“ — entgegne ich — „ich hatte mit dem besten Willen kein anderes Zimmer zu Ihrer Verfügung, und wenn Ihnen an meiner Behandlung gelegen ist, so müssen Sie eben hier bleiben; ich will Ihnen sogar bekennen, daß selbst wenn ich Ihnen ein ruhigeres Zimmer hätte verschaffen können, ich Bedenken getragen hätte, es Ihnen zu geben.“ —

„Ei, warum nicht gar! was Sie da sagen, klingt ja nichts weniger als liebenswürdig!“

— „Entschuldigen Sie, Sie haben den Sinn meiner Worte falsch verstanden. Nicht wahr, Sie wollen doch diese Empfindlichkeit gegen Geräusche, unter der Sie seit so vielen Jahren leiden, loswerden? Wenn ich Sie in eine mit Watte gepolsterte Kiste steckte, würden Sie freilich weniger leiden; aber beim Verlassen derselben wären Sie noch empfindlicher als zuvor. Sie wissen, wenn wir eine Zeitlang in der Dunkelheit waren, werden wir durch das Licht einer Kerze geblendet. Nie und nimmer werden Sie Ihre empfindliche Schwäche loswerden, solange Sie diese Hyperästhesie künstlich großziehen. Gewiß soll man nichts auf die Spitze treiben, und ich hege durchaus nicht die Absicht, Sie in eine besonders schwierige Lage, in ein sehr dem Lärm ausgesetztes Haus zu bringen. Aber das Zimmer, das ich Ihnen anbiete, ist das denkbar ruhigste. Sie müssen überall diese Geräusche mit in den Kauf nehmen, welche durch die Tätigkeit unserer Mitmenschen bedingt werden. Sie wollen doch nicht ein Einsiedlerleben führen; Ihr Beruf nötigt Sie, sich in Städten aufzuhalten. Was wollen Sie denn anfangen, wenn Sie Ihre Sensibilität nicht auf ein normales Maß herabzusetzen vermögen?"

„Aber das geht über meine Kräfte; meine Gehörnerven sind von einer abnormen Empfindlichkeit."

„Da sind Sie im Irrtum. Ihre Gehörschärfe ist normal. Nicht Ihre Ohren sind allzu empfindlich, wohl aber Ihr Geist. Der Lärm greift Sie nur deswegen so sehr an, weil Sie darauf achten, weil Sie davon überzeugt sind, ihn nicht ertragen zu können. Glauben Sie mir, man hört nur das deutlich, auf was man hört (Sie sagten selbst, daß Sie die Hammerschläge zählten); man sieht nur das genau, auf was man sieht; man empfindet nur diejenigen Sinneseindrücke, denen man seine Aufmerksamkeit zuwendet. Gewiß wird, wenn der Lärm zu intensiv oder das Licht blendend ist, unsere Aufmerksamkeit sofort fixiert; auch fällt es mir nicht ein, von Ihnen zu verlangen, Sie sollten nicht zusammenfahren, wenn neben Ihnen eine Bombe platzte. Aber der Lärm des täglichen Lebens ist etwas Unvermeidliches, und wir müssen ihn zu überhören wissen. Was den Neurasthenikern abgeht, das ist das Anpassungsvermögen. Sagen Sie sich doch: Ich will diese Geräusche nicht mehr beachten; Sie gehen nicht über das Maß des Erträglichen hinaus."

Nach drei Tagen hatte der Patient diese rein psychische Hyperästhesie verloren und ich brauchte mich nicht um dieses Symptom zu kümmern."

Ein anderes Beispiel von Dubois sei im Auszug wiedergegeben:

„Frau W..., eine kräftig gebaute Dame von fünfunddreißig Jahren, leidet seit ungefähr sechzehn Jahren an einem neurasthenisch-melancholischen Zustande in Verbindung mit einigen periodisch auftretenden hysterischen Erscheinungen. In dieser Zeit vermochte keine Behandlung die Heilung herbeizuführen, nur ab und zu machte sich eine minime Besserung geltend...

Die Behandlung war von A bis Z eine ausschließlich psychotherapeutische. Ich ließ die Kranke ganz leben wie sie wollte. Sie konnte nach Belieben aufstehen oder im Bette bleiben, sich auf ihr Zimmer zurückziehen oder sich an der Unterhaltung der anderen Pensionsgäste beteiligen, kurzum, allen Impulsen ihrer momentanen Stimmung folgen. Sie konnte in Begleitung einer Kammerjungfer spazieren gehen, oder der Ruhe pflegen, lesen oder sich mit Handarbeiten beschäftigen. Absichtlich habe ich mich niemals um diese meiner Ansicht nach (scil. in diesem Falle) ganz belanglosen Einzelheiten gekümmert. Die gleiche Freiheit ließ ich ihr bezüglich der Ernährung.

In täglichen Gesprächen betonte ich, ohne mich durch den Skeptizismus der Kranken entmutigen zu lassen, die Notwendigkeit, alle die nervösen Beschwerden, wie Scheiteldruck („casque neurasthenique" der Franzosen), Hitze- und Kältegefühl, Schlaflosigkeit, Bangigkeit, als Kleinigkeiten unbeachtet zu lassen. Ich zeigte ihr, daß das alles ganz gewöhnliche Folgen der Nervosität sind und, so peinlich sie auch sein mögen, niemals eine Gefahr in sich schließen. Die Kranke enthielt sich schon nach wenigen Tagen aller diesbezüglichen Klagen; damit war der Weg gebahnt. Am hartnäckigsten erwies sich die Phobie der Präcordialangst. Diese geistige Störung ängstigte die Kranke in so hohem Maße, daß sie darüber verrückt zu werden fürchtete. Wie sehr ich auch zugab, daß dieses Angstgefühl für sie das quälendste sein müsse, und wie sehr ich sie auch deswegen bedauerte, versicherte ich doch stets aufs neue, daß vom medizinischen Standpunkt aus diese Störung keineswegs bedenklicher sei als alle übrigen.

Von Tag zu Tag konnte ich sehen, wie der seelische Einfluß, den ich auf die Kranke ausübte, wuchs: Ihre Proteste nahmen den Charakter scheinbar triftiger Einwendungen an, die sie mit einem Lächeln vorbrachte, als wollte sie sagen: Ich wehre mich, so gut ich kann, aber ich fühle, daß Sie recht haben.

Mit der Zeit ließ ich alle nervösen Erscheinungen links liegen und wagte mich an die Besprechung allgemein ethischer und praktisch-philosophischer Fragen. Ich deckte ihr rückhaltlos den krankhaften Egoismus auf, von dem sie sich in steter Sorge um ihr Wohlbefinden beherrschen ließ. Ich suchte ihren Gedanken eine andere Richtung, im Sinne eines edlen Altruismus, zu geben, indem ich ihr empfahl, an die Ihrigen, an ihren trefflichen Gatten und ihre Kinder zu denken.

Diese schlichten Vorträge über die Kunst zu leben, erfüllten die Kranke mit einer wahren Begeisterung, und durch ihre Fragen wurde ich veranlaßt, stets höhere ethische Themata zu berühren. Bisweilen fand sie meine Ratschläge allzu abstrakt und wünschte sie in einer etwas konkreten Fassung zu hören; öfters auch schien sie nach Art der meisten Nervösen zuzugeben, es sei das alles sehr wahr in bezug auf die anderen, nicht aber für sie, die nervenschwache Kranke. — Nichts ist für einen, der die Indikationen der Psychotherapie richtig erfaßt hat, leichter, als derartige Einwendungen durch eine logische Dialektik, durch den seelischen Einfluß zu bekämpfen.

Nach und nach hatte sich bei der Dame eine gänzliche innere Umwandlung vollzogen, so daß ich ihr nach einigen Wochen den brieflichen Verkehr mit ihrem Manne gestatten konnte. Eine zweimonatliche Behandlung reichte hin, die Heilung herbeizuführen und es der Kranken zu ermöglichen, ihre Pflichten als arbeitsame und unermüdliche Hausfrau fröhlich und von allen Phobien befreit wieder aufzunehmen."

Endlich folge das Beispiel der Behandlung eines Falls schwerer Zwangsvorstellungskrankheit mit Beschmutzungsfurcht usw.

... „Ich bat den Kranken, den Kampf gegen die einzelnen Zwangsvorstellungen und Manien aufzugeben, indem ich ihm zeigte, daß eine Bekämpfung derselben stets neue krankhafte Gedanken provozieren würde. Wenn ein Bach — sagte ich ihm — den Damm durchbrochen hat, muß man nicht jedes einzelne der tausend kleinen Bächlein, die sich gebildet haben, absperren wollen; das wäre verlorene Mühe. Man muß weiter zurückgehen und den Damm an der Durchbruchstelle neu aufbauen. Richten Sie Ihr Selbstvertrauen auf, Sie sind ein intelligenter, gebildeter Mann und verfügen über einen kritischen Geist. Betrachten Sie mit einem Lächeln diese seltsamen geistigen Impulse, ohne sich gewaltsam zur Unterdrückung zu zwingen.

— Sind Sie nicht etwas abergläubisch? fragte ich ihn. Ja, das will ich meinen! gab statt seiner der Arzt (der ihn begleitete) zur Antwort. Denken Sie nur, er würde mein Pferd niemals geritten haben, wenn ich es an einem Dienstag gekauft hätte!

— Da haben wir's, mein lieber Herr; von den abergläubischen zu den obsedierenden Vorstellungen ist nur ein Schritt. In beiden Fällen handelt es sich um unrichtige Ideenassoziationen, und trotz Ihrer hohen Intelligenz haben Sie ein gutes Stück Illogismus. Denken Sie etwas richtiger über all diese Dinge; das wird das beste Mittel sein, Ihre Manien wirksam zu bekämpfen.

Diese etwa anderthalbstündige Untersuchung richtete den Kranken ein wenig auf; er schien sich lebhaft für meine Deduktionen zu interessieren und von ihrer Logik betroffen zu sein; doch sein Zustand blieb unverändert.

Nach acht Tagen fand eine neue psychotherapeutische Sitzung statt. Unser Gespräch nahm einen intimeren, freundschaftlicheren Charakter an. Wir kommen auf die bereits berührten Punkte zurück, unter schärferer Betonung der leitenden Grundgedanken. Die Manien und Zwangsideen werden dabei so gut wie nicht erwähnt.

Bei der dritten Begegnung, acht Tage später, erhebt sich das Gespräch in noch höhere Regionen; wir unterhalten uns über Philosophie und Ethik; eine dritte Person würde schwerlich vermutet haben, daß es sich da um eine ärztliche Konsultation handle. Unterwegs auf der Straße spinnt sich unser Gespräch weiter. Ich zeige dem Kranken, daß man im Leben die Galeerenkugel der Erinnerung nicht beständig hinter sich herschleppen darf, sondern lernen muß, mutig in der Gegenwart zu leben.

Er dankt mir für diesen Rat, als handle es sich für ihn um einen glücklichen seelischen Fund. Später erfuhr ich, der junge Mann habe sich beständig mit obsedierenden Gewissensbissen wegen ziemlich belangloser Ereignisse aus seiner Vergangenheit gequält. Deshalb hatte mein Ausspruch, man müsse Vergangenes vergessen können, ihn so besonders frappiert.

Diese dritte Unterredung brachte das Werk der beiden ersten zum Abschluß, und von jenem Tage an verlor der Kranke alle seine Manien. Er konnte sich künftighin wieder allein ankleiden, sich rasieren und seine impulsiven Bewegungen unterdrücken.

Er ist freilich noch nicht geheilt; immer noch macht er sich unbegründete Gewissensbisse..." usw.

In diesen Beispielen tritt wohl deutlich hervor, wie Dubois — von Fall zu Fall wechselnd, aber doch nach in ihrer Grundlinie festgelegten allgemeinen populär-philosophischen „dialektischen" Grundsätzen — seine Kranken durch Persuasion bearbeitet hat. Ebenso deutlich aber wird aus den Beispielen, daß es sich bei dieser Art des Vorgehens — ganz abgesehen von der von Dubois häufig angewendeten noch zu besprechenden Isolierung — keineswegs um eine bloß intellektuelle, in erster Linie belehrende Beeinflussung handelt. Es ist gewiß eine Selbsttäuschung, wenn Dubois meint, daß er aus seiner Behandlung irrationale Momente ausschließe, und daß seine Kranken gesund würden, weil sie richtig denken lernten. Kranke, welche einen Arzt aufsuchen, haben nicht in erster Linie das Bedürfnis, belehrt zu werden, sondern sie wollen von ihren Beschwerden befreit sein, und es ist klar, daß sie die Reden des Arztes, der bloß zu belehren meint, anders entgegennehmen, als er sie gibt. Mit Recht sagt Mohr: „Der Patient glaubt, daß er die Sache verstanden habe, und dieser Glaube, daß er jetzt die Gründe für die Möglichkeit seiner Genesung erfaßt und die Art, wie dabei vorzugehen ist, durchschaut habe, hilft ihn gesund machen." Dubois selbst hat die Möglichkeit, daß sich statt Persuasion Suggestion einstelle, zugegeben, aber er meint sie durch sorgfältiges Verfahren ausschließen zu können.

Demgegenüber ist nicht nur festzuhalten, daß bei einem großen Teil der Kranken der von Mohr gekennzeichnete Mechanismus kaum ausgeschlossen werden kann, es ist auch nicht zu bestreiten, daß bloße Belehrung vielen Kranken nichts nützen kann, weil sie ihrer gar nicht bedürfen. Wenn Dubois schildert, wie er einem an krankhafter Furcht vor Grünspan Leidenden beweist, daß seine Furcht unsinnig sei, so tut er mit dieser Belehrung etwas sehr Überflüssiges; denn die an Phobien Leidenden sind sich in Zuständen der Ruhe der Sinnlosigkeit ihrer Befürchtungen wohl bewußt. Gleichwohl unterliegen sie ihrer zwanghaften Furcht, weil der Intellekt bzw. die durch Überlegung erzeugten intellektuellen Gefühle gegenüber der zwanghaften Angst machtlos sind. Hier gilt es also Widerstandskräfte der Gefühle zu schaffen, und es ist nicht zu bezweifeln, daß die Erfolge, welche Dubois erreicht, nicht dem bloßen verstandesmäßigen Belehren zuzuschreiben sind, sondern dem affektiven „Mitreißen", „Stützen", „Erheben" usw., welches diese Belehrung in sich schließt. Es ist eben jene „Manier“ des Eingebens der Ideen, von der CAMUS und PAGNIEZ sprachen, die jeder Arzt ebenso wie DUBOIS in mannigfaltiger Weise dem Kranken gegenüber benutzt, als Begeisterung, Beruhigung, Zuspruch, der Vertrauen erweckt und Glauben, und — nicht auch als Suggestion? Es ist wirklich unerfindlich, wie DUBOIS eine scharfe Grenze da ziehen will, wo die Übergänge offensichtlich fließen, wie er den „blinden“ Glauben von dem „motivierten“ dauernd abzutrennen vermag. Im übrigen ist es für die Frage der Suggestionswirkung ganz ohne Belang, ob sie aus einem motivierten oder blinden Glauben entspringt. Wenn ich positiv reagiere auf die Suggestivfrage jemandes, von dem ich Täuschungen nicht gewohnt bin, oder wenn ich von dem größeren Gewicht zunächst annehme, daß es auch das schwerere sei, weil es die Erfahrungen des Lebens nahelegen, so bleiben die entstehenden Effekte immer doch Suggestivwirkungen. Nur ist es offenbar nicht die einmalige Suggestivwirkung, sondern das dauernde Ausnutzen solcher, was DUBOIS und ihm ähnlich Denkende abschreckt, das, was „aus dem Kranken den Sklaven seines Heilkünstlers macht“. Allein dieses Schreckgespenst malt DUBOIS mit Unrecht an die Wand; es muß demgegenüber immer wieder von neuem betont werden, daß eine rationelle Hypnotherapie die „Dressur“ im allgemeinen verpönt. Inadäquate Bedingungen aber, wenn sie heilsam sein können, aus bloßer Doktrin auszuschließen, geht allerdings nicht an.

Psychotherapie ist eben nicht einfach Erziehung, und die Lage, in welcher sich psychisch Nervöse befinden, unterscheidet sich, wie schon eingangs dargetan, sehr wesentlich von der der zu erziehenden Jugend. Hier kommt es nicht nur darauf an, Gefühls- und Willensabläufe in bestimmte Bahnen zu lenken und die Kräfte in den Richtungen, welche diesen Zielen entsprechen, zu steigern und wirksam zu machen; bei unseren Kranken stehen wir der Tatsache gegenüber, krankhaft Unfreie vor uns zu haben, denen all ihre Einsicht nichts nützt. Ihnen reichen wir durch die heilsame Eingebung des stützendes Arztes das Mittel der Suggestion nicht als Betrug, sondern in dem Sinne der Ausschaltung einer krankhaften Autosuggestion oder der Beseitigung einer von der vernünftigen Persönlichkeit nicht gebilligten Schwäche.

Daß sie diese Eingebung zwar unter inadäquaten Bedingungen gibt, aber als seelisches Agens, nicht unter der Larve einer körperlichen Maßnahme, ist der Vorzug der offenen Suggestivtherapie vor der versteckten als physikalische oder medikamentöse Behandlung auftretenden.

Ihr Vorzug vor der bloß „überzeugenden“ Psychotherapie ist die Tatsache, daß sie Wirksamkeiten, die doch unvermeidlich sind, durch schnelle, sichere und offene Maßnahmen zu erreichen sucht. Sie behält sich alle Hilfsmittel vor, die eine rationelle, „persuadierende“ Behandlung anwendet, verstärkt sie aber durch die Hilfsmittel der Suggestion.

Die bittere Feindschaft gegen diese letztere ist zum Teil nur auf Unkenntnis der Entwicklung der Suggestivbehandlung zurückzuführen;

es wäre sonst unverständlich, warum Beeinflussungen, die sich eng mit erzieherischen und belehrenden Maßnahmen verbinden und selbst die Form motivierenden und begründenden Einwirkens möglichst zu behalten suchen, bloß darum verpönt sein sollen, weil sie Zustände der Ruhe und erhöhter Beeinflußbarkeit auszunutzen streben. Man macht doch gewiß keinen an nervösen Herzbeschwerden oder Angstzuständen Leidenden dadurch zum Sklaven, daß man ihn in einen Zustand leichten Schlummers oder Schlafs versetzt und ihm dann eindringliche, auf sein Leiden bezügliche beruhigende Versicherungen gibt. Solche „Sklaverei" bringt auch die Persuasion mit sich. Es würden auch praktische Gründe von uns häufig hypnotische Maßnahmen verlangen, selbst wenn wir prinzipielle Bedenken hätten. Es ist viel leichter auf solche Weise ambulant zu behandeln, als mit der „Persuasion", welche eine viel zeitraubendere Bearbeitung verlangt und oft mit Isolierung im Krankenhaus und Mästung verbunden wird. Überdies haben viele Kranke ein Bedürfnis nach einem Heilverfahren und werden abgeschreckt, wenn man ihnen von vornherein nichts anderes bietet, als „Zureden". Dieses zeitweilige Eingehen auf Schwächen der Kranken steht den Zielen der Erziehung keineswegs entgegen. Auch die suggestive Beeinflussung hat die Aufgabe, sich selbst überflüssig zu machen. Und es ist einfach unrichtig, wenn behauptet wird, Suggestivbehandlung steigere die krankhafte Autosuggestibilität, Persuasion aber nicht. Es kann bei beiden Behandlungsarten geschehen, ist aber bei beiden zu vermeiden.

Endlich ist aber auch zu betonen, daß da, wo es gilt, ein lästiges Symptom um jeden Preis zu beseitigen, auch die alte Kommandohypnose berechtigt ist, wenn sie nur Erfolg verspricht. Es ist eine lächerliche Übertreibung, wenn gesagt worden ist (GILLES DE LA TOURETTE): „manger par suggestion hypnotique, ce n'est pas manger". Gewiß muß immer wieder das Prinzip verfochten werden, den Kranken zu einem selbständigen Wesen zu erziehen, selbständig der Krankheit nicht nur, sondern auch dem Behandelnden gegenüber. Das darf aber nicht zu einer Spekulation ausarten, welche wirksame Mittel deshalb ablehnt, weil sie einem bevorzugten Begriff nicht zu entsprechen scheinen; letzten Endes werden trotz der begrifflichen Festlegung die bekämpften Mittel doch inoffiziell unter anderem Namen benutzt und wirksam.

Man muß sich der Grenzen der Bedeutung der Belehrung und Überzeugung, ihrer Komplikation mit irrationalen Faktoren gründlich bewußt sein, gerade wenn man, wie unumgänglich, die Belehrung und ihr ähnliche Bemühungen genügend für die Psychotherapie ausnutzen will. Bei der Erkenntnis der Schwächen dieser wenig tiefen, allzu rationalistisch eingestellten, ärztlichen Dialektik und der Aufdeckung ihrer Übertreibungen wird man der Persuasion doch zugute halten müssen, daß sie kritikloser Anwendung einfacher hypnotischer Dressurmethoden entgegengetreten ist und sich wesentliche Verdienste um den systematischen Ausbau einer zielbewußten erziehenden Psychotherapie erworben hat.

2. Willenstherapie und Arbeitsbehandlung.

Neben der Belehrungstherapie wurden eine Reihe von Verfahren ausgebildet, die gleichfalls am besten unter den Begriff der Erziehung zu ordnen sind. Sie werden auch von den Vertretern der Persuasion ausgiebig angewendet, werden aber in der Theorie zugunsten logisierender Maßnahmen vernachlässigt.

Einen Teil solcher Bestrebungen hat man als Willenstherapie bezeichnet. Hierunter begriff man alle jene Maßnahmen, welche ein systematisches Üben im Fassen und Durchführen von Entschlüssen zu äußeren und inneren Handlungen bezwecken. So versteht man unter der „Willensgymnastik" schon die allgemeine Regelung des Lebens nach einem bestimmten Plan, insbesondere die Durchführung eines solchen in einer geordneten Tagesarbeit. Der „Stundenplan" für die Psychisch-Nervösen, die genauste Ordnung ihres täglichen Lebens und die Erziehung zur Einhaltung all solcher Vorschriften sind als Hilfsmittel zur Erzielung seelischer Selbständigkeit schon lange gekannt und gewürdigt.

Es sind jedoch auch besondere Vorschriften gegeben worden zur Bekämpfung bestimmter Krankheitserscheinungen durch eigene Übungen. So hat Oppenheim den Versuch gemacht, durch Einführung besonderer Willensübungen auf dem Gebiet des Denkens, einer Art Gedankengymnastik, dem Auftreten von Zwangsgedanken entgegenzuwirken. Er ließ seine Kranken Übungen in der willkürlichen Unterbrechung von mechanisierten Vorstellungsreihen vornehmen. Er veranlaßte sie z. B. die Wochentage, Monatsnamen, Zahlenreihen, geläufige Verse usw. innerlich zu rezitieren und dann auf ein gegebenes Zeichen abzubrechen; oder der Arzt sagt die ersten Worte vor, und der Kranke hat sich zu bemühen, die sich aufdrängende Fortsetzung nicht zu Ende zu denken, vielmehr die Aufmerksamkeit willkürlich nach anderen Richtungen abzulenken.

Bei diesem Verfahren handelt es sich freilich nicht so sehr um Willensübung im Sinne einer Stärkung der Willenskraft durch die systematische Überwindung von Widerständen, als um den Versuch, das Gefühl des Könnens, das Bewußtsein der Tragweite und Kraft des Wollens, das sich bei der Lösung relativ leichter Aufgaben einstellt, auszunutzen für die Herstellung eines dauernden Sicherheitsgefühls, das auch ermöglicht, schwierigere Situationen zu bewältigen; Situationen, bei welchen sonst ein Gefühl völliger Willensohnmacht vorhanden ist. Etwas anders verhält es sich mit der Vorstellungsgymnastik, welche Moll unter dem Titel der „Assoziationstherapie" zur Behandlung sexueller Perversionen empfohlen hat. Hier wird erstrebt, durch systematisches Üben den Ablauf normal erotisch betonter Vorstellungsreihen und Begehrungen zu bahnen. Dies Ziel soll dadurch erreicht werden, daß der Kranke im Anschluß an Lektüre u. dgl. solche Assoziationsreihen zu bilden und immer mehr zu mechanisieren, zugleich aber auch zu lustbetonten zu gestalten sucht.

In wirklichen Willensübungen besteht das Verfahren, das BRISSAUD, OPPENHEIM, MEIGE und FEINDEL zur Behandlung der maladie des tics ausgebildet haben. Hier kommt es direkt darauf an, sich in der Unterdrückung krankhafter Impulse und der Durchführung normaler Handlungen gegen die krankhaften Impulse zu üben. („Psychomotorische Zucht" — MEIGE und FEINDEL, „Hemmungsgymnastik" — OPPENHEIM.) Wenn diese Ärzte ihre Kranken vor dem Spiegel planmäßig zur Unterdrückung der Ticbewegungen und zur Ausführung normaler Bewegungen ohne die Beifügungen des Tics zu erziehen suchen, so haben wir in dieser grundsätzlichen Betätigung von Hemmen und Korrigieren eine exquisite Willensübung vor uns. OPPENHEIM ließ außerdem auch die Unterdrückung von Reflex-, Abwehr-, Affektbewegungen üben (z. B. die auf drohenden Nadelstich unwillkürlich erfolgenden), um so das Ziel einer allgemeinen Willensstärkung allmählich zu erreichen.

Willenstherapie in hervorragendem Sinne sind ferner jene Behandlungsmaßnahmen, welche man unter dem Titel der Beschäftigungs- oder Arbeitstherapie zusammenfaßt. Es sind zwar in ihnen eine Reihe von therapeutischen Momenten enthalten, doch spielt die Erziehung der Willenskraft durch die Arbeit in dieser Behandlungsart eine sehr wesentliche Rolle.

Der Gedanke, welcher der Empfehlung der Arbeit als Heilmittel zugrunde liegt, ist der, alle seelischen Wohltaten, welche eine geordnete Tätigkeit verschaffen kann, auszunutzen, ohne die Nachteile, welche die Arbeit unter dem Zwang sozialer Verhältnisse mit sich zu bringen pflegt, in den Kauf nehmen zu müssen. Diese Schäden der Berufsarbeit liegen — je nach der Art der Berufstätigkeit mehr nach dieser oder jener Seite — in der Hast, mit der die Tagesarbeit oft geleistet werden muß, in ihrem Übermaß, in ihrer oft vorhandenen Eintönigkeit und Sinnlosigkeit — wobei die letzteren Momente besonders dadurch wirksam werden, daß infolge der Organisation unserer wirtschaftlichen Arbeit, dem einzelnen der Überblick über das Ganze verloren gehen muß und er — in seiner Tagesarbeit wenigstens — oft in eintöniger und übermäßig gehäufter Weise immer dieselben einfachen Arbeitsoperationen leisten muß. Dieser Umstand ist es, der besonders unsere moderne industrielle Arbeit gegenüber dem Handwerk für den einzelnen mehr eine Quelle der Last als der Lust werden lassen kann. Während im Handwerk der Arbeitende ein Ganzes herstellt, ein solches aus seinen Teilen werden sieht, an der Leistung, als solcher, Interesse und Freude haben kann, ist bei vielen industriellen Arbeiten eine solche Möglichkeit nicht gegeben. Hier wird die Tätigkeit für den einzelnen viel mehr Mittel zum Zweck; und die Arbeit kann kaum als Wohltat erscheinen, wenn sie tagaus tagein nur in den gleichen wenigen mechanischen Hand- oder Kopfleistungen besteht. Daß alle diese zahllosen einfachen, mechanischen Arbeitsleistungen zusammen ein gewaltiges Ganzes bewirken, kann den Einzelarbeiter, der oft bis zur Erschöpfung seiner Kraft in seiner engen

Spezialtätigkeit befangen bleiben muß, allein nicht entschädigen. Hier ist die soziale Frage zugleich eine Frage der psychischen Hygiene — die darauf abzielen muß, durch Regelung der Arbeitsverteilung, der Arbeitspausen, durch erholende Beschäftigungen in Sport, Spiel und geistiger Erfrischung, die Erhaltung und wirklich ökonomische Ausnutzung der Arbeitskraft anzustreben.

Es ist klar, daß auch die Arbeitsbehandlung sich solche Einsichten zunutze machen muß. Ihre Aufgabe ist es, das Wohlgefühl des Schaffens und der Aktivität, der Selbständigkeit und Freiheit, welche aus der Tätigkeit entspringt, die Stählung der Willenskraft und die Ablenkung von peinigenden, störenden und hindernden Vorstellungen und Gedanken auszunutzen, ohne die Komplikation mit all jenen Schädigungen, welche die Hetze und die Hörigkeit in der Erwerbsarbeit des sozialen Lebens mit sich führen.

So wird die Arbeit als freie Leistung ein Erziehungs- und Erfrischungsmittel, ebenso geeignet zur Wiederherstellung von Kräften, die in der Einförmigkeit und der Last des Tagesfrondienstes versagen, wie von solchen, welche überhaupt noch nicht zu einer sinn- und zielbewußten Tätigkeit zu gelangen vermocht haben. So kommt es, daß die Indikationen für die Arbeitstherapie sehr weit zu stellen sind; fast bei allen neurotischen Zuständen sind ihre Methoden heranzuziehen. Nicht zum mindesten tritt sie in ihr Recht bei der Überarbeitungsnervosität; was nicht weiter sonderbar anzumuten braucht, da ja die Bedingungen der therapeutischen Arbeit ganz andere als die der Berufsarbeit sind, und die Schäden, welche aus der Überspannung und Monotonie jener entspringen, durch die Wohltaten, welche eine zusagende und zweckmäßig verteilte Beschäftigung ausübt, sehr wohl wieder gut gemacht werden können.

Zahlreiche Arbeitsformen und Beschäftigungen kommen für die Arbeitsbehandlung in Betracht. Besonders die Arbeitsformen des „Handwerks" (vor allem Schreinerei usw.) haben sich zur Behandlung Nervöser als zweckmäßig erwiesen. Aber auch Garten- und landwirtschaftliche Arbeiten lassen sich gut zu Heilzwecken verwenden. In großem Umfang läßt sich natürlich eine derartige Arbeitsbehandlung in Heilstätten organisieren. Haus Schönow ist nach dieser Richtung vorbildlich geworden. Einige Heilstätten haben direkt den Charakter eines landwirtschaftlichen Betriebs angenommen, in welchem PsychischNervöse in zweckmäßiger Weise beschäftigt werden.

Über die Arten der therapeutischen Arbeit und ihre Auswahl kann man sich durch folgende Übersicht (nach VERAGUTH) Klarheit verschaffen. Danach unterscheiden wir: 1. Arbeiten mit muskulöser Kraftabgabe und produktivem Charakter (z. B. Schreiner- und Gärtnerarbeit). 2. Arbeiten mit vorwiegend geistiger Betätigung in Kunst, Literatur, Wissenschaft. 3. Arbeiten mit muskulöser Kraftübung **ohne** produktiven Charakter (verschiedene Arten des Sports). 4. Beschäftigungen (Hausarbeiten, mechanische Handarbeiten). Diese Einteilung entspringt nicht nur einem Bedürfnis nach schematischer Übersicht, sondern ist sehr zweckmäßig für die therapeutische Verwertung der Arbeitsweisen, da es bei der Wahl der Methoden sehr notwendig ist, sich zu vergegenwärtigen, welche einzelnen Momente der Wirksamkeit von Fall zu Fall besonders zu betonen sind. — Die Arbeiten der ersten Gruppe haben den Vorzug einer kräftigen körperlichen Betätigung — oft verbunden mit den Vorteilen eines längeren Aufenthalts im Freien. Sie üben die motorische Energie auf eine dem Kranken interessante Weise, geben ihm schnell das Gefühl des Könnens und der Leistungsfähigkeit und zeitigen oft in kurzer Zeit allgemein nützliche Produkte. Sie haben den Nachteil, daß sie nicht überall leicht durchführbar sind, und daß manche von diesen Arbeiten auch ein gewisses Maß körperlicher Leistungsfähigkeit voraussetzen. — Die Tätigkeiten der zweiten Gruppe haben den großen Vorzug, daß man sie überall, auch in der Stadtpraxis ohne Schwierigkeiten durchführen kann; besonders gelobt werden von VERAGUTH, und in der Tat sehr empfehlenswert sind das Zeichnen und Modellieren. Diesen Arbeiten fehlt allerdings der Reiz besonderer motorischer Energieentfaltung; sie müssen deshalb nach dieser Richtung ergänzt werden. Hierzu sind die Tätigkeiten der dritten Gruppe geeignet: Wandern, radeln, reiten, fischen, fechten, turnen, leichter Bergsport, Skilaufen usw. sind, in vernünftiger Weise geübt, unentbehrliche Hilfsmittel in der Behandlung Nervenkranker. Fehlt ihnen der Nutzeffekt, welcher anderen Arbeiten Wert verleiht, so verbinden sie in hohem Maße das Wohlgefühl körperlicher Betätigung und Kraftentfaltung mit intensiver Ablenkung und erfrischendem Interessenwechsel. — Die vierte Gruppe, die der einfachen Beschäftigungen, welche aus naheliegenden Gründen an therapeutischem Wert den vorher genannten Tätigkeiten nachstehen, wird man immerhin bei Kranken, die zu anderen Tätigkeiten nicht zu bringen sind und als Vorstufen zu anderer Beschäftigung nicht entbehren können. Grundsatz aller Arbeitsbehandlung ist es übrigens, wie von allen Seiten betont worden ist, daß die Tätigkeit frei gewählt wird. Dementsprechend ist es Aufgabe des Arztes, nach dieser oder jener Richtung Interesse zu wecken.

Nach den hier umrissenen Grundsätzen dürfte es nicht schwer fallen, im Einzelfalle die entsprechende Arbeitsbehandlung festzulegen. Es sei hervorgehoben, daß die Arbeiten der ersten Gruppe (Schreinerei, Drechslerei, Gartenarbeit) auch bei „Intellektuellen“ und gerade bei diesen vorzüglich wirken und wegen der Neuartigkeit der Beschäftigung und der Freude an den Produkten sehr gerne gewählt werden. Andrerseits kann man auch oft genug die Beobachtung machen, daß „Handarbeiter“ gern die Arbeit ihres Berufs auch für die Beschäftigung zu Heilzwecken wählen — sind doch die Bedingungen der therapeutischen Tätigkeit ganz andere als die des Berufslebens. Nicht ganz leicht ist die Organisation der Arbeiten der ersten Gruppe (Schreinerei usw.).

Verständnisvolle Arbeitsleiter sind hier unbedingt notwendig — die Durchführung dieser Art von Behandlung deshalb vorwiegend in Heilstätten möglich; doch dürfte es wohl gelingen, auch in größeren Städten entsprechende Einrichtungen für ambulante Behandlung zu schaffen. Viel leichter ist überall die Durchführung der Tätigkeiten der zweiten Gruppe, für welche A. Wiest eine empfehlenswerte Anleitung geschrieben hat. (Beschäftigungsbuch für Kranke und Rekonvaleszenten, Stuttgart: Enke). Es enthält eine instruktive Anleitung zu zahlreichen körperlichen und geistigen Beschäftigungen nach der Rubrizierung, ob körperlich oder geistig ermüdend bzw. ablenkend. Hierher gehört auch das selbständige geistige Schaffen (z. B. Memoirenschreiben u. ähnl.), außerdem aber vor allem das Lesen und Verarbeiten des Gelesenen. Hier richtig zu wählen und zu raten ist eine wichtige Aufgabe der Psychotherapeuten. Zusammenstellungen von Lektüre für Nervenkranke, wie sie z. B. Laquer in Dtsch. Zeitschr. f. Nervenheilk. Bd. 23, S. 336 versucht hat, sind sehr der Ergänzung bedürftig. Daß Tätigkeiten geistiger Art oft mit körperlichen Leistungen der dritten Gruppe kombiniert werden müssen, ist schon bemerkt. Im übrigen muß die Arbeitstherapie im Verein mit anderen therapeutischen Beeinflussungen in jedem Fall in besonderer Weise erstreben, dem Kranken zur Gewinnung einer Lebensaufgabe zu verhelfen.

Endlich sind als Anhang der „Willenstherapie" allgemeine Maßnahmen psychischer Hygiene, die Regelung des Tagesplans, die richtige Abwechslung zwischen Arbeit und Ruhe, die Berücksichtigung des Schlafs, schließlich auch des körperlichen Allgemeinbefindens (Gymnastik, Hydrotherapie usw.) zu nennen.

Auch die Erörterung der Bedeutung der Krankenhaus- und Anstaltsbehandlung kann hier angefügt werden. Die Versetzung in dieses besondere Milieu ist schon an sich eine seelische Einwirkung. Und es wird von Fall zu Fall erwogen werden müssen, wieweit jedesmal dem Kranken durch die Loslösung aus seiner gewohnten Umgebung und Tätigkeit, durch die Versetzung in eine besondere Anstaltsatmosphäre und durch die enge Berührung mit dem Arzt genützt, und wann, evtl. wieviel geschadet werden kann. Auch für die Abwägung der Dauer der Krankenhaus- und Sanatoriumsbehandlung werden solche Gesichtspunkte maßgebend sein müssen. Niemals darf das Ziel aus den Augen gelassen werden, den Kranken für die Arbeit des Lebens tauglich zu machen bzw. zu erhalten.

Die Isolierung, welche vor allem die Vertreter der Persuasion mit ihren psychotherapeutischen Maßnahmen zu verbinden rieten, stellt eine besonders energische Einwirkung der Anstaltsbehandlung dar. Bei ihr ist die Trennung von der bisherigen Umgebung und dem sonst Gewohnten eine besonders durchgreifende, ebenso die Ruhigstellung (Bettruhe) eine möglichst absolute und damit oft die Empfänglichkeit für die Maßnahmen des Arztes eine wesentlich erhöhte. Die Unannehmlichkeiten der Situation werden oft gleichfalls für den Erfolg nicht ohne Bedeutung sein; auch die Beeinflussung des körperlichen Allgemeinbefindens durch die mit der Isolierung häufig verbundene Mastkur ist in Rechnung zu ziehen. — Vor der Durchführung strenger Abtrennung wird das Für und Wider, das bei der Anstaltsbehandlung Nervöser überhaupt in Betracht kommt, in erhöhtem Maße abgewogen werden müssen. (Zur Technik der Isolierung sei noch angemerkt, daß nach dem Vorgang französischer Therapeuten diese in größeren Krankenhäusern zum Zwecke der Raumersparnis durch Abschließen der einzelnen Betten eines größeren Saales durch Vorhänge und Schirme usw. bewerkstelligt werden kann.)

V. Die analytische Psychotherapie.

1. Entwicklung.

Unter analytischer Psychotherapie verstehen wir eine Anzahl therapeutischer Verfahren, welche alle auf den Grundgedanken gestellt sind, daß die Heilung psychoneurotischer Erscheinungen durch die genaue Einsicht in die Art und die Bedingtheit dieser Geschehnisse gegeben wird. Im Gegensatz zu anderen therapeutischen Bestrebungen, welche ja auch Ursachen zu erkennen und zu beseitigen streben, ist es die Besonderheit dieser Therapien, daß sie durch die bloße Aufdeckung der Ursachen zugleich die Auflösung aller krankhaften Verwicklungen zu geben vermeinen; sie beruhen dabei zugleich auf der Ansicht, daß keine andere Art der Behandlung die wirklichen Ursachen des neurotischen Geschehens treffe und darum auch keine wirklich heilend wirke.

Diese besondere Auffassung und Behandlung nervöser Erscheinungen wird nur dadurch möglich, daß die Überzeugung vorhanden ist, daß die Ursachen der Psychoneurosen im Unbewußten ruhen. Die analytische Psychotherapie ist zugleich „Tiefenpsychologie". Sie wird von der Sicherheit getragen, daß unbewußte seelische Tatsachen die Menschen nervenkrank machen, und daß mit der Aufdeckung dieser Tatsachen, mit ihrer wirklichen und endgültigen Aufdeckung, die Heilung ohne weiteres gegeben ist.

Zugleich mit der Möglichkeit, wirklich zu heilen, scheint die Möglichkeit, die neurotischen Geschehnisse wirklich zu verstehen, einzig auf dem Wege der Tiefenforschung und Therapie zu liegen. In dem Grundgedanken der analytischen Psychotherapie liegt es, daß sie das oft chaotisch erscheinende nervöse Geschehen als ein verständliches, vielmehr sinnvoll bestimmtes, aus seinen unbewußten Quellen herzuleiten sucht.

Die analytische Psychotherapie ist trotz großer Verbreitung in hohem Maße umstritten. Die eigenartige Entwicklung, welche sie genommen hat, enthält zugleich eine Kritik ihrer Grundlegung in sich. Will man die psychoanalytische Bewegung verstehen, ihren Wahrheitsgehalt erfassen, praktisch Brauchbares aus ihr entnehmen, so ist es zweckmäßig, sich diesen von ihr recht folgerichtig genommenen Entwicklungsgang in großen Zügen vor Augen zu führen.

Die psychoanalytische Lehre beginnt mit einigen eigenartigen Behandlungsversuchen Breuers. Man muß sich gegenwärtig halten, um welche Zeit sich diese Versuche abspielten. Es waren die Jahre der

Diskussion um den Hypnotismus zwischen den Schulen CHARCOTS und der Schule von NANCY. Es war weiterhin die Zeit, in welcher insbesondere die Tatsachen der posthypnotischen Suggestion Klärung verlangten. Es waren endlich auch die Jahre der Entdeckung der traumatischen Hysterie.

BREUER hat, wie später besonders FREUD hervorgehoben hat, eine hysterische Patientin hypnotisch behandelt und kam dabei zu einem, wie es scheint, mehr von der Patientin selbst geleiteten Verfahren, welches die Kranke als „talking cure", als Behandlung durch Erzählung bezeichnet. In diesen Erzählungen brachte die Kranke in hypnotischem Bewußtseinszustand allerlei nicht belanglose Erlebnisse vor. Jedesmal aber nach solch einer Erzählung verschwand ein Symptom. Auf diese erste Grundtatsache der psychoanalytischen Lehre gründet sich der erste grundlegende Schluß. Dieser Schluß besagt, das Verschwinden des Symptoms ist nicht ohne ätiologischen Zusammenhang mit dem Erzählten; und dann: ganz eindeutig und prägnant, das Symptom verschwindet, weil etwas ätiologisch Bedeutungsvolles erzählt wird. Hieran schließen sich sofort einige weitere Fragen. Wie gewinnt die eigenartige Erzählmethode (talking cure) therapeutische Wirksamkeit? Warum eignet der Aussprache diese heilsame Kraft nur in dem veränderten hypnotischen Bewußtseinszustand?

Die Antwort, welche hierauf von der jungen psychoanalytischen Forschung gegeben wird, lautet: Die krankhaften hysterischen Symptome sind auf krankmachende Erlebnisse zurückzuführen. Diese Erlebnisse bedingen einen veränderten Bewußtseinszustand, in welchem sie in ein anderes, von dem übrigen Seelenleben getrenntes Medium geraten. Von hier aus wirken sie dauernd auf das normale Seelenleben zurück und erregen krankhafte Zustände. In der Hypnose gelingt es, diese vom wachen Bewußtsein abgetrennten Erlebnisse ans Tageslicht zu ziehen; damit verlieren sie ihre krankmachende Wirksamkeit. So etwa dürfen die ersten Schlüsse gekennzeichnet werden, welche aus der Tatsache gezogen wurden, daß auf die Erzählung eines Erlebnisses in Hypnose jeweils ein Krankheitssymptom schwand.

Auf die Frage, warum nun jene ätiologischen Erlebnisse in eine von dem wachen Bewußtsein abgetrennte Sphäre geraten und von dort aus krankmachend wirken, erteilt die psychoanalytische Forschung in ihren ersten Anfängen mehrere Antworten. Ein gemeinsamer Grundzug wird auch schon bei diesen ersten Versuchen der Bestimmung der hysterisch machenden Mechanismen festgestellt. Allen Formen der Hysterisierung ist danach gemeinsam, daß in ihnen Bewußtseinszustände gegeben werden, welche den normalen Ablauf des Gefühlslebens verhindern. Es handelt sich hier um die Unmöglichkeit eines regelrechten Ablaufs durch Erlebnisse hervorgerufener leidenschaftlicher Affekte. Unter einer regelrechten Reaktion begreifen BREUER und FREUD die ganze Reihe willkürlicher und unwillkürlicher Reflexe, in denen sich erfahrungsgemäß die Affekte entladen: „vom Weinen bis zum Racheakt“. Erfolgt die Reaktion in genügendem Ausmaß, so wird dadurch ein großer Teil des Affektes beseitigt und schließlich erledigt; auch die Aussprache ist ein Hilfsmittel der Erledigung, des „Abreagierens“; und schließlich vermag auch die bloße Aufnahme in den großen Komplex allgemeiner Erinnerungen den erlösenden Ausgleich, jenes allmähliche Abblassen, welches wir Vergessen nennen, zu schaffen.

Ein solch normaler Ablauf wird bei den zur Hysterie führenden Mechanismen jeweils durch verschiedene Bedingungen unmöglich gemacht. Bei der Hypnoidhysterie werden durch den Eintritt des traumatischen Erlebnisses traumartige Bewußtseinszustände mit eingeschränkter Assoziationsfähigkeit hervorgerufen, in welchen das normale Ausleben des Affekts unmöglich wird. Bei der Retentionshysterie unterbleibt eine genügende Reaktion einfach, auch ohne daß eine Bewußtseinsspaltung einzutreten braucht. Zeiten der Pflege geliebter kranker Personen geben z. B. Gelegenheit für solche Retentionen. Es bleibt einfach keine Zeit „abzureagieren“. Bei der Abwehrhysterie endlich ist die Bewußtseinsspaltung eine triebartig-willensmäßige; ein unerträglicher Eindruck, welcher in normaler Weise nicht erledigt werden kann, wird in das Unbewußte geschoben.

Bei allen Mechanismen erhalten wir aber dasselbe Ergebnis; ein bedeutungsvolles, unlustbetontes Ereignis ist nicht in einem normalen Gefühlsablauf erledigt worden; die Lösung fehlt, der Affekt bleibt „eingeklemmt“, „die Hysterischen leiden an Reminiszenzen“.

Solche unbewußte, nicht einfach vergessene, pathogene Erinnerungen meinten Breuer und Freud überall in ihren Fällen nachgewiesen zu haben. Es waren, besonders nach der Anschauung Freuds, gewöhnlich Jugendtraumen, und zwar, wie im Laufe der Jahre immer mehr betont wurde, solche sexueller Natur, welche als dem Bewußtsein unerträglich „abgewehrt“, die letzte Ursache aller hysterischen Erscheinungen bildeten.

Allein wenn man auch diese Lehre von der ätiologischen Bedeutung der Jugendtraumen annahm, so blieb doch zu erklären, warum jeder Fall von Hysterie sich in ganz bestimmten, jedesmal wechselnden Symptomen äußerte. Auch dieses Problem, das der „Determinierung“, glaubten die Forscher durch die Aufdeckung bestimmter Mechanismen gelöst zu haben. Den einen dieser Wege bezeichnete der Terminus der „Konversion“. Diese bedeutet, daß an Stelle jener unlustvollen, pathogenen Erinnerung körperliche Vorgänge auftraten. Dadurch, daß die pathogene Reminiszenz in das Unbewußte geschoben wurde, wurde sie von dem zu ihr gehörigen Affekt gelöst. Da aber andererseits dieser Affekt nicht in normaler Reaktion erledigt war, mußte er einer anderen Verwendung zugeführt werden. Bei der Hysterie besteht diese Verwendung in einer Umsetzung der Erregungssumme in das Körperliche. Der Affektbetrag fließt, wie in einem abnormen Reflex, in von früher her gebahnte Wege (so z. B.

wenn jemand, der ein schmerzhaftes Leiden besitzt, immer bei Erregungen Schmerzen bekommt), oder es kommen jedesmal bei dem Anfall Innervationen zustande, die beim Trauma eine Rolle spielten, also Ekel-Abwehrbewegungen, Lähmungen usw.

Ist schon bei diesen Formen das hysterische Symptom nur als ein Zeichen eines im Hintergrunde wirkenden Unbewußten betrachtet, so tritt diese Auffassung noch stärker zutage in der Kennzeichnung einer weiteren Art der Bestimmung der hysterischen Symptome. Es ist die „Determinierung durch Symbole“, die schon in den Studien von Breuer und Freud eine Rolle spielt. „Es sind oft“, so heißt es bei Breuer, „lächerliche Wortspiele, Klangassoziationen, welche den Affekt und seinen Reflex verbinden.“ Dies soll geschehen in traumhaften Zuständen mit verminderter Kritik, gilt also zunächst vom „Hypnoid“. Von Freud ist aber dann dieses Prinzip der Determinierung durch Symbole in ganz wesentlichem Maße erweitert worden. Es wird später noch genauer darüber zu reden sein.

Die Methode, auf Grund welcher Breuer und Freud zu ihren Einsichten gelangten, sollte zugleich auch die beste, ja die einzig rationelle Behandlungsmethode der hysterischen Störungen sein. Ihr Verfahren, das die Forscher das kathartische nannten, gab nach ihrer Ansicht die einzige Möglichkeit, wirklich zu heilen. Sie suchten jene pathogenen Reminiszenzen in Hypnose aufzudecken und bewußt zu machen. Ist die verdrängte Vorstellung gefunden und dem normal bewußten Leben zugänglich, so ist die Einklemmung gelöst, der Affekt zu einem normalen Ausgleich gebracht, „hysterisches Elend“ in „gemeines Unglück“ verwandelt und der Kranke geheilt.

Wurden in den „Studien über Hysterie“ noch mehrere Bewußtseinszustände beschrieben, welche die Anomalien des Affektlebens bedingten, so trat, wie schon angedeutet, in der Weiterentwicklung der Lehre durch Freud einer dieser Mechanismen ausschließlich in den Vordergrund. Alle Hysterie war nach den späteren Anschauungen Freuds Abwehrhysterie; das Prinzip der Verdrängung wurde einer der Grundpfeiler der Lehren Freuds. Die Verdrängung war aber nach Freud nicht bloß eine Hypothese; sie war empirisch begründet und wurde aufgedeckt durch jene Methode, die er eigens für das Studium und die Behandlung der Psychoneurosen ausgebildet hat — eben die Psychoanalyse.

Die ersten Anfänge dieses von dem „kathartischen“ wesentlich abweichenden Verfahrens sind bereits in den „Studien“ angedeutet. Freud verzichtete auf die Hypnose zunächst schon aus dem Grunde, weil ein Teil der Kranken nicht zu hypnotisieren war. Er hielt es für zweckmäßiger für die Erreichung des Zieles, das Trauma ans Tageslicht zu bringen, die Patienten unter Vermeidung aller Störungen einfach assoziieren zu lassen. Veranlaßte man die Kranken, alles anzugeben, was ihnen einfiel, beziehungsweise alles zu beschreiben, was sie optisch reproduzierten, wenn sie unter möglichster Ausschaltung der Aufmerksamkeit ihre Gedanken ziellos schweifen ließen, so zeigte es sich bald, daß an manchen Stellen Lücken in dem Ablauf der unwillkürlich kommenden Reproduktionen auftraten. Drängte man gerade hier auf weitere Angaben, so gelangte man nach FREUD regelmäßig zu Erinnerungen, welche für die Personen mehr oder minder bedeutungsvoll waren, und schließlich — wie FREUD noch in einigen weiteren Aufsätzen eindringlich betonte — durchweg zu solchen, in welchen sexuelle Ereignisse der Kindheit eine Rolle spielten; mit dem Aufdecken dieser letzten Ereignisse verschwanden dann die krankhaften Symptome. Es sei zur weiteren Verdeutlichung eine kurze Schilderung, die JUNG von dem Verfahren gegeben hat, hierher gesetzt: „Alles Suggestive fällt weg. Die Kranken werden nicht mehr durch den Arzt geführt, sondern ihren freien Einfällen ist der weiteste Spielraum gewährt, so daß die Kranken es sind, welche die Analyse führen. FREUD begnügt sich damit, zu registrieren und von Zeit zu Zeit den Kranken auf die sich ergebenden Zusammenhänge aufmerksam zu machen. Ist die Deutung unrichtig, so gelingt es nicht, sie dem Kranken aufzunötigen; ist sie richtig, so ist der durchschlagende Erfolg beim Kranken sofort ersichtlich, was sich im ganzen Benehmen sehr deutlich ausdrückt und schließlich auch im therapeutischen Erfolg zutage tritt."

Aus dem Verhalten der Kranken während der Analysen zog FREUD nun einen theoretischen Schluß. Da er die Patienten bei den Stockungen der Reproduktion drängen, einen Widerstand bei ihnen überwinden, ihnen ihre Einfälle gewissermaßen abringen mußte, schloß er auf eine Kraft oder einen Mechanismus, der die Einfälle zurückhielt. Er bildete sich die Theorie, daß er durch seine psychische Arbeit eine psychische Kraft bei den Patienten zu überwinden habe, die sich dem Bewußtwerden (Erinnern) der pathogenen Vorstellungen widersetze. Es war eben die „Verdrängung" der „Abwehrhysterie", auf welche aus dem kennzeichnenden Gebaren der Kranken geschlossen wurde. So wurde die Lehre vom „Widerstand" eine der charakteristischen Stützen seiner Anschauungen.

FREUD blieb nicht bei der Theorie der Hysterie stehen. Er suchte vielmehr die neugewonnenen Auffassungen für die Erkenntnis eines größeren Kreises pathologischer Erscheinungen zu verwerten. Mit dem Namen der „Abwehrneuropsychosen" suchte er zu kennzeichnen, daß das Prinzip der Verdrängung auch für das Verständnis weiterer neurotischer Phänomene nutzbar zu machen sei. Auch bei ihnen sollten außerdem sexuelle Anomalien eine ausschlaggebende Rolle spielen. Bei normaler vita sexualis — so lautet einer der fundamentalen Sätze FREUDS — ist eine Neurose unmöglich. Insbesondere sollte alle krankhafte Angst sexuellen Ursprungs sein. Aber während die einfachen Neurosen (Neurasthenie, Angstneurose) direkt auf sexuelle Schädigungen (jene auf Masturbation, diese auf Coitus interruptus u. dgl.) zurückzuführen sein sollten, spielte nach der Ansicht FREUDS bei der Zwangsneurose ein ähnlicher Mechanismus der Verdrängung wie bei der Hysterie. Auch bei der Zwangsneurose sind frühzeitige sexuelle

Schädigungen dagewesen, deren Erinnerung verdrängt worden ist. Leitete jedoch bei der Hysterie der Mechanismus der Konversion die freigewordene Affektenergie in körperliche Bahnen, so fehlt bei den Individuen, die an Zwangsvorstellungen leiden, die Eignung zur Konversion. Der von der pathogenen Erinnerung abgetrennte freigewordene Affekt muß auf psychischem Gebiet verbleiben und hängt sich an andere Vorstellungen an, die eigentlich mit diesem Affekt gar nichts zu tun haben. Diese Vorstellungen bilden dann die Zwangsgedanken. Später hat Freud diese Auffassung noch etwas modifiziert. Die Zwangsvorstellungen sind danach verwandelte, aus der Verdrängung wiederkehrende Selbstvorwürfe, die sich immer auf eine sexuelle, mit Lust ausgeführte Aktion der Kinderzeit beziehen. Zwangsneurose und Hysterie unterscheiden sich nach dieser letzteren Ansicht nicht nur durch den Mechanismus der Verwertung der „Erregungssumme", sondern auch durch die Art der pathogenen Schädigungen. Bei der Hysterie bedingte passives Erleiden von sexuellen Angriffen, bei der Zwangsneurose sexuelle Aktivität, mit Lust ausgeführte Aggression den eingeklemmten Affekt. — Auch bei den Zwangszuständen sollte nach Freud die Aufdeckung der ätiologischen Geschehnisse und ihre Vereinigung mit dem bewußten Erleben völlige Genesung bringen.

Das Prinzip der Abwehr und die Mechanismen, in welchen diese wirkte, erschienen zu allgemeingültig, als daß sie nur für das Verständnis der Psychoneurosen hätten verwertet werden sollen. Freud selbst ist es gewesen, der schon in den ersten Stadien der Entwicklung seiner Lehre (1894, 1896) den kühnen Versuch machte, auch die Psychosen unter den Gesichtspunkten zu verstehen, die sich ihm für das Studium der Hysterie und der Zwangsvorstellungen fruchtbar erwiesen hatten. Auch für die „Paranoia" gibt nach der Meinung Freuds das Prinzip der Verdrängung den Schlüssel zu einem wirklichen Verständnis. Auch sie ist eine Abwehrpsychose. Bietet das Leben unlösliche Konflikte, so existiert noch eine „weit energischere und erfolgreichere Art der Abwehr" als jene, die wir bei der Hysterie und Zwangsneurose kennen gelernt haben. Sie besteht darin, daß das Ich die unerträgliche Vorstellung mitsamt ihrem Affekt verwirft und sich so benimmt, als ob die Vorstellung nie an das Ich herangetreten wäre. Gelingt das, so haben wir als Ergebnis die Geistesstörung. Der Mensch flüchtet in die Psychose, um, wie Jung sagt, im Traumdelir der Krankheit das zu finden, was das Leben ihm versagte. „Das ganze Heer der gebändigten Gedanken wird entfesselt" (Jung) und verdrängte Vorstellungen leben sich als Halluzinationen und Wahnideen aus. Auch im Wahn ist somit im Grunde alles sinnvoll motiviert, es muß uns nur gelingen, die Bahnen zu finden, welche zu dem ursprünglichen Quell aller Konflikte und Verwirrungen führen. Der Wahn ist Wunschtraum. Solche Gedanken haben später Bleuler und Jung und ihre Nachfolger für das Verständnis der Geistesstörungen, in erster Linie der Dementia praecox, nutzbar zu machen gesucht.

Scheint es zu gelingen, so unverständliche und zunächst sinnlos anmutende Erscheinungen wie Wahnideen und Sinnestäuschungen als vernünftig begründet nachzuweisen, gewissermaßen rational zu machen, so liegt es nahe, diese Betrachtungsweise auch auf Erscheinungen des normalen Lebens auszudehnen. Ist die Psychose ein Wunschtraum, wie steht es dann mit dem Traum des Alltags? Auch diese Frage hat FREUD in eingehender Weise behandelt. Die Antwort, welche sein Buch über die Traumdeutung gibt, ist besonders wertvoll, weil FREUD hier zum ersten Male genauere Einblicke in seine eigenartige Methode gewährt, weil die Traumdeutung Vorschule der Psychoanalyse neurotischer Symptome ist. — Ausgangspunkt für die Deutungen unserer Träume ist nach FREUD das, was wir von den Träumen wissen, was wir von ihnen erinnern, der „manifeste Trauminhalt", wie FREUD sagt. Es ist das ein sehr fragmentarisches Gefüge von visuellen und andersartigen Vorstellungen, vermischt bisweilen mit Denkvorgängen und Affektäußerungen. Diese Traumerinnerung ist häufig absurd und verworren und steht unserem Seelenleben als etwas Fremdes gegenüber. Allein auch hier gibt uns das bewußte Leben nicht die Wirklichkeit des seelischen Geschehens. Es läßt sich zeigen, daß der so sonderbare manifeste Trauminhalt regelmäßig verständlich gemacht werden kann als die verstümmelte und abgeänderte Umschrift gewisser korrekter psychischer Bildungen, die den Namen „latente Traumgedanken" verdienen. Man verschafft sich die Kenntnis derselben, indem man den manifesten Trauminhalt ohne Rücksicht auf seinen scheinbaren Sinn in seine Bestandteile zerlegt und dann die Assoziationsfäden verfolgt, die von jedem der nun isolierten Elemente ausgehen. Diese verflechten sich miteinander und leiten endlich zu einem Gefüge von Gedanken, welche nicht nur völlig korrekt sind, sondern auch leicht in den Zusammenhang unserer seelischen Vorgänge eingereiht werden. Vergleichen wir den erinnerten manifesten Trauminhalt mit den durch die Analyse gefundenen Traumgedanken, so ergibt sich uns der Begriff der „Traumarbeit". Diese Arbeit ist die „Summe der umwandelnden Vorgänge", welche aus den uns wohl verständlichen latenten Traumgedanken den uns so fremd anmutenden manifesten Trauminhalt schufen. Der Sinn und die Bedeutung dieser Traumarbeit wird uns klar aus jenen Einsichten in das Seelenleben, welche uns die Analyse der Neurosen und Psychosen bereits eröffnet hat.

Auch der Traum ist Wunschdelir, und er leistet als solches in viel milderer und nachhaltiger Form Ähnliches, wie es die Neurose und Geistesstörung in zugleich zerstörender Weise vollbringen. Auch er löst die Konflikte, die unser Leben bedrücken und verwirren. Dieser Konflikte ist unser Leben Tag für Tag voll; da verflechten sich in uns unzählige Wünsche, denen Erfüllung nicht werden kann, die nicht erledigt, sondern verdrängt sind, und welche wir am Schlusse unserer Tagesarbeit als „Tagesrest" hineinnehmen in den Schlaf. Hier ersteht dieser unerledigte Rest zu neuem Leben, der Traum nimmt die Konflikte, die unerfüllbaren Wünsche, auf und bringt Lösung und Erfüllung. Und er bringt diese nicht nur in blassen Gedanken, sondern in lebendiger Wirklichkeit. Aus jedem „o möchte doch“ wird ein „es ist“, und zwar in voller sinnlicher Daseinskraft. Das ist die Verwandlung der Gedanken in die Wahrnehmungsbilder der halluzinatorischen Traumdarstellung, die „Regression der Traumarbeit“, wie FREUD sagt.

Allein in dieser Regression kann die Wunscherfüllung nicht einfach und unverhüllt dargestellt werden. Die „Zensur“ der Verdrängung, welche im wachen Leben herrscht, ist auch im Schlaf nicht aufgehoben. Sie bedingt es, daß die latenten Traumgedanken nur in entstellter, veränderter Form im Traum auftreten können. Durch die „Traumverschiebung“ wird gerade das in den Vordergrund der Traumdarstellung geschoben, was eigentlich (in den latenten Traumgedanken) nur unwesentlich war, und nun als Symbol für Wichtigeres dient. Der Traum gibt ferner jenen verborgenen Inhalt nur in ganz außerordentlicher Zusammendrängung oder „Verdichtung“ wieder, so daß jedes Element des Traumes „überdeterminiert“ ist, einem Knoten- und Kreuzungspunkt für die Traumgedanken entspricht. Diese Veränderungen sind Ursache davon, daß der Traum dem wachen Leben so fremd erscheint, und daß erst die Analyse der Verflechtungen und die Deutung der Symbole den wahren Inhalt aufdeckt. Und aus diesem Grunde zugleich ist die Traumdeutung die beste Vorübung für das Verständnis der Neurosen und Psychosen.

Erschien der Traum als ein wohlverständliches, vernünftiges Ganzes, welches immer in gesetzmäßiger Weise mit der Gesamtheit des bewußten wie des unbewußten Lebens zusammenhing, so lag es nahe, auch weitere Erscheinungen in ähnlicher Weise begreifen zu wollen, welche wir bisher nur als mehr oder minder zufällige Entgleisungen, als momentane Verdunkelungen gewissermaßen unseres bewußten und vernünftigen Lebens zu betrachten gewohnt waren. Auch die „Psychopathologie des Alltagslebens“ wird uns durchsichtig, wenn wir die Prinzipien der Analyse und der Deutung, welche sich uns für das Verständnis der Psychoneurosen und des Traumes bewährt haben, auf diese uns zunächst ebenso gleichgültig wie unverständlich erscheinenden Dinge anwenden. Wir erfassen dann, daß diese gewöhnlich als bloße Unzulänglichkeiten unserer psychischen Leistungen angesehenen Ereignisse, wie das Vergessen, das Versprechen und Verschreiben, das Vergreifen und andere Fehlhandlungen in ihrem Kern wohl motiviert und durch dem Bewußtsein unbekannte Gründe determiniert sind. Sie sind meist als Symptomhandlungen auf verdrängtes Material zurückzuführen und werden als Symbole für bedeutungsvolle Tatbestände des Unbewußten verständlich. So führt uns die psychoanalytische Methode von den vernichtenden Störungen der Geisteskrankheit zu den alltäglichsten Erscheinungen des Alltags und deckt uns überall dieselben Gesetze des Geschehens auf. Bedeutungsvolle Ereignisse, die mit dem bewußten Leben nicht verträglich sind, Affekte, die in ihm nicht erledigt werden können, bestimmen den Traum, die Neurose und Psychose. In einer Verkleidung leben sich die verdrängten und unterdrückten Komplexe in diesen dem Bewußtsein fremden und unverständlichen Erscheinungsreihen aus; und in der Gewohnheit des Tages machen uns überall Symptomhandlungen und Erscheinungen auf das im Unbewußten lagernde Material aufmerksam.

Mit diesen Umrissen ist die Lehre Freuds in einer Gestaltung gekennzeichnet, wie er sie selbst in dem ersten Teil seiner Entwicklung vertrat, und wie sie auch heute noch Anhänger besitzt. Es ist die weiter ausgebildete Lehre von dem Gewicht der akzidentellen Momente, welche schon Breuer und Freud so eindringlich lehrten. Die bedeutungsvollen Gemütserschütterungen, die Traumata bestimmen unser Leben; sie bilden jene neben dem Bewußtsein herlaufende, aber unser eigentliches Wesen am treuesten spiegelnde Seite unseres Seins, welche nur unter dem Schleier der psychopathologischen oder andersartigen Entstellungen ans Tageslicht treten kann. Dem Akzidentellen, dem Erlebten gegenüber tritt die Disposition an Bedeutung für die Entstehung abnormer Erscheinungen in den Hintergrund. Sie wird zwar zugestanden, weil ja auch die Gesunden häufig ähnliche Traumata aufweisen können wie die Kranken, sie spielt aber im ganzen eine untergeordnete Rolle. Das Erlebnis macht die Neurosen, ebenso wie seine Aufdeckung zur völligen Heilung führt.

Freud selbst ist in seiner weiteren Entwicklung noch einen wesentlich andern Weg gegangen. Manche seiner Anhänger haben diesen nicht mitmachen wollen und befremdlich gefunden, weil zunächst sonderbar anmutende Ergebnisse gezeitigt wurden. Gewiß sehr mit Unrecht, denn die Fortbildung der Lehre Freuds ist konsequent genug, und man kann sich ihr kaum entziehen, wenn man seine Methode anerkennt. Die ersten Keime dieser Weiterbildung sind schon in den Anfängen der Hysterielehre nachzuweisen. Schon früh betonte Freud nicht nur das Sexuelle am Traumatischen, sondern auch das Infantile. Das mußte geschehen, wenn das Trauma wirklich die Hysterie erklären sollte, nicht nur das Einzelsymptom. Ein infantiles Trauma konnte mit größerer Wahrscheinlichkeit eine solche Bedeutung in der Entwicklung des Individuums beanspruchen, daß man von einer wirklich ausschlaggebenden Rolle des akzidentellen Moments neben dem dispositionellen der Anlage sprechen konnte. Solche infantilen Traumata glaubte nun Freud überall bei seinen Kranken nachgewiesen zu haben. Daß er sich hierin geirrt hat, hat er später freimütig bekannt; die Erinnerungstäuschungen der Kranken hatten ihn Phantasien für wirkliche Tatsachen nehmen lassen. Wohl nicht nur wegen dieser Einsicht fiel die Betonung des traumatischen Moments fort, sondern auch abgesehen davon mag, wie aus manchen Äußerungen zu ersehen ist, eine Erkenntnis der Unhaltbarkeit des früheren Standpunktes und eine Mehrschätzung der Konstitution sich angebahnt haben. Jedenfalls wird nunmehr für Freud diese letztere allein ausschlaggebend, allerdings nicht einfach gleichgesetzt mit der üblichen neuropathischen Belastung, sondern in der besonders bestimmten Bedeutung der sexuellen Konstitution.

Die sexuelle Konstitution, die infantile Sexualität und ihre Entwicklung wird jetzt der letzte Grund aller Neurosen. Wie diese Entwicklung sich normaler- und pathologischerweise abspielt, suchten die „drei Abhandlungen zur Sexualtheorie“ darzutun.

Gestützt auf die Erfahrungen seiner Analysen sucht FREUD hier eine Darstellung der sexuellen Entwicklung des Kindes zu geben: wie sie normal verläuft, wie sie zu Verirrungen und zur Neurose führt. Ursprünglich ist nach FREUDS Anschauungen das Kind „polymorph-pervers“: es hat mannigfache Arten der Sexualbetätigung, welche FREUD im einzelnen kennzeichnet (mechanische Erregung der Genitalien, Schaukeln, Wiegen, „Ludeln“, Reizungen des Afters durch den Kot u. a. m.). Im Laufe der Entwicklung kommt es nun zu einer allmählichen Ausschaltung der verschiedenen Arten der geschlechtlichen Betätigung und zu einer Zusammenfassung der Neigungen in einer bestimmten Richtung, die normalerweise zu dem Streben nach dem regulären Begattungsakt führt. Zwei Mechanismen spielen bei dieser Entwicklung eine besondere Rolle; der eine ist die „Sublimierung“ und bedeutet die Verwendung ursprünglich sexueller Energien für höhere soziale Ziele; den andern Weg der Beseitigung unlustvoll und ekelhaft gewordener sexueller Partialtriebe bezeichnet FREUD wiederum in Weiterführung seiner früheren Lehren als „Sexualverdrängung“.

Von Wichtigkeit sind Vorgänge, welche in der späteren Kindheit auftreten sollen und welche von FREUD und seiner Schule mit besonderer Sorgfalt behandelt worden sind. Während der Säugling und das kleine Kind nur ganz tief stehende Äußerungen der Sexualität besitzen, kommt es in der späteren Kindheit zur Bildung von Sexualzielen und zu einer primitiven Objektwahl. Diese Wahl des Kindes richtet sich auf die mit ihm umgehenden, ihm nahestehenden Personen, im wesentlichen die nächsten Angehörigen. So geschieht es, daß der kleine Knabe seine Mutter und Schwester, das kleine Mädchen seinen Vater und Bruder erotisch „liebt“. Aus der gleichen erotischen Einstellung heraus haßt und beneidet das Kind dieser Entwicklungsstufe den gleichgeschlechtlichen Teil seiner Angehörigen. Also der kleine Knabe liebt nach dieser Lehre die Mutter, haßt den Vater als Nebenbuhler und möchte ihn aus dem Wege räumen. Er ist in Wirklichkeit ein kleiner Ödipus, welch letzterer ja auch seine Mutter geheiratet und seinen Vater umgebracht hat. Andererseits bestehen, nach der dargelegten Anschauung, im Kinde in diesem Entwicklungsabschnitt noch „polymorph-perverse“ Neigungen. So liebt also der Knabe nicht nur seine Mutter, sondern auch, infolge noch nicht genug ausgestalteter homosexueller Komponenten zugleich seinen Vater, den er doch als seinen Nebenbuhler haßt. Dadurch entstehen sehr peinvolle, verworrene Verhältnisse, „Konflikte der kindlichen Seele", wie sie JUNG genannt hat. Die normalen Menschen müssen diese Konflikte gleichfalls durchmachen, auch sie haben ihre „Ödipuskomplexe". Auch bei ihnen ruht dieses ganze Wirrsal von Strebungen der Liebe und des Hasses, der „Inzesthandlungen" der „primitiven Objektwahl", welche die kindliche Persönlichkeit heimsuchen, verdrängt im Unterbewußten. Nur der Traum, die Fehlhandlungen des Alltags, Züge der Liebeswahl nach abgeschlossener Entwicklung (die Erinnerungen an Vater und Mutter kehren hier unbewußt bestimmend wieder), ebenso wie die seelischen Anomalien geben gelegentlich von dem im Unbewußten niedergelegten bedeutungsvollen Geschehnissen Kunde.

Von der hier gezeichneten normalen Entwicklung können nach FREUD Abweichungen eintreten. Es kann die Zusammenfassung der Partialtriebe zu dem normalen Geschlechtstrieb nicht gelingen; wir erhalten dann die Perversionen. Oder aber es wird zu viel und doch ungenügend verdrängt. Zu viel insofern, als auch Betätigungen, welche zum normalen Geschlechtsleben gehören, unmöglich gemacht werden; und ungenügend insofern, als die Libido aus der Verdrängung heraus in abnormer Weise zur Erscheinung kommt. Das Resultat dieses Prozesses ist „das Negativ der Perversion", die Neurose. Das Charakteristikum dieser ist es somit, daß die sexuelle Erregung sich nicht normal ausgleichen kann, weil die Sexualität verdrängt ist. Es tritt ein Konflikt ein zwischen Libido und Verdrängung und die sexuelle Betätigung geschieht unter einer Maske. „Wer die Sprache der Hysterie zu deuten versteht, kann vernehmen, daß die Neurose nur von der verdrängten Sexualität der Kranken handelt." Die Symptome sind Symbole für die Sexualbetätigung der Kranken. Insbesondere sind es die verdrängten Erinnerungen des Ödipuskomplexes, welche das neurotische Geschehen bestimmen.

Wichtig ist aber, daß FREUD von nun ab den Vorgang der Sexualverdrängung nicht mehr rein psychologisch als Abwehr faßt. Die Verdrängung ist jetzt für ihn zugleich ein organischer Vorgang geworden, der in chemischen Prozessen des Sexualstoffwechsels seine letzte Ursache hat.

Die späteren Schriften FREUDS und seiner Schule haben nach diesen einschneidenden Modifikationen seiner Lehren umstürzendes Neues nicht mehr gebracht. Die jüngsten Arbeiten („Jenseits des Lustprinzips", „Das Ich und das Es"), die wohl umstürzend wirken könnten, tragen vorläufig einen mehr „metapsychologischen" Charakter, zeigen ein Ringen mit letzten Fragen der Weltanschauung, scheinen aber eine praktische Auswirkung noch nicht erlangt zu haben. Im großen Ganzen sucht die reiche psychoanalytische Literatur an Beispielen die Richtigkeit der Anschauungen FREUDS zu beweisen, ebenso wie einen Einblick in die psychoanalytische Methodik zu gewähren. Besondere Anwendung erstreben ferner psychoanalytische Gedanken auf dem Gebiet der Völkerpsychologie. Mythische Kultgebräuche Primitiver, aber auch die künstlerischen Leistungen und die Weltanschauungen der

Kulturvölker werden unter Berücksichtigung der Gesetze des verdrängten Unbewußten zu verstehen gesucht. Angefügt sei, daß in den Lehren FREUDs und seiner Anhänger bei der hier angedeuteten Entwicklung nicht nur von Sexualität, sondern auch von Erotik gesprochen wird, wobei dieser letztere Begriff allerdings reichlich unbestimmt bleibt. Indem so die Beziehungen zwischen Sexualität und Erotik nicht eingehender geklärt werden, wirkt es vielleicht auf den ersten Blick weniger absurd, wenn behauptet wird, daß erotische Begehrungen nicht nur verdrängt oder normal befriedigt, sondern auch zur Triebkraft andersartiger Betätigungen, und zwar solcher von höchstem Werte, werden können. Religiöse Inbrunst, Taten der Selbstopferung für die Menschheit, Betätigungen der Phantasie in Kunst und Dichtung sollen einer verwandelten, letzten Endes aber doch als Sexualität gedachten Erotik entspringen können. Das ist der schon genannte Vorgang der Sublimierung der Sexualität nach FREUD. Mit der Tatsache der Sublimierung ist nach FREUD auch ein Weg der Heilung der Neurose aufgewiesen. FREUD hat freilich in der Psychoanalyse von ihren „kathartischen" Anfängen ab die Überzeugung vertreten, daß das Aufdecken des konfliktreichen Unbewußten zugleich heile. Aber er ist doch nicht an der Frage vorübergegangen, was denn mit den sexuellen Energien geschehe, wenn die verdrängten Komplexe an das Tageslicht gebracht worden sind. FREUD hat sich „wilden" Psychoanalytikern gegenüber energisch dagegen verwahrt, daß die Lösung der Verdrängung einfach als ein schrankenloses „Sichausleben" verstanden werden dürfe. Eine besondere Aufgabe solleben hier auch die Sublimierung übernehmen. Aber abgesehen von diesem Verwandlungsvorgang will FREUD auch noch eine andere Erledigung verdrängter Triebe betätigt sehen. Man erkenne die Verdrängung pathogener Regungen als zu Recht bestehend an, ersetze aber den automatischen und darum unzureichenden Mechanismus der Verdrängung durch eine Verurteilung mit Hilfe der höchsten geistigen Leistungen des Menschen; man erreiche seine bewußte Beherrschung.

Den dritten der möglichen Ausgänge sollen wir nach FREUD gleichfalls nicht aus den Augen verlieren. Ein gewisser Anteil der verdrängten libidinösen Regungen habe ein Anrecht auf direkte Befriedigung und solle sie im Leben finden. Wir sollten uns nicht so weit überheben; daß wir das ursprünglich Animalische unserer Natur völlig vernachlässigten; dürften auch nicht dieses vergessen, daß die Glücksbefriedigung des einzelnen nicht aus den Zielen unserer Kultur gestrichen werden könne.

2. Zur Kritik der Psychoanalyse.

Wir vergegenwärtigen uns noch einmal in einem Überblick die wesentlichsten Züge der Lehre FREUDs. Seine Psychologie wird gekennzeichnet durch eine eigenartige Auffassung des Unbewußten, welches für ihn, wie ja auch für andere Psychologen, eine ganz ausschlaggebende Bedeutung für das seelische Geschehen gewinnt. Allein Freuds Auffassung hat noch eine ganz besondere Färbung. Das Unbewußte ist ihm zugleich das Bewußtseinsunfähige, das Verdrängte, und dabei seinem Inhalte nach das Sexuelle. In der früheren Gestalt der Lehre waren es einzelne, mehr vom Zufall abhängige Erlebnisse oder Ketten solcher, welche, im Unbewußten deponiert, bestimmenden Einfluß auf unser bewußtes Leben gewinnen sollten, nunmehr soll nach der Auffassung Freuds ein ganzer Entwicklungsgang mit Notwendigkeit zum großen Teil einer solchen Verschiebung ins Unbewußte anheimfallen. Konstant geblieben ist aber Freud jene Anschauung, daß unser Bewußtsein nur einen kleinen Ausschnitt des wirklichen seelischen Geschehens spiegelt, daß es fragmentarisch, skizzenhaft, karrikiert anmutet, wenn wir nicht jene unbewußten Reihen kennen, die mit ihm in Zusammenhang sind und die eigentliche Ursache des bewußten Geschehens bilden. Kennen wir diese aber, so haben wir den Schlüssel für die Rätsel, welche das bewußte Leben oft bietet; der Einblick in das Unbewußte, das Verdrängte, löst sie uns alle auf. Es gibt keine Rätsel für den, dem es gelingt, das Unbewußte aufzudecken, weil es überhaupt nichts Rätselhaftes, Verkehrtes, in sich Widerspruchsvolles auf seelischem Gebiete gibt. Sind wir imstande, die zugehörigen Ketten im Unbewußten zu finden, so erweist sich uns auch das scheinbar Absurde nicht nur als notwendig bedingt, sondern auch als sinnvoll begründet, als vernünftig und zweckmäßig. Es verschwinden die Irrationalitäten des Lebens: Neurose, Traum und Wahn decken nur mit einer Maske Ziel und Sinn. Und damit erhält diese Auffassung des Unbewußten noch einen kühneren und weitgehenden Zug. Neurose, Traum und Wahn werden verständlich als Hilfsmittel in den Konflikten des Lebens, die restlos zu lösen niemand vermag. Sie rücken unter diesem Gesichtspunkt in die Nähe von Weltanschauung und Religion, und erweisen sich, wenn auch für das Individuum nicht dauernd nützlich, so doch nicht weniger wirksam als jene. So ist es also ein ganz umfassender Einblick in die menschliche Seele und ihre letzten Ziele, zu der uns die psychoanalytische Methode zu führen vermeint.

Man wird sich dem Eindruck dieser Gedanken gewiß nicht entziehen, man wird die eigenartige Größe, welche in den Anschauungen Freuds enthalten ist — trotz des Beiwerks, das sie allzuoft entstellt — bewundern dürfen und würde sich vielleicht bei diesem Eindruck beruhigen können, wenn Freud nichts hätte geben wollen als Annahmen ganz allgemein psychologischer Art oder Ideen als Grundlage einer Weltanschauung.

Freud tritt aber mit andern Ansprüchen an uns heran. Er behauptet bestimmte, umgrenzte, empirische Probleme behandelt und gelöst, und eine Fülle von neuen Einzeltatsachen zutage gefördert zu haben, alles das mit einer von ihm geschaffenen empirischen Methode, ohne welche die von ihm gewonnenen Einsichten nicht zu erhalten seien. Diesen Ansprüchen gegenüber wird eine Prüfung notwendig sein, wie sie auf dem Gebiet der Erfahrungstatsachen üblich und erprobt ist.

Eine solche Prüfung und Kritik kann sich nach den in den Erfahrungswissenschaften geltenden Grundsätzen auf verschiedene Seiten der zu prüfenden Behauptungen beziehen. Zu werten ist sowohl die Methode, welche der Untersucher angewendet hat, als die Einzeltatsachen, die er behauptet. Ist die Methode einwandfrei, so besteht die Kritik einfach in einer Nachprüfung. Ist die Methode hinfällig, so sind auch die behaupteten Tatsachen unbewiesen, sie können bestenfalls als ein irgendwie intuitiv Erfaßtes Geltung behalten.

So werden wir auch bei FREUD sowohl die von ihm behaupteten Tatsachen als die Methodik, mittels welcher er sie gefunden hat, kritisch zu prüfen haben. Die Tatsachen sind jedoch wieder nach mehreren Richtungen zu sondern. Es sind einmal solche, welche wir in ihrer Gesamtheit als die letzten Gründe der Neurose bezeichnen können — diese sind nach FREUDS heutiger Auffassung zu suchen in der infantilen Sexualität und ihrer Entwicklung. Es sind ferner unter die zu prüfenden Tatsachen zu begreifen die Gesetzmäßigkeiten der Veränderungen, welche FREUD gefunden zu haben angibt; das sind die FREUDschen Mechanismen, die vor allem Traum und Neurosen bestimmen. Hier haben wir gleichfalls mehrere Teile festzuhalten, und zwar die Lehre von der Verdrängung auf der einen, die von der Determination (Konversionstheorie, Determination durch Symbole im eigentlichen Sinne) auf der andern Seite.

Bei der Prüfung der Methode endlich, auf Grund welcher FREUD zu seinen Anschauungen gekommen ist, werden auseinander zu halten sein: die Psychoanalyse im engeren Sinne und die sich an sie anschließenden Deutungsverfahren.

Wir setzen somit die einzelnen von der Kritik zu berücksichtigenden Punkte nebeneinander:

1. Die Lehre von der infantilen Sexualität.
2. Die FREUDschen Mechanismen (Verdrängung, Determination [Konversion, Bestimmung durch Symbole]).
3. Methode der Aufdeckung (Psychoannalyse, Deutung).

Voraussetzung für Nr. 2, die Lehre von den Mechanismen, ist jene eigenartige Anschauung vom Unbewußten, welche bereits gekennzeichnet wurde. Diese aber, wie alles Inhaltliche der Lehre überhaupt, beruht, wenigstens soweit sie erfahrungswissenschaftliche Geltung beanspruchen kann, letzten Endes auf der angewendeten Methodik. Der Methodik wenden wir uns somit in erster Linie zu. Das psychoanalytische Verfahren FREUDS besteht zunächst nur in einem zwanglosen Assoziieren. Das Assoziieren soll wirklich zwanglos sein, keine Richtung wird vorgeschrieben, ausdrücklich wird eingeschärft, daß auch alles bedeutungslos Erscheinende ausgesprochen werden soll. Den Assoziationsablauf konstelliert also, wie für die meisten Fälle angenommen werden darf, in erster Linie die bedeutungsvolle Situation, in welcher der Kranke sich befindet. Nun tritt als Fundament für alle weiteren Schlüsse und methodischen Maßnahmen das Phänomen der Lücken auf; der Untersucher muß drängen, damit weitere Einfälle kommen. FREUD schließt aus dieser Erscheinung auf Widerstand und Verdrängung. Das, was nach der Stockung kommt, ist nach seiner Ansicht gerade besonders bedeutungsvoll, und schließlich gelangen wir in immer weiterer Häufung der Einfälle zu einer alles erklärenden letzten Erinnerung. Als kürzestes und instruktivstes Beispiel für das Verfahren kann auf das viel zitierte Vergessen des „aliquis" in „exoriar aliquis etc." hingewiesen werden. Der Tatbestand ist folgender: FREUD will in einer Unterhaltung die Geltung seiner Erklärungsprinzipien demonstrieren. Der Partner kann das Wort „aliquis" des ihm sonst sehr geläufigen Verses nicht reproduzieren. Das Gespräch hat vorher die Unterdrückung der Rasse des Sprechenden behandelt; im Zusammenhang damit wurde der Vers zitiert. FREUD läßt nun zwanglos assoziieren. Die Reihe der gebrachten Einfälle führt von aliquis über a-liquis, Reliquien, eine Anzahl von Heiligen zum Blutwunder des St. Januarius, von da zur Periode der Geliebten. Auch hier ist Überwindung von Widerstand nötig, um die wichtigste Assoziation, die Erinnerung an das Ausbleiben der Periode der Geliebten herauszubringen. Diese wird als für das Vergessen ätiologisch angesehen.

Es muß durchaus auf die Fragwürdigkeit dieses Verfahrens — das in dem kurzen Beispiel genau dasselbe ist, wie in komplizierteren Analysen — aufmerksam gemacht werden. Es ist tatsächlich nicht im entferntesten einzusehen, aus welchen Gründen das unter Widerstand zutage geförderte Glied gerade für das zu erklärende Symptom bedeutungsvoll, geschweige denn gar ätiologisch sein soll. Nicht nur, daß es eine unbewiesene Unterstellung ist, daß überhaupt auf diesem Wege das ätiologische Moment getroffen werden müsse; selbst wenn es so wäre, so wird nicht gezeigt, was der Untersucher für ein Kriterium in der Hand hat, das ätiologische Glied, wenn es etwa erscheint, als solches zu erkennen. Assoziiert werden kann natürlich ohne Ende, immer weiter fort, und wir haben zunächst außer dem Widerstand gar kein Kennzeichen, das uns unsere Annahme, das Ätiologische gefunden zu haben, sichern oder kontrollieren hülfe. Der Widerstand selbst kann nicht als eindeutiges Kontrollmittel angesehen werden; er kann die verschiedensten Gründe haben. Selbst wenn es also eine Verdrängung im Sinne FREUDS geben sollte, so hat dieser uns kein Hilfsmittel gezeigt, mit welchem sie festgestellt werden könnte, da wir die verschiedenen Arten der „Stockungen" nicht voneinander zu sondern vermögen. FREUD freilich behauptet einfach: „Was immer die Fortsetzung der Arbeit stört, ist ein Widerstand" im Sinne der Verdrängung. Wer jedoch nur ein wenig auf dem Gebiet der Assoziation und Reproduktion experimentiert hat, wird dieser Behauptung auf das entschiedenste widersprechen müssen; und auch JUNG will nur die Mehrzahl der Fälle oder einen beträchtlichen Prozentsatz von Assoziationsbehinderungen als Komplexwirkungen aufgefaßt wissen. In der Tat gibt es in einem solchen Fall wie dem oben zitierten (der für eine große Zahl von ähnlichen typisch ist) keine andere Prüfungsquelle als das Gutdünken. Es wird da angehalten bzw. jenes Glied der Kette wird als ätiologisch angesehen, das sich als solches in den ganzen Rahmen fügt, das zu „passen" scheint. Es gibt in dem ganzen Verfahren, wenigstens in solchen Fällen wie dem eben zitierten, kein anderes Kontrollmittel als den Widerstand, der seinerseits wieder erst beweisen soll, daß Verdrängung überhaupt stattfindet. Gewiß etwas viel für ein so wenig sicher zu deutendes Phänomen.

Nun scheint das Verfahren bei komplizierteren Fällen etwas zuverlässiger zu werden; man hat es bei solchen ja nicht nur mit einzelnen isolierten Ketten zu tun. Vielmehr findet man, je mehr Gedankenreihen man aufdeckt, um so mehr gemeinsame Knotenpunkte, in denen die Reihen zusammenlaufen; und es ist ja das Ziel der Psychoanalyse, einige wenige ätiologische Komplexe aufzudecken, welche alle fraglichen Erscheinungen erklären. Die Einschätzung eines jeden Knotenpunktes wird nun eine um so sicherere sein, je mehr Ketten er angehört, denen er als ätiologisch genügen muß. Diese Tatsache an sich ist zuzugeben, die Unsicherheit des Verfahrens aber trotzdem zu betonen. Brücken lassen sich zwischen den verschiedensten Vorstellungen unschwer herstellen. Freud selbst hat überdies in der „Traumdeutung" darauf hingewiesen, daß diese Knotenpunkte gewissermaßen Kunstprodukte sein könnten, insofern als man die frühere Gedankenkette noch in Erinnerung hat und darum bei der Analyse der zweiten Traumvorstellung leichter auf einzelne Einfälle stoßen wird, die auch mit den Einfällen aus der ersten Kette irgend etwas gemein haben. Allein man würde immerhin auf diesem Wege doch wenigstens einen hypothetisch gültigen Einblick in das Seelenleben gewinnen können, wenn man sich auf die bloße Registrierung der auftauchenden Vorstellungen beschränkte und nicht jene Hilfsmittel der Deutung hinzunehmen würde, welche wir in ihrer Haltlosigkeit alsbald beleuchten müssen.

Freud indessen sucht an jener Stelle der Traumdeutung, an der er sich selbst ähnliche Einwürfe, wie die eben erhobenen, macht, noch mit anderen Gründen sein Verfahren als ein wirklich beweisendes hinzustellen. Er weist (es handelt sich dort immer um den Traum) auf die Unwahrscheinlichkeit hin, daß so überraschende Verbindungen, wie man sie bei der Traumdeutung findet, nicht wirklich in im Unbewußten bestehenden Brücken ihren Grund haben sollten, „daß etwas, was den Traum so erschöpfend deckt und aufklärt, anders gewonnen werden könne, als indem man vorher hergestellten Verbindungen nachfährt". Er betont ferner, daß sein Verfahren bei den Neurosen durch den therapeutischen Effekt belegt wird, und meint endlich, daß das Problem, „wieso man durch Verfolgung einer sich willkürlich und ziellos weiter spinnenden Gedankenkette zu einem präexistenten Ziel gelangen könne", überhaupt völlig zu beseitigen ist. Es sei nämlich nachweisbar unrichtig, daß wir uns einem ziellosen Vorstellungsablauf hingeben, wenn wir unser Nachdenken fallen und die ungewollten

Vorstellungen auftauchen lassen. Es lasse sich zeigen, daß wir immer nur auf die uns bekannten Zielvorstellungen verzichten können, und daß mit dem Aufhören dieser sofort unbekannte — wie wir ungenau sagen: unbewußte — Zielvorstellungen zur Macht kommen, die dann den Ablauf der ungewollten Vorstellungen determiniert halten.

Es ist ganz offensichtlich, um zunächst die letzte Rechtfertigung abzuhandeln, daß Freud sich in ihr in einem ganz auffallenden logischen Zirkel bewegt. Hätte er irgendwie mit anderen Hilfsmitteln bewiesen, daß es eine Determinierung im Unbewußten, so wie er sie sich vorstellt, gibt, dann könnte er sein Assoziationsverfahren mit dieser Tatsache stützen; tatsächlich ist aber ein solcher Beweis nirgends von ihm erbracht, und es fällt also umgekehrt die ganze Anschauung von Determinierung und Überdeterminierung unweigerlich, sobald dies fortlaufende Assoziationsverfahren an sich nicht imstande ist, sie zu rechtfertigen. Bisher haben wir in Wirklichkeit nur eine einzige Tatsache gefunden: — die Lückenbildung —, alles übrige: Widerstand im Sinne der Verdrängung, Determinierung — sind bloße Annahmen.

Freud selbst hat später den Grundgedanken der Determinierung des Symptoms durch den angenommenen ätiologischen unbewußten Tatbestand für ein Vorurteil erklärt, welches erst durch die Untersuchungen Jungs und seiner Schüler als wissenschaftliche Tatsache dargetan sei. Diese wichtigen Ausführungen Freuds zu dieser Frage mögen hierhergesetzt werden[1]).

„Ich brachte eine hohe Meinung", so sagt er, „von der Strenge der Determinierung seelischer Vorgänge mit und konnte nicht daran glauben, daß ein Einfall des Kranken, den er bei gespannter Aufmerksamkeit produzierte, ganz willkürlich und außer Beziehung zu der von uns gesuchten vergessenen Vorstellung sei; daß er mit dieser nicht identisch war, ließ sich aus der vorausgesetzten psychologischen Situation befriedigend erklären. In dem behandelten Kranken wirkten zwei Kräfte gegeneinander, einerseits sein bewußtes Bestreben, das in seinem Unbewußten vorhandene Vergessene ins Bewußtsein zu ziehen, andererseits der uns bekannte Widerstand, der sich gegen solches Bewußtwerden des Verdrängten oder seiner Abkömmlinge sträubte. War dieser Widerstand gleich Null oder sehr gering, so wurde das Vergessene ohne Entstellung bewußt; es lag also nahe, anzunehmen, daß die Entstelllung des Gesuchten um so größer ausfallen werde, je größer der Widerstand gegen das Bewußtwerden des Gesuchten sei. Der Einfall des Kranken, der anstatt des Gesuchten kam, war also selbst entstanden wie ein Symptom; er war eine neue, künstliche und ephemere Ersatzbildung für das Verdrängte, und demselben um so unähnlicher, eine je größere Entstellung er unter dem Einfluß des Widerstandes erfahren hatte. Er mußte aber doch eine gewisse Ähnlichkeit mit dem Gesuchten aufweisen, kraft seiner Natur als Symptom, und bei nicht zu intensivem Widerstand mußte es möglich sein, aus dem Einfall das verborgene

[1]) Über Psychoanalyse, fünf Vorlesungen.

Gesuchte zu erraten. Der Einfall mußte sich zum verdrängten Element verhalten wie eine Anspielung, wie eine Darstellung desselben in indirekter Rede."

In dieser knappen Zusammenfassung legt FREUD also dar, wie sich ihm der Gedanke der Verdrängung und Ersatzbildung auf Grund der Tatsache der Lückenbildung und des Widerstrebens als Hypothese entwickelte. Das Hypothetische wird ausdrücklich und aufrichtig betont und unmittelbar vor dem zitierten Abschnitt steht ein Eingeständnis: „In diesem Stadium der Ratlosigkeit" (als bei dem Übergang von der kathartischen zur psychoanalytischen Methode sich auf das „Drängen" Einfälle einstellten, die nicht die richtigen, definitiven sein konnten) „klammerte ich mich an ein Vorurteil, dessen wissenschaftliche Berechtigung Jahre später durch meinen Freund C. G. JUNG in Zürich und seine Schüler erwiesen wurde. Ich muß behaupten, es ist manchmal recht nützlich, Vorurteile zu haben." Und dann folgt die nähere Darlegung dieses „nützlichen Vorurteils" in den zitierten Sätzen.

In Wahrheit hat JUNG das, was ihm hier zugeschrieben wird, nicht bewiesen. Er hat in verdienstlichen Untersuchungen, wie schon vor ihm MAYER und ORTH, auf die Verlängerung der Reaktionszeit im Assoziationsversuch durch Gefühlsprozesse hingewiesen. Von dieser Reaktionszeitverlängerung wird gewiß niemand ernstlich behaupten können, daß sie Verdrängung oder gar Determination im Sinne FREUDS beweise. Sie ist mehrfach auch bei Lustgefühlen beobachtet worden, wenn sie auch da nicht so erheblich war wie bei Unlust. Aber selbst wenn nur die unlustbetonten Assoziationen Reaktionszeitverlängerung zeigen würden, so wäre das noch keineswegs ein Beweis der Verdrängung im Sinne FREUDS. Unlustbetonte Komplexe könnten vor allem, wie PETERS gezeigt hat, von vornherein geringere Chancen für die Reproduktion infolge dauernder Vernachlässigung bzw. Aufmerksamkeitsabwendung haben, ein solcher Prozeß wäre aber keineswegs mit der Verdrängung FREUDS identisch.

Ein während der Reproduktion auftauchender Gefühlsprozeß kann einfach als Störung zeitverlängernd wirken. In einer Reihe von Fällen kann ferner an eine bloße Wirkung der Interessebetonung in dem Sinne gedacht werden, daß bei Reizworten, welche besonderes Interesse wecken, verschieden gerichtete Reproduktionstendenzen einander hemmen. Endlich muß auch einfache Verheimlichungstendenz in Betracht gezogen werden, ein Vorgang, bei welchem im allgemeinen der auftauchende Komplex keineswegs unbewußt bleibt. Überhaupt ist darauf hinzuweisen, daß häufig der Begriff der Verdrängung ein sehr unbestimmter ist, und daß oft auch einfaches Nichtsagenwollen unter ihn subsumiert zu werden scheint. Nimmt man das alles zusammen, so wird man nicht zweifeln, daß in der Tatsache der Reaktionsverlängerung durch Gefühle irgendein Beweis für die Existenz einer Verdrängung im Sinne FREUDS nicht enthalten ist.

Nicht viel anders steht es mit der Reproduktionsstörung JUNGS, sofern sie als „FREUDsches Vergessen" gedeutet werden bzw. dieses letztere beweisen soll. JUNG hat gefunden, daß bei der Wiederholung des Assoziationsversuchs mit der Aufgabe, die erstmals produzierten Assoziationen wieder zu nennen, gerade „Komplexassoziationen" besonders leicht vergessen werden. Dieses Vergessen wurde von ihm als Resultat einer Verdrängung gedeutet; allerdings hat er nicht den Anspruch erhoben, seinerseits durch den Ausfall des Reproduktionsverfahrens die Verdrängung erst bewiesen zu haben. Es soll nicht gegenüber diesem letzteren Anspruch, der ihm von FREUD zugeschoben wurde, darauf hingewiesen werden, daß die Resultate strittig sind und zum mindesten wohl von der Individualität der untersuchten Personen abhängig zu sein scheinen; auch wenn sie unbestritten wären, so wäre gegenüber ihrer Beweiskraft mit Bezug auf die Verdrängung Ähnliches zu sagen wie bei Erörterung der Bedeutung der Zeitverlängerung. Hier liegen gleichfalls Befunde vor, welche zeigen, daß auch schon bei lustbetonten Assoziationen die Reproduktionsstörungen größer werden. Und wenn man hiervon absieht, so ist festzustellen, daß die Fehlreproduktionen andere Gründe haben können als die Verdrängung. Als solche Gründe kommen zunächst wieder in Betracht die Störung durch den Gefühlsprozeß und die dadurch gesetzte Behinderung der Fixierung sowie die Tatsache, daß unlustbetonte Assoziationen aus andern Gründen (vgl. später) schwächere Reproduktionstendenzen haben können. Außerdem kann hier wiederum die bloße Interessebetonung als verursachend in dem Sinne betrachtet werden, daß, da interessebetonte Reizworte durch eine große Zahl von Reproduktionstendenzen charakterisiert sind, die Versuchsperson leicht vergessen kann, welche dieser Reproduktionstendenzen beim Assoziationsversuch verwirklicht wurde; überdies ist auch hier einfache Verheimlichungstendenz in Rechnung zu ziehen. Im letzten Falle würde es sich also nicht darum handeln, daß das Reaktionswort leicht vergessen wird, sondern, daß die Versuchsperson es nur häufig nicht wiederholen will. Ferner ist zu bedenken, daß infolge der Dissimulationsabsicht ja häufig nicht das zunächst einfallende Wort genannt worden war; es wäre leicht verständlich, wenn solche „Aushilfsworte" leichter vergessen würden als naheliegende Reizwörter (so: LIPMANN, O.: Die Spuren interessebetonter Erlebnisse).

Was nun endlich die Aushilfs- oder Ausweichreaktionen anlangt, die eigenartigen Entstellungen, Verflachungen, Zitate, Wortspiele, sprachlich-motorischen Assoziationen im weitesten Sinne usf., so kann gewiß keine Rede davon sein, daß hier der Assoziationsversuch einen Beweis der FREUDschen Lehre von Determination und Ersatzbildung geliefert habe. Es ist vielmehr nicht zu bezweifeln, daß in einem wesentlichen Teil der Fälle das Ausweichen durchaus bewußt und gewollt ist, und daß unter dem Einfluß eines störenden Komplexes — wie unter dem Einfluß einer andern Störung auch — die Bedingungen zur Verflachung gegeben sind.

Es ist endlich noch bei der Frage der Grundlagen der psychoanalytischen Methodik auf Ausführungen hinzuweisen, die RANSCHBURG im Anschluß an langjährige Untersuchungen zur Psychologie und Psychopathologie des Gedächtnisses gemacht hat. Er beschäftigt sich in diesen Darlegungen vorwiegend mit der Psychopathologie des Alltaglebens und kritisiert die FREUDschen Beispiele in ähnlichem Sinne wie es oben geschehen. Auch er hält es für völlig unbewiesen, daß im aliquis-Beispiel das vergessene Wort wegen des nachträglich bewußt gewordenen inneren Zwiespalts nicht erinnert worden sei und kommt nach eingehender Darlegung der für das Alltagsvergessen in Betracht kommenden Faktoren zum Ergebnis: er halte die Meinung, daß ein jedes oder fast jedes Vergessen als durch ein Unlustmotiv bedingt anzusehen sei, für eine durchaus falsche Darstellung der Sachlage, für einen verhängnisvollen und der Psychologie des Gedächtnisses fernzuhaltenden Irrtum. Es sei ihm bei bestem Willen nicht gelungen, bei sich selber einen einzigen Fall des Vergessens zu finden, als dessen Ursache er das Recht gehabt hätte, das Unlustmotiv anzunehmen. Im Gegenteil: was ihm Unangenehmes oder auch nur unangenehm Gedeutetes je zugekommen sei, habe er schwer zu vergessen wie zu verdrängen gewußt und zumeist bis in die Einzelheiten behalten.

Doch will RANSCHBURG nicht behaupten, daß ein Vergessen unter der Mitwirkung von Unlustmotiven unmöglich sei. Und er schließt dementsprechend: „Ein Vergessen aus Abwehr kann wohl vorkommen, die Abwehr ist aber nie die natürliche normale Ursache des Vergessens, dessen Quelle teils das Verblassen, teils die assoziative oder die reproduktive Hemmung ist.“

Ebenso anfechtbar wie die bisher erörterten Beweisführungen für die Gültigkeit der Psychoanalyse sind weitere Begründungen, die FREUD gibt. Der therapeutische Effekt — wenn er da ist, es wird darüber noch zu reden sein, — kann gewiß die Theorie FREUDS nicht rechtfertigen. Ein solcher Erfolg kann sehr verschiedene Gründe haben — nicht nur suggestive, sondern auch andere, die mit der intensiven Beschäftigung des Arztes, welche ja die Psychoanalyse mit sich bringt, zusammenhängen können, mit der Erleichterung, welche die Aussprache über drückende „Komplexe“ verschafft[1]), mit der dauernden Stütze und erziehenden Hilfe, die der Kranke im Kampfe gegen seine Anlagen findet, u. a. m. Therapeutische Erfolge werden auch auf andere Weise erreicht; sie allein sind nicht imstande, die durch Bewußtseinstatsachen nicht begründete Anschauung FREUDS zu beweisen.

Noch ungenügender ist der Rechtfertigungsgrund, welcher darauf hinweist, daß, was so vollständig aufzudecken und zu erklären scheine, auch mit Wahrscheinlichkeit durch reelle Untergründe gestützt sein müßte. Dieser Hinweis ist so recht ein argumentum ad hominem.

[1]) In dieser Hinsicht ist der Wert des „Abreagierens“ anzuerkennen; doch ist damit natürlich kein Beweis für die Theorie der Verdrängung erbracht, höchstens die Vorbedingung für einen solchen erfüllt.

Hier stützt ein Gutdünken das andere. Gutdünken ist letzthin alles, was wir bisher an methodischen Grundlagen bei Freud haben finden können. Wir überblicken somit den bisher zurückgelegten Weg unserer kritischen Prüfung und stellen fest:

Freuds Verfahren ist nicht imstande, zu beweisen, daß es eine Verdrängung in dem von ihm bestimmten Sinne und Umfange gibt.

Falls es eine solche Verdrängung gibt, so hat Freud nicht begründen können, daß seine Methode mit Notwendigkeit zu dem verdrängten Material führt. Er hat ferner kein Mittel der Kontrolle an die Hand gegeben, welches es ermöglichen würde, für den Fall, daß man zu ätiologischem Material gelangen sollte, es als solches nachzuweisen. Alle Verbindungen, welche zwischen Symptomen und Tatbeständen, die ätiologisch sein sollen, hergestellt werden, sind rein hypothetische des Gutdünkens. — Das analytische Verfahren, soweit es auf dem „Fundament" des Widerstandes ruht, ist nicht imstande, die ihm zugeschriebenen Leistungen zu erfüllen. Es kann bestenfalls für die allgemeine Erkenntnis des psychischen Zustandes wichtige und wissenswerte Tatbestände aus dem Seelenleben des Untersuchten aufdecken; einen ätiologischen Zusammenhang zwischen Symptom und einem auf diese Weise gefundenen Komplex vermag das Verfahren nicht nachzuweisen.

Freud hat sich in der Psychoanalyse mit dem rein analytischen Vorgehen, der Methode des Assoziierens nicht begnügt; es kommt ja zu dieser noch die sehr viel weitergehende der Deutung hinzu. Diesem zweiten grundlegenden Verfahren Freuds wird nunmehr noch einige Aufmerksamkeit zu widmen sein.

Es könnte zunächst scheinen, als ob jener Vorwurf eines logischen Zirkels, der Freud gemacht wurde, voreilig sei. Könnte Freud mit seinem Deutungsverfahren zeigen, daß in dem Fortgang des Assoziierens Beziehungen zutage treten, die unweigerlich als Zeichen der Determination durch einen unbewußten Tatbestand aufzufassen sind, so hätte er allerdings schon allein durch den Nachweis der Existenz der Symbole auch die Determination und damit die Berechtigung seines fortlaufenden Verfahrens bewiesen.

Es soll nun nicht zur Rechtfertigung des Vorgehens der Kritik darauf hingewiesen werden, daß nach Freud ja nicht immer Symbole den Vorstellungsablauf zu kennzeichnen brauchen, daß darum die getrennte Diskussion des bloß analytischen Verfahrens vor dem der Deutung erlaubt war. Wir prüfen vielmehr sogleich, ob denn überhaupt die Methode der Deutung ohne jene des fortlaufenden Assoziierens und deren Grundlagen denkbar ist. Wäre das nicht der Fall, so wäre es klar, daß die Methode der Deutung zugleich mit der des fortlaufenden Assoziierens ihrer Ansprüche verlustig gehen müsse. Die Beantwortung der Frage wird nicht schwer fallen können. Deutung ist auch für Freud nur ein Verfahren der Wahrscheinlichkeit. Das Unbewußte sagt uns nicht mit dürren Worten, daß dieses oder jenes Symptom (Symptom hier wie überall im weitesten Sinne als „determinierte" Erscheinung gefaßt) als Symbol für diesen oder jenen unbewußten Tatbestand genommen werden müsse. Sondern wir machen in jedem Fall nur mehr oder weniger begründete Schlüsse)[1]. Diese Schlüsse der Deutung macht Freud nicht ins Blaue hinein, sondern erst dann, wenn er einen Fall von Verdrängung zu finden glaubt. Die Annahme der Verdrängung geht aber immer für ihn zurück auf Lückenbildung und Widerstand. Auch die Möglichkeit der Deutung ruht also auf diesem Fundament. — Aber noch weiter geht die Begründung des Verfahrens der Deutung durch das der fortlaufenden Assoziation. Das Deuten ist ja überhaupt eine so hypothetische Maßnahme, daß an seine Möglichkeit gar nicht hätte gedacht werden können, wenn nicht die Auffassung da wäre, daß die einzelnen Glieder der Assoziation durch ätiologische, unbewußte Tatbestände determiniert seien. Der Gedanke der Determination muß somit der primäre sein, der der Vertretung durch Symbole der sekundäre. Das Deutungsverfahren kann also die fortlaufende Methode nicht begründen, es fällt vielmehr mit jener.

Dieser Überlegung sind noch zwei weitere Fragen anzuschließen. Zunächst ist zu untersuchen, womit denn Freud überhaupt die Existenz und Gültigkeit von Symbolen nachgewiesen hat, und weiterhin ist zu prüfen, womit er, wenn er etwa diese Existenz bewiesen hat, gezeigt hat, daß sein Verfahren den richtigen Schlüssel für das Verständnis der Symbole an die Hand gegeben hat. Zur Beantwortung dieser Frage wird es zweckmäßig sein, sich Freuds Deutungsverfahren etwas genauer zu vergegenwärtigen. Beispiele hierfür sind in der Literatur Freuds und seiner Schüler in großer Menge vorhanden; sie machen zunächst einen absurden Eindruck und haben von jeher Gegnern die Kritik leicht gemacht. Es seien einige möglichst indifferente Beispiele als Anhalt für die weiteren Erörterungen hierher gesetzt. Zunächst das Schema, welches Freud selbst in der Psychopathologie des Alltaglebens zur Verdeutlichung eines charakteristischen Falles entworfen hat. Es handelt sich wieder um einen sonderbaren Fall von Vergessen eines Namens. Freud befindet sich auf einer Reise durch Bosnien; gelegentlich eines Gespräches wird erwähnt, welche Achtung die dortigen Bewohner vor dem Arzt hegen. Bei einem Todesfall pflegen sie zu sagen: „Herr, was ist da zu sagen, wenn möglich, hättest du geholfen." Dabei kommt Freud die Erinnerung an eine andere für die Bosnier charakteristische Redensart. Mit Bezug auf die Abnahme der sexuellen Potenz heißt es bei ihnen: „Herr, wenn das nicht mehr geht, dann hat das Leben keinen Wert." Im weiteren Gespräch kann Freud plötzlich den Namen eines ita-

[1]) Die Entartung der Deutungspraxis hat freilich diese ursprünglich vorhandene Zurückhaltung fast völlig aufgehoben.

lienischen Künstlers nicht reproduzieren. Statt des richtigen (Signorelli) stellen sich zwei falsche ein (Boticelli, Boltraffio), die Freud beide ablehnt. Er hält den richtigen Namen für verdrängt und nimmt als wichtig für die ganze Sachlage hinzu, daß er kurz vorher in Trafoi die ihn erschütternde Nachricht von dem Selbstmord eines Patienten, der ein unheilbares sexuelles Leiden hatte, empfangen hatte. Freud sucht die Beziehungen in folgendem Schema wiederzugeben.

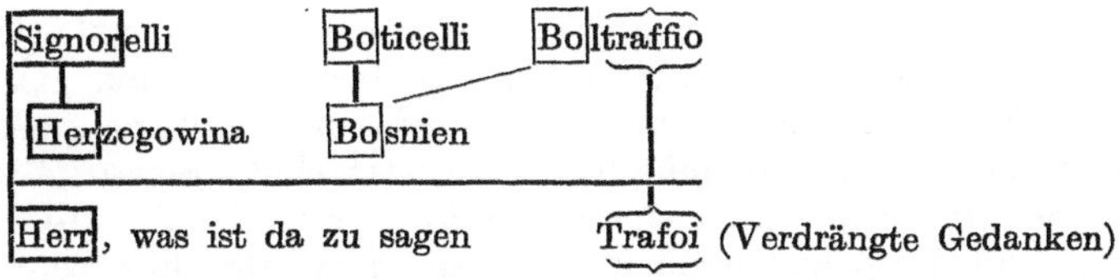

Was in diesem Schema unterhalb des horizontalen Striches (der hier hinzugefügt ist) steht, sind nach Freud die verdrängten Gedanken, die in Trafoi erhaltene Nachricht, deren Erinnerung bei der Diskussion der Redensarten der Bosnier mitklingt. Wegen seiner Beziehungen zu diesen Gedanken (Signor = Herr, auch in Herzegowina nachklingend) ist der Name Signorelli mit verdrängt; die Endung elli jedoch erscheint wieder in der als Ersatz auftretenden Fehlererinnerung Boticelli, welche andererseits wie Boltraffio durch die Silbe Bo mit Bosnien zusammenhängt, während Boltraffio wiederum außerdem durch Gleichklang zu dem verdrängten Trafoi in Beziehung steht. So vergegenwärtigt das Schema die verschiedenartige Determination und Überdetermination.

Die hier dargestellten symbolischen Vertretungen sind im wesentlichen solche rein klanglicher bzw. sprachlicher Ähnlichkeit. Neben diesen spielen bei Freud in sehr eigenartiger Weise Symbole inhaltlicher Art eine Rolle. Sie sind bekannt und oft verspottet. Bleuler hat als erster ein Lexikon von ihnen zusammenstellen wollen. Stekel und dann auch Freud selbst, welch letzterer anfangs die Bedeutung der Symbole nur aus der jeweiligen Situation erschließen wollte, sind in der Feststellung fixer Symbolbedeutungen gefolgt: Feuer bedeutet die Liebe; Brand eines Hauses die Vernichtung einer Familie; der Engeltraum verdeckt den Wunsch, daß jemand sterbe; die Ödipussage enthält als innersten Kern jenen allen Menschen unvermeidlichen Konflikt zwischen Liebe zu den Eltern und Inzestgedanken auf den andersgeschlechtlichen Teil derselben. Träumt jemand von einem feuchten Raum, in welchem es von den Wänden fließt, so ist der Sinn: „überflüssig"; träumt er von einem Bahnhof, so meint er den Vorhof; ein Wald voller Nymphen bezeichnet ähnliches wie ein Schmuckkästchen oder ein Häutchen am Nagel, in welches eine junge Frau sich schneidet, nämlich die Genitalien oder Teile derselben. Besonders beliebt zur Bezeichnung dieser ist die Verlegung von unten nach oben. Im ganzen heißt es auch hier, viele Wege führen nach Rom, d. h. die meisten der Deutungen zu den Geschlechtsteilen. Es seien weiter einige Ausführungen FREUDS (Vorlesg. z. Einf. i. d. Ps. An. 2. Aufl. S. 164 ff.) selbst über Traumsymbole hierhergesetzt:

„Der Umfang der Dinge, die im Traume symbolische Darstellung finden, ist nicht groß. Der menschliche Leib als Ganzes, die Eltern, Kinder, Geschwister, Geburt, Tod, Nacktheit — und dann noch eines. Die einzig typische, d. h. regelmäßige Darstellung der menschlichen Person als Ganzes ist die als Haus, wie SCHERNER erkannt hat, der diesem Symbol sogar eine überragende Bedeutung, die ihm nicht zukommt, zuteilen wollte. Es kommt im Traume vor, daß man, bald lustvoll, bald ängstlich, von Häuserfassaden herabklettert. Die ganz glatten Mauern sind Männer; die aber mit Vorsprüngen und Balkonen versehen sind, an welchen man sich anhalten kann, das sind Frauen. Die Eltern erscheinen im Traum als Kaiser und Kaiserin, König und Königin oder als andere Respektspersonen; der Traum ist also hier sehr pietätsvoll. Minder zärtlich verfährt er gegen Kinder und Geschwister; diese werden als kleine Tiere, Ungeziefer symbolisiert. Die Geburt findet fast regelmäßig eine Darstellung durch eine Beziehung zum Wasser; entweder man stürzt ins Wasser oder man steigt aus ihm heraus, man rettet eine Person aus dem Wasser oder wird von ihr gerettet, d. h. man hat eine mütterliche Beziehung zu ihr. Das Sterben wird im Traum durch Abreisen, mit der Eisenbahn Fahren ersetzt, das Totsein durch verschiedene dunkle, wie zaghafte Andeutungen, die Nacktheit durch Kleider und Uniformen. Sie sehen wie hier die Grenzen zwischen symbolischer und anspielungsartiger Darstellung verschwimmen ....

Im Vergleich zur Armseligkeit dieser Aufzählung muß es auffallen, daß Objekte und Inhalte eines andern Kreises durch eine außerordentlich reichhaltige Symbolik dargestellt werden. Es ist dies der Kreis des Sexuallebens, der Genitalien, der Geschlechtsvorgänge, des Geschlechtsverkehrs. Die übergroße Mehrzahl der Symbole im Traum sind Sexualsymbole. Es stellt sich dabei ein merkwürdiges Mißverhältnis heraus. Der bezeichneten Inhalte sind nur wenige, der Symbole für sie ungemein viele, so daß jedes dieser Dinge durch zahlreiche, nahezu gleichwertige Symbole ausgedrückt werden kann. Bei der Deutung ergibt sich dann etwas, was allgemein Anstoß erregt. Die Symboldeutungen sind im Gegensatz zur Mannigfaltigkeit der Traumdarstellungen sehr monoton ...

Für das männliche Genitale also hat der Traum eine Anzahl von symbolisch zu nennenden Darstellungen, bei denen das Gemeinsame der Vergleichung meist sehr einleuchtend ist. Vor allem ist für das männliche Genitale im ganzen die heilige Zahl 3 symbolisch bedeutsam. Der auffälligere und beiden Geschlechtern interessantere Bestandteil des Genitales, das männliche Glied, findet symbolischen Ersatz erstens durch Dinge, die ihm in der Form ähnlich, also lang und hochragend sind, wie: Stöcke, Schirme, Stangen, Bäume u. dgl. Ferner durch Gegenstände, die die Eigenschaft des in den Körper Eindringens und Verletzens mit dem Bezeichneten gemein haben, also spitzige Waffen jeder Art, Messer, Dolche, Lanzen, Säbel, aber ebenso durch Schießwaffen: Gewehre, Pistolen und den durch seine Form so sehr dazu tauglichen Revolver. In den ängstlichen Träumen der Mädchen spielt die Verfolgung durch einen Mann mit einem Messer oder einer Schußwaffe eine große Rolle. Es ist dies der vielleicht häufigste Fall der Traumsymbolik, den Sie sich nun leicht übersetzen können. Ohne weiteres verständlich ist auch der Ersatz des männlichen Gliedes durch Gegenstände, aus denen Wasser fließt: Wasserhähne, Gießkannen, Springbrunnen, und durch andere Objekte, die einer Verlängerung fähig sind, wie Hängelampen, vorschiebbare Bleistifte usw. Daß Bleistifte, Federstiele, Nagelfeilen, Hämmer und andere Instrumente unzweifelhafte männliche Sexualsymbole sind, hängt mit einer gleichfalls nicht ferne liegenden Auffassung des Organs zusammen.

Die merkwürdige Eigenschaft des Gliedes, sich gegen die Schwerkraft aufrichten zu können, eine Teilerscheinung der Erektion, führt zur Symboldarstellung durch Luftballone, Flugmaschinen und neuesten Datums durch das Zeppelinsche Luftschiff. Der Traum kennt aber noch eine andere, weit ausdrucksvollere Art, die Erektion zu symbolisieren. Er macht das Geschlechtsglied zum Wesentlichen der ganzen Person und läßt diese selbst fliegen. Lassen Sie sich's nicht nahegehen, daß die oft so schönen Flugträume, die wir alle kennen, als Träume von allgemeiner sexueller Erregung, als Erektionsträume gedeutet werden müssen. Unter den psychoanalytischen Forschern hat P. Federn diese Deutung gegen jeden Zweifel sichergestellt, aber auch der für seine Nüchternheit vielbelobte Mourly Vold, der jene Traumexperimente mit künstlichen Stellungen der Arme und Beine durchgeführt hat und der der Psychoanalyse wirklich fernstand, vielleicht nichts von ihr wußte, ist durch seine Untersuchungen zu demselben Schluß gekommen. Machen Sie auch keinen Einwand daraus, daß Frauen dieselben Flugträume haben können. Erinnern Sie sich vielmehr daran, daß unsere Träume Wunscherfüllungen sein wollen, und daß der Wunsch, ein Mann zu sein, sich bei der Frau so häufig, bewußt oder unbewußt, findet. Auch daß es der Frau möglich ist, diesen Wunsch durch dieselben Sensationen wie der Mann zu realisieren, wird keinen der Anatomie Kundigen irremachen können. Das Weib besitzt in seinen Genitalien eben auch ein kleines Glied . . . und dieses kleine Glied, die Klitoris, spielt sogar im Kindesalter und im Alter vor dem Geschlechtsverkehr die nämliche Rolle wie das große Glied des Mannes.

Zu den weniger gut verständlichen männlichen Sexualsymbolen gehören gewisse Reptilien und Fische, vor allem das berühmte Symbol der Schlange. Warum Hut und Mantel dieselbe Verwendung gefunden haben, ist gewiß nicht leicht zu erraten, aber deren Symbolbedeutung ist ganz unzweifelhaft. Endlich kann man sich noch fragen, ob man den Ersatz des männlichen Gliedes durch ein anderes Glied, den Fuß oder die Hand, als einen symbolischen bezeichnen

8*

darf. Ich glaube, man wird durch den Zusammenhang und durch die weiblichen Gegenstücke dazu genötigt.

Das weibliche Genitale wird symbolisch dargestellt durch alle jene Objekte, die seine Eigenschaft teilen, einen Hohlraum einzuschließen, der etwas in sich aufnehmen kann. Also durch Schachte, Gruben und Höhlen, durch Gefäße und Flaschen, durch Schachteln, Dosen, Koffer, Büchsen, Kisten, Taschen usw. Auch das Schiff gehört in diese Reihe. Manche Symbole haben mehr Beziehung auf den Mutterleib als auf das Genitale des Weibes, so: Schränke, Öfen und vor allem das Zimmer. Die Zimmersymbolik stößt hier an die Haussymbolik, Türe und Tor werden wiederum zu Symbolen der Genitalöffnung. Aber auch Stoffe sind Symbole des Weibes, das Holz, das Papier, und Gegenstände, die aus diesen Stoffen bestehen, wie der Tisch und das Buch. Von Tieren sind wenigstens Schnecke und Muschel als unverkennbare weibliche Symbole anzuführen; von Körperteilen der Mund zur Vertretung der Genitalöffnung, von Bauwerken Kirche und Kapelle. Wie Sie sehen, sind nicht alle diese Symbole gleich gut verständlich.

Zu den Genitalien müssen die Brüste gerechnet werden, die wie die größeren Hemisphären des weiblichen Körpers ihre Darstellung finden in Äpfeln, Pfirsichen, Früchten überhaupt. Die Genitalbehaarung beider Geschlechter beschreibt der Traum als Wald und Gebüsch. Die komplizierte Topographie der weiblichen Geschlechtsteile macht es begreiflich, daß diese sehr häufig als Landschaft mit Fels, Wald und Wasser dargestellt werden, während der imposante Mechanismus des männlichen Geschlechtsapparates dazu führt, daß alle Arten von schwer zu beschreibenden komplizierten Maschinen Symbole desselben werden.

Ein erwähnenswertes Symbol des weiblichen Genitales ist noch das Schmuckkästchen; Schmuck und Schatz sind Bezeichnungen der geliebten Person auch im Traume; Süßigkeiten eine häufige Darstellung des Geschlechtsgenusses. Die Befriedigung am eigenen Genitale wird durch jede Art von Spielen angedeutet, auch durch das Klavierspiel. Exquisit symbolische Darstellungen der Onanie sind das Gleiten und Rutschen sowie das Abreißen eines Astes. Ein besonders merkwürdiges Traumsymbol ist der Zahnausfall oder das Zahnausziehen. Es bedeutet sicherlich zunächst die Kastration als Bestrafung für die Onanie. Besondere Darstellungen für den Verkehr der Geschlechter findet man im Traume weniger zahlreich, als man nach den bisherigen Mitteilungen erwarten konnte. Rhythmische Tätigkeiten wie Tanzen, Reiten und Steigen sind hier zu nennen, auch gewaltsame Erlebnisse wie das Überfahrenwerden. Dazu gewisse Handwerkstätigkeiten und natürlich die Bedrohung mit Waffen.

Sie müssen sich die Verwendung wie die Übersetzung dieser Symbole nicht ganz einfach vorstellen. Es kommt dabei allerlei vor, was unserer Erwartung widerspricht. So scheint es z. B. kaum glaublich, daß in diesen symbolischen Darstellungen die Geschlechtsunterschiede oft nicht scharf auseinandergehalten werden. Manche Symbole bedeuten ein Genitale überhaupt, gleichgültig, ob ein männliches oder weibliches, z. B. das kleine Kind, der kleine Sohn oder die kleine Tochter. Ein andermal kann ein vorwiegend männliches Symbol für ein weibliches Genitale gebraucht werden oder umgekehrt. Man versteht das nicht, ehe man Einsicht in die Entwicklung der Sexualvorstellungen der Menschen gewonnen hat. In manchen Fällen mag diese Zweideutigkeit der Symbole eine nur scheinbare sein; die eklatantesten unter den Symbolen wie Waffe, Tasche, Kiste sind auch von dieser bisexuellen Verwendung ausgenommen.

Ich will nun nicht von dem Dargestellten, sondern vom Symbol ausgehen, eine Übersicht geben, aus welchen Gebieten die Sexualsymbole zumeist entnommen werden, und einige Nachträge anfügen mit besonderer Rücksicht auf die Symbole mit unverstandenem Gemeinsamen. Solch ein dunkles Symbol ist der Hut, vielleicht die Kopfbedeckung überhaupt, in der Regel mit männlicher Bedeutung, doch auch der weiblichen fähig. Ebenso bedeutet der Mantel einen Mann, vielleicht nicht immer mit Genitalbeziehung. Es steht Ihnen frei zu fragen, warum. Die herabhängende und vom Weib nicht getragene Krawatte ist ein deutlich männliches Symbol. Weiße Wäsche, Leinen überhaupt ist weiblich; Kleider, Uniformen sind, wie wir schon gehört haben, Ersatz für Nacktheit, Körperformen; der Schuh, Pantoffel, ein weibliches Genitale. Tisch und Holz wurden als rätselhafte, aber sicherlich weibliche Symbole bereits erwähnt. Leiter, Stiege, Treppe, respektive das Gehen auf ihnen, sind sichere Symbole des Geschlechtsverkehres. Bei näherer Überlegung wird uns die Rhythmik dieses Gehens als Gemeinsames auffallen, vielleicht auch das Anwachsen der Erregung; Atemnot, je höher man steigt.

Die Landschaft haben wir als Darstellung des weiblichen Genitales schon gewürdigt. Berg und Fels sind Symbole des männliches Gliedes; der Garten ein häufiges Symbol des weiblichen Genitales. Die Frucht steht nicht für das Kind, sondern für die Brüste. Wilde Tiere bedeuten sinnlich erregte Menschen, des weiteren böse Triebe, Leidenschaften. Blüten und Blumen bezeichnen das Genitale des Weibes oder spezieller die Jungfräulichkeit. Sie vergessen nicht daran, daß die Blüten wirklich die Genitalien der Pflanzen sind.

Das Zimmer kennen wir bereits als Symbol. Die Darstellung kann sich hier fortsetzen, indem die Fenster, Ein- und Ausgänge des Zimmers die Bedeutung der Körperöffnungen übernehmen. Auch das Offen- oder Verschlossensein des Zimmers fügt sich dieser Symbolik, und der Schlüssel, der öffnet, ist ein sicheres männliches Symbol."

Womit hat nun Freud die Existenz einer Determinierung durch solche Symbole und die Gültigkeit seines Deutungsverfahrens bewiesen? Kehren wir zu dem Beispiel Signorelli-Boticelli zurück, einem Beispiel, welches ja für viele seiner Fälle typisch ist, so ist gewiß nicht zu leugnen, daß assoziative Beziehungen nach Klang, wie sie in dem

Schema angegeben werden, vorkommen können. Beweisen, daß sie bestehen, kann im allgemeinen nur die unmittelbare Beobachtung eines bewußten Ablaufs; in allen anderen Fällen können lediglich Schlüsse von mehr oder minder großer Wahrscheinlichkeit gemacht werden. In dem vorliegenden Beispiel werden wir den angenommenen assoziativen Verbindungen, die sehr gesucht erscheinen, nur einen sehr geringen Wahrscheinlichkeitswert zuschreiben. Vollkommen unbewiesen ist aber natürlich die Behauptung, daß einer dieser Tatbestände deshalb eingetreten sei, weil er zugleich Symbol für ein Verdrängtes sei. Das läßt sich eben überhaupt nicht auf diese Weise dartun. In Wahrheit haben wir keine Argumente, sondern ein Geflecht von Annahmen. Angenommen wird, es sei etwas verdrängt (Gedanken von Sexualität und Tod), angenommen wird ferner, daß ein zweites (Signorelli), welches in einer angenommenen assoziativen Beziehung zu dem ersten steht, gleichfalls verdrängt sei, angenommen wird endlich, daß ein drittes (Boticelli, Boltraffio), das wieder in einer angenommenen assoziativen Beziehung zu dem zweiten und zu dem ersten steht, als bewußtes Symbol für diese eintrete. So sieht ein psychoanalytischer Beweis in einem einfachen Falle aus.

Unzulänglicher noch ist die wissenschaftliche Rechtfertigung der inhaltlichen Symbolik, für welche letztere die oben zitierten Darlegungen Freuds ja genügend Beispiele geben. Hier berufen sich die Verfechter der Lehren darauf, daß die Völkerpsychologie einen sehr reichlichen Gebrauch ähnlicher Symboldarstellungen, besonders sexueller Beziehungen, aber auch anderer nachweisen könne. Freud und seine Schule verweisen auf sehr verschiedene Quellen, auf Märchen, Mythen, Schwänke, Witze, Sitten, Gebräuche, Sprüche und Lieder der Völker, den poetischen und gemeinen Sprachgebrauch. Gewiß — daß man bei einer Rübe an die Genitalien denken kann und auch oft denkt, daß solche Symbole in der Zote, aber auch dem Märchen und vor allem in den gedanklichen Bildungen der Primitiven eine erhebliche Rolle spielen, ist nicht zu bezweifeln. So originell sind die psychoanalytischen Forscher nicht, daß sie solche Beziehungen einfach ersonnen hätten. Aber daß das Unbewußte in der Weise, wie sie sich das vorstellen, mit Symbolen wirtschaftet, und daß sie imstande seien, anzugeben, wo und wie das Unbewußte symbolisiert, das zu beweisen war ihre Pflicht. Was sie statt eines Beweises gegeben haben, ist in den meisten Fällen ein Gebäude von Annahmen noch weit komplizierterer und haltloserer Art als das des Beispieles Signorelli. Es fruchtet auch in diesem Zusammenhange nicht, darauf hinzuweisen, daß im Traume durch Empfindungen der Genitalsphäre „assoziativ" ähnliche Vorstellungen erweckt werden können. Die Symbolik Freuds ist ein ziel- und sinnvolles Geschehen. Freud hat dies mit aller Bestimmtheit ausgesprochen. „Andererseits behaupte ich die Existenz der Traumgedanken als eines rehr reichhaltigen Materials psychischer Bildungen von höchster Ordnung und mit allen Kennzeichen normaler, intellektueller Leistung versehen, welches Material sich doch dem Bewußtsein entzieht, bis es ihm durch den Trauminhalt entstellte Kunde gegeben hat." (FREUD: Über den Traum. 2. Aufl. S. 44.)

Welches aber sind die Kennzeichen normaler; intellektueller Leistung, die FREUD hier den Produkten des Unbewußten zuschreibt? Nicht darum handelt es sich, daß Komplexe konstellieren und bestimmte assoziative Verbindungen oder Handlungsentgleisungen begünstigen können, auch nicht darum, daß im Traum analoge Geschehnisse zutage treten, etwa die Berührung mit etwas Heißem, die Vorstellung des Ätna oder der eregierte Penis Vorstellungen ähnlicher Gegenstände, oder sogar des Fliegens hervorrufen kann. Solche Möglichkeiten hat wohl kaum jemand bestritten, auch das nicht, daß solche Vorgänge mehr oder weniger bewußt vonstatten gehen können. Will jemand solche assoziativen Beziehungen symbolische nennen, so bleibt ihm das gleichfalls unbenommen, nur muß er der Bedeutung seiner Terminologie eingedenk bleiben.

Im allgemeinen aber versteht man unter Symbol das bedeutungsvoll gebrauchte Zeichen oder Sinnbild, als welches es auch Bestandteil der allegorischen Darstellung ist. Suchen wir uns aber klar zu werden, welches die Kennzeichen sind, von denen FREUD als den Stigmata der normalen intellektuellen Leistung spricht, so finden wir wohl im wesentlichen zweierlei Arten solcher. Erstens sind diese Leistungen ausgezeichnet durch bestimmte Bewußtseinstatsachen, vor allem solche des Beziehungsbewußtseins; zweitens ist die normale intellektuelle Leistung charakterisiert durch einen bestimmten objektiven Verlauf, durch die Zielstrebigkeit dieses Verlaufs in der Richtung des „Sinnes". Da es sich bei FREUD aber hier um die Diskussion der Tatsachen des Unbewußten handelt, so können die Kennzeichen, von denen er spricht, nur in der Zielstrebigkeit des symbolischen Geschehens liegen; und sie liegen auch darin. Und wir hätten mit FREUD die Aufgabe, dieses zielstrebige, bewußtseinsunfähige Geschehen herzuleiten aus den Wirkungen eines zeitlos persistierenden Komplexes. Die konstellierende Beeinflussung des Vorstellungsverlaufs ist die einzige Möglichkeit, wie der Komplex auf das bewußte Geschehen einzuwirken vermöchte, sie müßte also dauernd die Zielstrebigkeit des ganzen Mummenschanzes, den das Unbewußte in das Bewußte hinein entsendet, erklären. Es leuchtet ein, wie groß die Ansprüche sind, die hier eine Hypothese in sich schließt; die Kennzeichen höchster bewußter Tätigkeit — ohne Bewußtsein; dauernde Zielstrebigkeit — hergeleitet aus einem konstellierenden Depot; und wiederum dieses Depot als außerhalb alles zeitlichen Geschehens, aller „Usur" gedacht. Der Effekt ist auch dementsprechend; die Depots im Unbewußten werden Nebenseelen und als solche allerdings mit „allen Kennzeichen normaler intellektueller Leistung" ausgezeichnet.

Es darf also wohl nach diesen Überlegungen behauptet werden:

Die psychoanalytische Methode hat keineswegs bewiesen, daß es eine Verdrängung gibt, welche zugleich mit einem Ersatz durch Symbole arbeitet. Ebensowenig ist gezeigt worden, daß jene Methode solche Symbole, wenn sie vorhanden wären, zureichend nachzuweisen und aufzudecken vermöchte. Deutlich wird nur, daß die Analytiker mit bestimmten Annahmen an assoziative Verläufe herangehen und Zusammenhänge, wie sie ihnen gerade sinnvoll erscheinen, in diese Abläufe hineindeuten.

Die Frage der Determination der Symptome durch Symbolik und der Möglichkeit ihrer Deutung ist für die Bewertung der Methode Freuds wichtig genug, daß noch einige Worte ihrer Entwicklung gewidmet werden dürfen. Die ersten Andeutungen über die Symbolik finden sich, wie schon bemerkt, bereits in den Studien über Hysterie, ja sogar in den ersten vorläufigen Mitteilungen von Breuer und Freud. Dort wird hingewiesen auf eine sozusagen symbolische Beziehung zwischen der Veranlassung und dem pathologischen Phänomen, wenn etwa zu seelischem Schmerz sich eine Neuralgie gesellt, oder Erbrechen zu dem Affekt moralischen Ekels.

In den Studien sind dann auch eine Reihe von Beispielen für Symbolik vorgeführt. Es wird zunächst außer der symbolischen Beziehung auch die zeitliche Koexistenz im Moment des Traumas nachzuweisen gesucht, es wird etwa gezeigt, daß z. B. ein Schmerz in jenem Augenblick da war; der körperliche Schmerz kann dann als Symbol für einen unbewußten „schmerzvollen Tatbestand" auftreten. Und die symbolische Beziehung ist gewissermaßen ein Nebenbefund, welcher die Eignung gerade dieser bestimmten Tatsache zum dauernden pathologischen Symptom erklären soll. Und solange es sich um so einfache Erscheinungen handelt, entbehrt die ganze Deduktion nicht einer gewissen Wahrscheinlichkeit, wenn auch die symbolische Beziehung in höherem Sinne auf solche Weise nicht eigentlich bewiesen werden kann. In solchen Fällen steht das Symptom Erscheinungen nahe, oder ist mit ihnen identisch, welche auch im gewöhnlichen Leben Ausdrucksphänomene zu sein pflegen für innere Vorgänge, wie sie während des Traumas zweifellos bestanden haben. In dieser Weise hat Freud in den „Studien" den Mechanismus der Symbolik zu rechtfertigen gesucht.

Haltloser werden diese Behauptungen bereits, sobald die Beziehungen zwischen Symptom und Erlebnis während des Traumas keinerlei Analogien in Ausdruckserscheinungen haben, wie wenn etwa eine Astasie auf den Gedanken des „Alleinstehens" zurückgeführt wird oder gar die Halluzination einer Patientin, daß ihre beiden Ärzte an einem Baume hingen, darauf, daß sie im Affekt des Zornes dachte, der eine sei ein „Pendant".

Diese Art von Deutung, wie sie das letzte Beispiel widergibt, ist nun typisch für das Verfahren, das in der Folgezeit in der psychoanalytischen Methode üblich geworden ist. Auf den engen Zusammenhang der zu deutenden Tatsachen in einem Trauma wird verzichtet, ebenso auf die Annäherung an die Beziehungen von Bewußtseinsinhalt und Ausdrucksphänomen. Kann nun irgendwie aus früheren Erlebnissen, Gedankengängen und Gefühlsverbindungen mit Hilfe der kompliziertesten Vermittlungen die symbolische Beziehung einigermaßen plausibel gemacht werden, so gibt man sich zufrieden. Die Traumdeutung insbesondere verdeutlicht diese Entwicklung der psychoanalytischen Methode im Sinne jenes Überwucherns der Deutung, welches das Verhängnis der Freudschen Arbeiten geworden ist. Nun erhalten wir auch eine ausgiebige Theorie dieser Symbolismen- die Darlegungen über die Verdichtung und Verschiebung. der Traumarbeit, welche Lehre für die pathologischen Erscheinungen in reichem Maße ausgebeutet wird. Dabei hängt tatsächlich alles in der Luft, die einzigen Beweisgründe sind auch hier die Methode des fortlaufenden Assoziierens mit der genugsam erörterten Lückenbildung und die Tatsache, daß ähnliche Symbolismen auch sonst im Leben gebraucht werden oder denkbar sind. Eine fadenscheinigere Grundlage für eine wissenschaftliche Demonstration ist gewiß nicht leicht benutzt worden.

Die vorgebrachten Resultate sind der Methodik durchaus entsprechend.

Es kann zusammengefaßt werden: Die psycho-analytische Methode Freuds ist in ihren beiden Teilen, der einfachen fortlaufenden Assoziationsmethode und dem eigentlichen Verfahren der Deutung wissenschaftlich nicht gerechtfertigt und in ihren Ansprüchen unhaltbar. Alle auf sie gegründeten Behauptungen des Nachweises bestimmter Mechanismen (Verdrängung, Determination) müssen als mit dieser Methodik unbewiesen und zum Teil auch unbeweisbar gelten. Jungs Behauptung, daß es mit der Freudschen Methode möglich sei, aus jedem psychischen Partikel die ganzen psychischen Konstellationen zu rekonstruieren, erscheint als ein unheimlicher Irrtum.

Es ist auch an dieser Stelle notwendig, neben der Unhaltbarkeit des methodischen Verfahrens auf die Unzulänglichkeit der psychologischen Grundanschauungen hinzuweisen, welche sich in der Art und Weise ausspricht, wie Freud und seine Schule mit dem Unbewußten zur Stütze ihrer Auffassungen operieren. Man hat einer solchen Kritik vorgeworfen, daß derartige theoretische Postulierungen für eine junge Forschungsrichtung beobachtender Art nicht bestimmend sein dürften. In Wahrheit verhält es sich so, daß, selbst wenn „eine junge beobachtende Wissenschaft“ mit zuverlässiger Methode Tatsachen zutage fördert und diese dann auf Grund unzulänglicher allgemeiner Auffassungen unzureichend oder verkehrt auslegt, man diese Interpretation für sich noch immer zum Gegenstand der Kritik machen kann. In dem vorliegenden Falle ist gezeigt worden, wie dürftig, in sich widerspruchsvoll und haltlos diese sog. „Methode beobachtender Art“ ist, und es ist wohl außerdem von Interesse, auf die Mängel der allgemeinen psychologischen Grundauffassungen hinzuweisen. So ist denn zu betonen, daß diese Metapsychologie einen Rückfall in vorwissenschaftliche Auffassungsstufen darstellt, daß das Unbewußte hier wie eine Art Raum gefaßt wird, in welchem durchaus anthropomorphistisch gedachte Nebenseelen miteinander leben und kämpfen, daß wir in dem ganzen eine mythologische Betrachtung seelischer Erscheinungen finden, nicht eine empirisch wissenschaftliche Psychologie.

Dabei muß auch dauernd auf die Verkehrtheit des letzten Ziels all dieser Erkenntnisbestrebungen hingewiesen werden, auf die Verwechslung von psychologischer Bedingtheit und sinnvollem, vernünftigem Zusammenhang, auf das verfehlte Streben nach der Rationalisierung der Psychose, das vergebliche Suchen nach der Methode in dem Wahnsinn. — Im Gegensatz dazu muß festgehalten werden an dem Fortschritt, welchen die Psychopathologie gemacht hat, seitdem sie Störungen des Gefühls und der Triebe als unabhängig von intellektuellen Grundlagen anzusehen gelernt hat. Die Fragen nach der Bedeutung und Tragweite des Beschreibens, Erklärens, „Verstehens" in der Psychologie und Psychopathologie bleiben in der analytischen Theorie durchaus ungeklärt, ja sie werden gar nicht klar erfaßt.

Muß somit die psychoanalytische Methode Freuds in ihrem Verfahren, in ihren Grundlagen und in ihrem Ziel als verfehlt und unhaltbar hingestellt werden, so ist doch möglich, daß einzelnes von den Lehren, unabhängig von der Methodik, richtig gesehen und für die weitere Erkenntnis wie auch für das ärztliche Handeln verwertbar wäre.

Was zunächst den für die Lehren Freuds fundamentalen Mechanismus der Verdrängung anlangt, so glaube ich, daß wir in dieser nicht nur ein für die normale wie die pathologische Psychologie sehr bedeutsames Problem getroffen finden, sondern daß sie uns auch in einer Anzahl von Fällen als Tatsache verbürgt erscheinen muß. Wir werden an dem Mechanismus der Verdrängung zwei Seiten zu untersuchen haben, einmal den Vorgang, daß unlustbetonte „Vorstellungen" entsprechend den Wünschen des Individuums in Vergessenheit gedrängt werden können und andererseits die Erscheinung, daß solche unbewußt gewordene Vorstellungsmassen Gefühlswirkungen im bewußten Leben entfalten können. Eng verknüpft damit ist der Mechanismus des Wunschtraumes, bei welchem nicht nur unlustbetonte Vorstellungskomplexe fortgeräumt, sondern auch erwünschte als real erlebt werden, und die Auffassung der Wirklichkeit eine entsprechende Änderung erfährt. All diese Gesetzmäßigkeiten psychologischen Geschehens erscheinen heute durch eine Reihe von Erfahrungen dargetan zu sein; erinnert sei an den Ganserschen Symptomenkomplex, an die von Rüdin beschriebenen psychogenen Wahnbildungen mit dem Charakter der Wunscherfüllung (Begnadigungswahn) u. a. m. Wie weit diese Einsichten noch für das Verständnis anderer psychopathologischer Geschehnisse fruchtbar gemacht werden können, muß die Zukunft lehren.

Auf die Bedeutung von Gefühlsprozessen für die Gestaltung mannigfacher pathologischer Erscheinungen ist ja nicht nur von Freud hingewiesen worden. Jedenfalls aber bezeichnen die angeführten Beispiele den Unterschied der wissenschaftlichen Argumentation, der Freud gegenüber hervorgekehrt werden muß. In den genannten Fällen wissen wir sicher, daß bestimmte Abwehrbestrebungen oder Wunschverflechtungen in intensiver Weise aktiv waren, und wir sehen, wie eine psychische Störung sich jenen Abwehrbestrebungen und Wünschen entsprechend entwickelt. Hier ist die Folgerung, die wir machen, denn doch etwas wahrscheinlicher als jene nur auf der Tatsache der Lückenbildung mit den vagsten Analogieschlüssen aufgebauten Zumutungen, welche FREUD an das Unbewußte richtet. Es muß also auch hinsichtlich der Verdrängung die Beweisführung FREUDS abgelehnt und nur die allgemeine psychologische und pathologische Fragestellung übernommen werden.

Ferner ist in Einschränkung des vorher Dargelegten festzuhalten, daß selbst nicht jedes Vergessen unter der Mitwirkung von Unlustmotiven FREUDsches Vergessen ist; es sind wenigstens andere theoretische Ansichten über solche Vorgänge möglich, die dem Begriff FREUDS nicht entsprechen würden.

So hat PETERS unter dem Titel der „Tendenz zur Unlustverminderung" einen Mechanismus des Vergessens darzutun gestrebt, der wie bei FREUD seine Quelle in einem Willen zu vergessen hat, der aber sehr wesentliche Unterschiede von dem Mechanismus der Verdrängung zeigt. Wenn PETERS meint, daß infolge einer Aufmerksamkeitsabwendung von unlustbetonten Erlebnissen diese eine geringere Wiederholungszahl haben werden als lustbetonte und indifferente, darum früher aus dem Gedächtnis verschwinden, und längere Zeit brauchen werden, um bewußt zu werden, und, da sie selbst weniger fest im Gedächtnis haften, im Reproduktionsversuch hinter andern Erinnerungen zurückstehen werden, so ist das eine Erklärung, die sehr wesentlich von der Lehre vom „FREUDschen Vergessen" abweicht.

Bei der Erklärung von PETERS unterscheiden sich die durch die Tendenz zur Unlustverminderung benachteiligten Dispositionen, mit Bezug auf die Reproduktion in keiner Weise von Dispositionen, die aus anderen gedächtnismechanischen Gründen eine entsprechende Reproduktionstendenz haben. Es sind die allgemeinen Gesetze der Gedächtnismechanik, welche der Tendenz der Unlustverminderung dienstbar sein sollen. Das Vergessen FREUDS aber steht außerhalb dieser Gesetzmäßigkeiten des Gedächtnisses; dieses Vergessen ist nicht mehr ein bloßes Verblassen der Disposition, dies Unbewußte ist „zeitlos".

Das Unbewußte als das Bewußtseinsunfähige, als das dem Bewußtsein Unerträgliche ist das Unbewußte der Verdrängung. Unerreichbar dem Einfluß der Zeit behält es die Erregungssumme, den Affekt als Quantität in dauernder Konstanz und Frische. Es ist nicht verblaßt, sondern es wird ferngehalten, und es steht sogleich in unveränderter Gestalt zur Verfügung, wenn es gelingt, den absperrenden Widerstand zu beseitigen. Das Unbewußte FREUDS ist das Pathogene, Unerlaubte, nebenbei Infantil-Sexuelle; ihm fügen sich

Abkömmlinge verdrängter Massen an, die als „Vorbewußtes" alle Übergänge vom Unbewußten zum Bewußten aufweisen und der Zensur in allen möglichen Abstufungen bis zur jederzeitigen Bewußtseinsunfähigkeit unterworfen bzw. nicht unterworfen sind.

So ist dieses Unbewußte, im Gegensatz zu dem bloß Verblaßten, eine seelische Sphäre von dauernd höchster Energie. Es besitzt durchaus die Kraft und die Art der Wirksamkeit, welche bewußten Geschehnissen zukommen, ist dabei aber doch des Bewußtseins beraubt. In dem ihm unzugänglichen Reich des Bewußten wirkt es aber trotzdem in intensiver Weise in Form der Affektübertragung auf indifferentes Material und durch Entstellung desselben.

Diese Auffassung Freuds von Verdrängung und Unbewußtem hat Dignität genug, daß sie in ihrer Eigenart erkannt und dargestellt werde. Und man dient ihr nicht, wenn man ihr durch bloßes Herausheben der Berührungspunkte mit anderen Erfahrungen ihre Besonderheit nimmt und sie verwässert und verflacht. Freud sucht ein Problem zu lösen, das aus allerdings bekannten Erfahrungen erwächst, aber er löst es doch in durchaus origineller Weise.

Nicht das ist das Neue, daß „heruntergewürgte Affekte" Verstimmungen erzeugen können, die anscheinend grundlos, d. h. ohne jedesmalige Kenntnis der Ursache assoziativ geweckt werden können, und auch das nicht, daß in solchen Situationen die Affekte sich an unschuldigen Gegenständen auslassen, also übertragen werden. Und auch das endlich ist nicht das wirklich Neue an der Lehre Freuds von Verdrängung und Konversion, daß er zeigte, daß gerade die hysterischen Symptome auf solche Affekte zurückzuführen sind, und daß er die Methode erfand, im einzelnen Fall diesen Beweis zu leisten. Sondern das ist das seiner Theorie Eigentümliche, daß der pathogene Komplex als autonom agierendes, vom Bewußtsein abgesperrtes Wesen von konstanter Affektgröße gedacht wird, und diese Auffassung gilt es zu begründen.

Die Psychoanalyse vermag das nicht, wie dargelegt worden ist. Die Auffassung stammt aber nicht nur aus ihr, sondern sie hat ihre Wurzel offenbar in Erkenntnissen, die für die Gestaltung des kathartischen Verfahrens und der diesem zugrunde liegenden Theorien maßgebend waren. Es sind Ausläufer aus den Erfahrungen mit der hypnotischen Suggestion, welche für die Annahme der Verdrängung grundlegend geworden waren. Die amnestische Abspaltung, die wir für einen Komplex durch hypnotische Suggestion erzeugen, trägt allerdings Merkmale der „Zeitlosigkeit" und der unbewußten Dauerwirkung, solange eben die Suggestion wirksam ist.

Freilich ist auch die Wirksamkeit der hypnotischen Suggestion nicht einfach dem Einfluß der Zeit entrückt. Auch sie verblaßt schließlich und kann sich auch unter der Einwirkung der Zeit inhaltlich verändern. So gibt also auch der Hinweis auf die posthypnotische Suggestion keine genügende Handhabe für die Grundlegung der Lehre von der Verdrängung, in der Form, wie sie Freud gebracht hat. Vor allem werden wir Zweifel hegen, ob dem normalen Seelenleben Verdrängungsvorgänge in dem umgrenzten Sinne zuerkannt werden dürfen. Bisher jedenfalls haben wir keinerlei Anhaltspunkte hierfür.

Wir gehen über zu der Lehre von der Determination und prüfen, was etwa von dieser als wirklich bewiesen oder auch nur als fruchtbarer Hinweis für weitere Forschungen übernommen werden kann.

Hinsichtlich der Konversion kann es nicht zweifelhaft sein, daß wir es hier mit einer weniger gegründeten Anschauung zu tun haben als bei der Verdrängung. Die Annahme des Umschlags der Erregungssumme ins Körperliche hat gewiß etwas Gezwungenes, trotz der Analogie zu den Ausdruckserscheinungen. Beweisen läßt sich natürlich diese Auffassung aus dem bloßen zeitlichen Zusammentreffen des Symptoms mit dem als ätiologisch angesehenen Trauma nicht. Immerhin wird man der Idee der Konversion einen Wert als Anregung für die Theorie der Hysterie nicht absprechen. Insbesondere wird das Aufsuchen traumatischer Erlebnisse für das Verständnis hysterischer Symptome nützlich sein können, ohne daß damit über die Bedeutung solcher Erlebnisse für die Ätiologie der Hysterie etwas Entscheidendes ausgesagt wird.

Viel schlimmer steht es mit der Lehre von den Symbolen. Sie ist nicht nur durch Freuds Methode nicht bewiesen, und nicht beweisbar, sondern in ihren Ansprüchen überhaupt durch keine Tatsachen gestützt, eine wahre Karikatur von einem wissenschaftlichen Verfahren und als solche das Verhängnis der Freudschen Lehren geworden. Erst mit der Deutungskunst ist der Willkür bei dem Verfahren der Psychoanalyse jeder Spielraum gegeben worden. Und einen ganz verderblichen Einfluß hat die Einführung feststehender Symbolbedeutungen in die Analyse entfaltet. Durch sie ist diese zu einer öden Vorstellungsgymnastik entartet, welche dadurch, daß sie die Obszönitäten alter Zeiten und Zonen in sich aufgenommen hat, weder an Sicherheit noch an Würde gewinnt.

Unbewiesen und haltlos fast in jeder Richtung erscheinen auch die Lehren von der Sexualität und ihrer Bedeutung für die Psychoneurosen. Der Satz Freuds: „Bei normaler vita sexualis ist eine Neurose unmöglich" darf wohl mit Fug und Recht umgekehrt werden, d. h. Psychopathen haben wie überall so häufig auch in ihrem Geschlechtsleben und dessen Entwicklung Störungen, und man darf sich nicht wundern, wenn man sie findet. Keineswegs aber ist man berechtigt, Erlebnissen gerade auf diesem Gebiete eine ausschlaggebende ätiologische Bedeutung für die Entwicklung der Psychopathie beizumessen. Tatsächlich spricht, wenn man Deutungen beiseite läßt, wenig dafür, daß hysterische und noch weniger, daß zwangsneurotische Erscheinungen ausschließlich oder in überwiegendem Maße durch sexuelle Geschehnisse bedingt seien. Selbst für die Angstneurose, wenn man ein solches Krankheitsbild zugestehen will, scheint die Bedeutung sexueller Noxe als ausschließlich ätiologisch keineswegs erwiesen. Jedenfalls ist die

Anschauung, daß jede pathologische Angst letzten Endes sexuell bedingt sei, eine ungeheuerliche Übertreibung. Der Entwurf endlich, den FREUD von der Sexualentwicklung des Kindes gibt, erscheint im wesentlichen nur ermöglicht durch die Willkür seines Verfahrens.

Es sind endlich einige Worte zu sagen über die therapeutischen Erfolge, die mit der Psychoanalyse erzielt sein sollen und angeblich nur mit ihr erzielt werden können. Daß solche Erfolge nicht einfach beweisend für die theoretischen Anschauungen FREUDs wären, ist bereits betont worden und wird auch von einsichtigen Anhängern zugestanden. Bestünden tatsächlich solch unerreichte therapeutische Ergebnisse, so würde man sich klar werden müssen, worauf sie beruhen. In Betracht kommt, wie schon bemerkt, außer dem suggestiven Moment — das FREUD freilich ablehnen zu können meint — die eingehende Vertiefung in das Seelenleben des Kranken und die Möglichkeit, ihn in einer Weise längere Zeit zu fesseln und seelisch zu bearbeiten, die sonst kaum ein Verfahren an die Hand gibt. Daß FREUD heute noch seine alte Anschauung über die Begründung der angeblichen Heilerfolge der Psychanalyse aufrecht erhält, muß nach der Wandlung, die seine theoretische Auffassung von der Ätiologie durchgemacht hat, schwer begreiflich erscheinen. Denn nun handelt es sich ja nicht mehr um die Lösung eines eingeklemmten Affektes, um die Aufdeckung eines ätiologischen, verdrängten Akzidentellen; jetzt soll ja eine ganze Entwicklung verdrängt sein, die Sexualverdrängung hat stattgefunden, und dieser Verdrängungsprozeß wird letzten Endes organisch-chemisch gedacht. Wie eine solche konstitutionelle Veränderung durch eine rein psychologische Methode beseitigt werden soll, ist schwer faßlich, und in der Tat haben wir einen ganz zerstörenden Widerspruch in den Grundanschauungen vor uns.

Aber abgesehen von diesen Widersprüchen in der Theorie — wie es in Wahrheit mit den Heilresultaten steht, ist immer noch sehr unklar. Die Forscher sind sehr zurückhaltend in dieser Hinsicht. FREUD selbst setzt ja die Behandlung der schweren Fälle auf Jahre an, und wir wissen nicht, wie viele komplette Erfolge er schon Jahre hindurch hat dauern sehen. Über das in dieser Hinsicht wichtigste Krankheitsbild, die Zwangsneurose, hat er sich dahin ausgesprochen, daß es ihm noch nicht gelungen sei, einen schweren Fall dieser Art ganz zu durchschauen, und er zieht eine Parallele mit der Lungentuberkulose, bei der auch nur die Behandlung der Anfangsstadien glänzende Erfolge zeitigen kann. — Gewiß — aber Anfangsstadien der Zwangsneurose sieht man auch bei andern Verfahren und auch ohne solche günstig verlaufen und ganz langdauernde Remissionen zeigen. —

Ich selbst habe, wie andere, im Lauf der Jahre eine stattliche Reihe von Fällen aus der Behandlung bekannter Psychoanalytiker aller Richtungen zurückkehren sehen. Diese Kranken waren zum Teil jahrelang behandelt, und keineswegs solche, die, wie BLEULER meint, nur schimpften, weil man auf die Komplexe „tippte“. Einen Erfolg der Behandlung habe ich bei diesen Kranken nicht gesehen. Wohl aber habe ich nach dem, was die Kranken mitteilten, meine früheren Ansichten modifizieren müssen, und halte jetzt die Psychoanalyse FREUDS niemals für eine empfehlenswerte, vielmehr in nicht genügend vorsichtigen und gewissenhaften Händen für eine gefährliche Waffe. Ich habe von Kranken Behandlungsweisen mitgeteilt erhalten, welche weit das übertrafen, was FREUD, der ja vor solchen Ausschreitungen warnt, von den „wilden Psychoanalytikern" erzählt. Da die Methode so gar keine Zügelung und keine Zensur in sich hat, so ist es klar, daß allein der Takt des einzelnen entscheidet. Dieser scheint aber nicht mit dem Bekenntnis zur Psychoanalyse mitgegeben zu werden; vielmehr scheint es, als ob der therapeutische Optimismus und der Stolz, die „Tiefenpsychologie" zu beherrschen, gelegentlich zu einem rücksichtslosen Radikalismus auch in der Behandlung Kranker verleite.

Ist es nun aber auch nicht möglich, FREUDS Verfahren anzuwenden, um seine Erfolge nachzuprüfen und seine theoretischen Anschauungen besser zu begreifen? Das ist ja der Vorhalt, der den Gegnern fortdauernd von den Anhängern gemacht wird, daß sie sich mit theoretischer Kritik begnügen. Ich glaube allerdings, daß es für den, der von der Fehlerhaftigkeit des vorgeschlagenen Verfahrens überzeugt, schwer möglich ist, mit diesem Verfahren zu prüfen. Was sollen wir denn bei solchen Nachprüfungen — wie auch ich sie angestellt habe — erwarten? Daß die Dinge sich so zutragen, wie sie uns berichtet werden, bezweifeln wir doch nicht; aber daß die Schlüsse, die gezogen, die Deutungen, die gemacht werden, zutreffend und erlaubt sind, bestreiten wir.

Was ich von dem psychoanalytischen Verfahren für wertvoll halte und bei der Untersuchung und Behandlung der Kranken als nützlich befunden habe, ist der erste Teil derselben, der eigentlich analytische Teil, das fortlaufende Assoziieren. In ihm haben wir ein Mittel, das oft besser als das gewöhnliche Assoziationsexperiment es ermöglicht, in unauffälliger Weise in die Seele der Kranken einzudringen. Auch die alte kathartische Methode des Ausfragens in Hypnose kann öfters angebracht sein. Beschränken wir uns auf diese Hilfsmittel der Analyse, hüten wir uns vor eiligen Schlüssen auf die Ätiologie, nehmen wir uns in acht, alles was der Kranke vorbringt, für bare aus dem Unbewußten hervorgeholte Münze zu halten, vermeiden wir endlich bei unseren Bestrebungen die leidige Sucht, alles aus dem berühmten einen Punkt zu kurieren, so wird diese Erweiterung der Krankenuntersuchung, welche zugleich eine eindringliche psychotherapeutische Bearbeitung der Patienten ermöglicht[1]), Nutzen stiften können. Den Grundsätzen der Deutungskunst wird allerdings keine Berechtigung für die Psychotherapie zuerkannt werden dürfen.

Die Unzulänglichkeiten sollen uns nicht hindern, die tauglichen Bestandteile der Lehren FREUDS zu sehen und zu berücksichtigen. Das Problem der Verdrängung, die Frage der Gefühlswirkungen un-

---

[1]) Wie sehr FREUD selbst auch „alte" übliche Psychotherapie in der Analyse verwertet, geht aus manchen seiner Ausführungen deutlich hervor.

bewußter oder dunkel bewußter Elemente, die Vertiefung in das Individuelle normaler und abnormer psychischer Erscheinungen, das Problem des Inhalts der Psychose und Neurose, das alles sind Werte, die zum mindesten als Fragestellungen von der fortschreitenden Forschung werden übernommen werden müssen und schon z. T. von ihr übernommen worden sind. Die Ätiologie der Neurosen jedoch ebenso wie die Wirksamkeit der Therapie hat andere Wurzeln als die, welche die Psychoanalyse aufgedeckt zu haben meint.

3. Zur psychoanalytischen Technik.

Unbeschadet der bereits geäußerten und nochmals zusammenfassend festzulegenden Stellungnahme zur psychoanalytischen Technik seien einige Verdeutlichungen der verschiedenen Formen psychoanalytischer Behandlung hierhergesetzt. Zunächst werden einige Hinweise hinsichtlich der Technik der FREUDschen Analyse in ihrer strengen Form gegeben.

Über die eigentliche Technik der Analyse gibt die Schilderung des äußerlichen Verlaufs einer Behandlungsstunde, wie sie HITSCHMANN vor längerer Zeit gegeben hat, einige auschauliche Auskunft:

„Was die eigentliche Technik der Analyse[1]) betrifft, so sei zunächst der äußerliche Verlauf einer Behandlungsstunde geschildert. Der Kranke wird dazu verhalten, abgewendet vom Arzt auf einem Ruhebette bequeme Rückenlage einzunehmen, damit er möglichst unbeeinflußt von Muskelanstrengung und ablenkenden Sinneseindrücken seine Aufmerksamkeit auf die eigene seelische Tätigkeit konzentrieren kann. Die einzelne Sitzung erfolgt im übrigen wie ein Gespräch zwischen zwei gleich wachen Personen. Das wichtigste ist, daß die Patienten in entspannter und harmloser Weise alles mitteilen, was ihnen eben durch den Kopf geht, auch wenn sie meinen, es sei unwichtig oder es gehöre nicht dazu oder es sei unsinnig. Mit besonderem Nachdruck aber wird von ihnen verlangt, daß sie keinen Gedanken oder Einfall darum von der Mitteilung ausschließen, weil ihnen diese Mitteilung beschämend oder peinlich wäre. Diese kritiklose Hingabe des Patienten an seine frei steigenden Einfälle ist die wichtigste Voraussetzung, der aber manche Patienten durch zu großen „Widerstand" (vgl. später) anfangs nicht entsprechen. Die Analyse des Kranken hat nicht die Tendenz, auf ein bestimmtes Thema loszugehen, und nimmt auch nicht ein einzelnes Symptom zum Ausgangspunkt. Im Gegenteil, die psychische Oberfläche des Patienten schlägt das jeweilige Thema an. Dabei ist es gleichgültig, von welchem Thema der Patient ausgeht; seine Äußerungen bleiben ja immer individuell, und es ist selbstverständlich, daß er, unter seiner Krankheit leidend und zur Behandlung

---

[1]) Jahreskurse f. ärztl. Fortbild. 1913, V, S. 34. HITSCHMANN, Dr. ED.: FREUDS psychoanalytische Behandlungsmethode.

beim Arzt erschienen, unwillkürlich bald Dinge vorbringen wird, die mit der Krankheit in irgendeinem Zusammenhang stehen. Eine Zeitlang fließen die Einfälle oft ungehemmt zu, manche Lebensperiode des Kranken tritt dem Arzt nun klar vor Augen. Doch stellen sich Lücken der Erinnerung heraus, und gerade diese Amnesien sind charakteristisch für die neurotischen Krankengeschichten. Im Laufe der Behandlung aber werden die Lücken, und zwar oft unter deutlichem Unbehagen oder starkem Affekt ausgefüllt. Der Arzt verhält sich im allgemeinen passiv, hört dem Kranken mit gleichschwebender Aufmerksamkeit, die nichts voreilig werten oder erklären will, zu. Er hat dem Kranken nur gelegentlich gewisse Grundregeln mitzuteilen und einzelne Erwartungsvorstellungen anzudeuten, z. B. die Bedeutung des Unbewußten, des Infantilen und ähnliches klarzulegen.

Trotzdem der Arzt sich objektiv und zurückhaltend zu benehmen hat, geht von seiner Person doch eine bedeutsame Wirkung aus. Das Zusammensein durch viele Stunden zwischen dem Hilfesuchenden und dem, der sie seiner Autorität nach zu geben berufen ist, der übrigens auch dem Kranken durch das vorausgesetzte Wissen und die Entscheidungsfähigkeit so vielfach überlegen ist, kann auf den Patienten nicht ohne Einfluß bleiben. Unwillkürlich wird der Arzt mit anderen autoritativen Personen, von denen der Kranke früher oder später einmal abhängig war, identifiziert; er wird wie jene geliebt, verehrt, gefürchtet, vielleicht auch gehaßt und verspottet. Diese Einstellung des Analysanden zum Arzt nennen wir Übertragung, was so gemeint ist, daß die seelische Abhängigkeit, die Gefühle der Zu- oder Abneigung, nicht nur durch die Persönlichkeit des Arztes hervorgerufen sind, sondern auch Neuauflagen früherer Gefühlserlebnisse darstellen, vor allem jener, welche in der Kur ausführlich zur Sprache kommen und erfahrungsgemäß Familien- und erotische Erlebnisse sind. Im günstigen Falle überwiegt die liebevolle Einstellung des Patienten. Der Arzt gewinnt suggestive Kraft, der Patient ist hingebungsvoll, aufrichtig, die Einfälle fließen reichlich. Der ungünstigste Fall ist der, daß die Person des Arztes von vornherein abstößt und die Kur gar nicht zustandekommt. In den anderen Fällen tritt nur zuweilen die „negative Übertragung“ in Erscheinung: Der Patient ist vorübergehend trotzig, ungläubig, spöttisch oder verängstigt. Es hält sich einige Zeit ein eigentümlicher Spannungszustand, Patient schweigt oder zeigt sich zerstreut, behauptet, es falle ihm nichts mehr ein. In diesem Falle, aber auch im Falle von übertriebener Zuneigung, deren Geständnis unterdrückt wird, ist der Patient regelmäßig über diese, auf Übertragung beruhende Einstellung aufzuklären. Diese kann sich auf Zu- und Abneigung gegen den Arzt, auf grob sexuelle Erinnerungen, die verheimlicht werden sollen, beziehen, aber auch auf Dauer oder Kosten der Kur und ähnliches beruhen. Trotz, Unglaube, Angst und ähnliche Einstellungen sind dann hinter der negativen Übertragung zu finden. Diese Hauptwiderstände gegen den günstigen Ablauf der Kur werden durch eben diese Aufklärung und Bewußtmachung der Übertragung regelmäßig hinweggeräumt, wodurch der Fluß der Einfälle wieder weiterläuft. Der geübte Psychoanalytiker muß diese Widerstände, bereits wenn sie sich anzukündigen beginnen, erkennen und abzuwenden wissen. Die Beseitigung dieser Widerstände durch ihre Aufdeckung ist die Hauptaufgabe der Technik; sie ist auch die Hauptschwierigkeit der Technik, die nur mit Hilfe der Übertragung und deren endlicher Auflösung überwunden werden kann. Scheint die Übertragung in ihren Auswüchsen so die Hauptthemmung der Behandlung zu sein, so wird sie eben durch die Auflösung, die man dem Kranken gibt, das beste Mittel zur Förderung des unbewußten Materials.

Das Material, das die Einfälle bringen, ist jedoch vielfach nur als Rohmaterial anzusehen, in dem oft erst das Wissen des Arztes das tiefste Unbewußte angedeutet erkennt. Hier zeigt sich am besten, wieviel psychoanalytisches Wissen der Arzt bereits mitbringen muß, um das vielfach entstellte Material, wie es der Patient vorbringt, auch wirklich verstehen und verwerten zu können. Es muß jedoch als Grundregel erwähnt werden, daß es wertlos, ja schädlich ist, dem Kranken vorzeitig mit der Deutung und Mitteilung durchschauter Zusammenhänge imponieren zu wollen. Das letzte Unbewußte ist ihm erst mitzuteilen, wenn er durch Vorbereitung schon selbst in die Nähe des Verdrängten gelangt ist, und nur zu einer Zeit, wo ihm das intensive Attachement an den Arzt das Peinliche dieser Aufdeckung mildert und weniger beschämend macht.

Manche Anforderungen an vorhergegangene Übung stellt die Handhabung der Traumdeutung, die noch besser gestattet, ins Unbewußte und Infantile des Kranken einzudringen ... Eine komplizierte Technik ... deutet den Traum nicht nur vermöge der zu jedem einzelnen Traumelement gelieferten freien Einfälle, sondern diese Technik bedient sich außerdem der zum Teil schon den Alten bekannten, aber erst durch die wissenschaftliche Arbeit der letzten Jahre auf exakte Beweise aufgebauten Symbolik ... Der Reichtum des Traumlebens ist beim einzelnen verschieden. Zumeist aber bringt der günstig eingestellte Kranke reiches Traummaterial. Oft ist es dann in der Kur nicht möglich, den (vielleicht aus Widerstand) allzu reich fließenden Träumen gerecht zu werden; es ist aber auch unnötig, jeden Traum zu deuten, und auch die Kompliziertheit des einen oder andern verhindert dies manchmal.

Ist die Deutung von Träumen auch die „via regia“ in das tiefste Unbewußte des zu Untersuchenden, so kommt man doch oft rascher durch Fortsetzung der Analyse der Einfälle vorwärts. Außer den Einfällen und Träumen hat der Analytiker verschiedenen sonst als harmlos ignorierten, unwillkürlichen Handlungen, Äußerungen und Unterlassungen des Patienten, den Fehlleistungen (Versprechen, Vergessen, Verlieren usw.), seiner Mimik, der Physiognomie seines ganzen Wesens, größte Aufmerksamkeit zu schenken. Alle diese Äußerungen sind oft indirekte Geständnisse, geben unbewußten Gedanken und Impulsen

Ausdruck. Namentlich erste Äußerungen und die ersten Träume in der Behandlung erweisen sich als bedeutsam.

Das „Nein", das man oft vom Patienten zu hören bekommt, wenn man seiner bewußten Wahrnehmung den vermuteten verdrängten Gedanken vorlegt, ist nicht selten nur als Konstatierung der Verdrängung aufzufassen, und seine Entschiedenheit mißt gleichsam die Stärke derselben. Dies, wie auch die folgenden Beobachtungen sind Beispiele empirisch gewonnener Regeln: Ein innerer, aber noch verborgener Zusammenhang zweier Gedankengänge kann sich durch die zeitliche Nachbarschaft der Einfälle verraten. Bei zweifelnder Darstellung kann man von der darin liegenden Urteilsäußerung des Erzählers völlig absehen und den Bericht im positiven Sinne auffassen. Bei zwischen zwei Gestaltungen schwankender Darstellung halte man eher die ersteäußerte für richtig, die zweite für ein Produkt der Verdrängung. — Einige Psychoanalytiker bedienen sich beim Ausbleiben der Einfälle des sog. Assoziationsversuches, der darin besteht, daß man dem Analysanden Reizworte zuruft und die Art wie den Inhalt seiner unmittelbar darauf geäußerten Reaktionen gleichfalls als vom Unbewußten beeinflußt wertet."

„Was den Verlauf der Kur anbelangt, so ist" — wie HITSCHMANN im Sinne der FREUDschen Lehren anfügt — „wichtig zu wissen, daß das Befinden des Kranken während der Kur kein Maßstab für die Sicherheit oder die Nähe des endlichen Erfolges ist. Das Befinden des Kranken ist sogar gelegentlich während der Kur, da doch alte Konflikte wieder aufgeregt, Kompromisse, die im Symptom ihre Lösung gefunden hatten, wieder aufgehoben werden, eine Zeitlang ein verschlechtertes, was die Angehörigen oder den Patienten im mangelnden Verständnis der Arbeitsweise der Kur unzufrieden machen kann. Der Arzt aber muß in seinen, auf praktischer Erfahrung und theoretischen Überzeugungen fußenden Grundsätzen fest bleiben und sein Ziel trotz evtl. passagerer Wiederkehr von Symptomen im Auge behalten. Zwangskranke z. B. erfordern besondere Geduld, da bei ihnen die Übertragung wechselvoll ist und bei ihrer ambivalenten Gefühlseinstellung durch Trotz und Unglaube ungünstig beeinflußt wird. Aber Stillstand oder gelegentliche Verschlimmerung beweisen nichts gegen den inneren Fortschritt bis zur Heilung. Man darf auch nicht vergessen, daß es Leidenwollende gibt, und daß der Patient sich durch sekundäre Krankheitsmotive im Verkehr mit seiner Umgebung oft gewiß Vorteile gesichert hat, die er nicht leicht aufgibt (egoistische und ehrgeizige Motive). Dieser wichtige Gesichtspunkt muß dem Arzt immer gegenwärtig sein, und er hat außer dem Gedanken: „Wieso wurde der Patient krank?", auch der Frage: „Was erhält den Patienten krank?" seine Aufmerksamkeit zuzuwenden. Endlich kann der Arzt die äußeren Schicksale und Verhältnisse des Patienten nicht immer beeinflussen; günstige oder ungünstige Wendungen seines Lebens wirken aber oft nachdrücklich mit."

Bezüglich der Aufgaben der psychoanalytischen Kur empfiehlt

Hitschmann der analytischen Praxis einige Resignation. „Man könnte sagen, es seien alle Verdrängungen rückgängig zu machen, alle Erinnerungslücken müßten ausgefüllt, alle rätselhaften Effekte des psychischen Lebens geklärt sein. Weittragender ist eine andere Fassung: Es handle sich darum, das Unbewußte dem Bewußten zugänglich zu machen, was durch Überwindung der Verdrängungswiderstände geschieht. Auch als eine Nacherziehung zur Überwindung von Kindheitsresten könnte man die psychoanalytische Behandlung auffassen. Tatsächlich aber ist keine dieser idealen Forderungen zu stellen, sondern man wird sich nichts anderes zum Ziele der Behandlung setzen, als die praktische Genesung des Kranken, die Herstellung seiner Leistungs- und Liebesfähigkeit. Bei unvollkommener Kur oder unvollkommenem Erfolg derselben erreicht man vor allem eine bedeutende Hebung des psychischen Allgemeinbefindens, während mitunter ein oder das andere Symptom, aber mit geminderter Bedeutung für den Kranken, eine Zeitlang noch fortbestehen kann."

Daß die durch die Analyse befreiten Triebregungen nicht zu maßlosem Ausleben bestimmt sind, wird auch von Hitschmann im Sinne Freuds eindringlich betont. Die Wege der bewußten Verurteilung und Sublimierung werden der psychoanalytischen Praxis empfohlen. Der Arzt werde oft Gelegenheit haben, dem Kranken zu altruistischen, gemeinnützigen oder künstlerischen Betätigungen Wege zu weisen. Allzu hoch gesteckte Ziele des Arztes blieben freilich manchmal unerfüllt. Man dürfe nicht vergessen, wieviel an der Neurose konstitutionellen Ursprungs ist, und wie selten nur jugendliches und noch bildsames Material zugeführt werde.

Eine besondere Form der psychoanalytischen Behandlung hat Alfred Adler ausgebildet. Der Pansexualismus Freuds ist hier aufgegeben. An die Stelle der Lehre von der infantilen Sexualität Freuds tritt die von der Bedeutung einer konstitutionellen Minderwertigkeit für die Entstehung der Neurose. Das Wesentliche aber ist, daß die Konstitutionsanomalien nicht nur als Erscheinungen der Entartung aufgefaßt werden, sondern daß versucht wird, die Formen der Reaktion festzustellen, mit welchen der „minderwertige" Organismus auf diese Minderwertigkeit antwortet. Hier sollen sich Bestrebungen der Kompensation ergeben und nicht nur des Ausgleichs, sondern der Überleistung. Das Gefühl der Minderwertigkeit führe zu anderen neuen Hilfsmitteln, mit welchen die Anspannungen des Lebens bewältigt und der empfundene Mangel verdeckt werden soll. „Die weitverbreitete Form, in der sich das in der Kindheit einbrechende Gefühl der Minderwertigkeit einer Entlarvung zu entziehen sucht, besteht in der Aufführung eines kompensatorischen seelischen Überbaus, der mit fertigen, trainierten Bereitschaften und Sicherungen den Halt, die Überlegenheit im Leben wiederzugewinnen sucht, im nervösen modus vivendi."

Die Neurose ist nach dieser Auffassung ein unbewußt arbeitender Versuch, die Wirkungen der Minderwertigkeit zu überwinden, sie nicht nur auszugleichen, sondern sogar überzukompensieren, aus der Sphäre der Unsicherheit und des Gefühls der Unterlegenheit hinauszukommen, sich Geltung zu verschaffen und sogar zu einer „gottähnlichen" Herrschaft über seine Umgebung zu gelangen. So schafft die Neurose Symptome als Arrangement, um Vorwände zu haben, wenn das Leben die ersehnten Triumphe verweigert, um Entscheidungen, welchen der sich unzulänglich Fühlende nicht gewachsen ist, hinausschieben zu können, um etwa erreichte Ziele in stärkerem Lichte erglänzen zu lassen, da sie trotz des Leidens erreicht sind. So haben wir auch nach ADLER eine dauernde Determination im Unbewußten; die Unzulänglichkeit schafft das Arrangement der Neurose, um auf geraden und krummen Wegen, vermittels der Symptome, Geltung und Herrschaft zu erhalten.

Symbolik spielt in der Determination der Symptome nach der Lehre ADLERS gleichfalls eine Rolle. Nur handelt es sich bei ihm nicht immer um eine Verkleidung des sexuellen Unbewußten. Vielmehr können auch sexuelle Symptome das allgemeine Geltungsstreben (Überkompensation der Minderwertigkeit) verdecken; auch sie werden Teile des allgemeinen Arrangements zur Erringung der Herrschaft vermittels der Neurose. „Weiblich" wird jedes passive Verhalten, Gehorsam, Weichheit, Feigheit, Unkenntnis, Unvermögen; „männlich" in der Überbetonung: Haß, Trotz, Grausamkeit, Egoismus, Streben nach Triumphen in jeder menschlichen Beziehung. Und die Gegensätze „oben" und „unten" bedeuten auch in sexueller Verkleidung immer nur den grundlegenden Tatbestand von Herrschen und Unterliegen. Demgemäß führt die „Lebenslinie" des Nervösen, je nach Art der minderwertigen Anlage und des getroffenen Arrangements zu verschiedenartigem Verlauf.

„So wird das Nervöse etwa, um auf der Linie des Gehorsams, der Unterwerfung, der „hysterischen Beeinflußbarkeit" zu siegen[1]), andere durch seine Schwäche, Angst, durch seine Passivität, durch Zärtlichkeitsbedürfnis usw. zu fesseln, allerlei Momente, Furcht auslösende Schreckbilder, Affektbereitschaften, die passenden Gefühle und Charakterzüge bereit haben, eben so wie etwa ein Zwangsneurotiker seine Prinzipien, Gesetze und Verbote, die scheinbar ihn selbst beschränken, in Wirklichkeit ihm aber eine der Gottheit ähnliche Macht verleihen. Immer sehen wir als Ziel eine ideelle „Rente" die, ebenso hartnäckig wie vom Unfallsneurotiker die materielle, mit jenen meist geeigneten Mitteln erkämpft wird, die der Erfahrung des Patienten naheliegen. Ebenso dort, wo aktive Affekte, wie Wut, Zorn, Eifersucht, den Weg zur Höhe sichern sollen, und oft durch Schmerzanfälle, Ohnmachten oder durch epileptische Insulte vertreten werden.... — Alle neurotischen Symptome haben die Aufgabe, das Persönlichkeitsgefühl des Patienten und damit auch die Lebenslinie, in die er hineingewachsen ist, zu

[1]) Jahreskurse f. ärztliche Fortbildung 1913, V, S. 42. ADLER: Individualpsychologische Behandlung der Neurosen.

sichern. Um sich dem Leben gewachsen zu erweisen, erwachsen dem Nervösen auch alle die nötigen Arrangements und nervösen Symptome, als ein Notbehelf, als ein übergroß geratener Sicherungskoeffizient gegenüber den Gefahren, die er in seinem Minderwertigkeitsgefühl beim Ausbau seiner Zukunftspläne erwartet und unaufhörlich zu verhüten trachtet."

Dementsprechend „wird z. B. ein Patient mit Platzangst, um auf kompliziertem Wege sein Ansehen im Hause zu heben und seine Umgebung in seinen Dienst zu zwingen, den Gedanken des Alleinseins, der fremden Menschen, des Einkaufs, des Aufsuchens von Theater, Gesellschaft usw. mit der Phantasie von einem Schlaganfall, einer Entbindung auf der Straße, mit Krankheitsinfektion durch Keime auf der Straße „unbewußt und gefühlsmäßig" . . . vereinigen. Der übergroße Sicherungskoeffizient gegenüber von Denkmöglichkeiten ist klar zu sehen. Man merkt daraus die Absicht und verfolgt sie bis zu ihrem Endzweck, um die Lebenslinie zu erkennen. Ähnlich wird die neurotische Vorsicht eines Patienten mit Angstanfällen, der sich so einer Entscheidung durch eine Prüfung, in einer Liebesbeziehung, bei einem Unternehmen entziehen will, indem er den Krankheitsbeweis herstellt, dahin drängen, seine Situationen mit der Vorstellung einer Hinrichtung, eines Gefängnisses, des uferlosen Meeres, des Lebendigbegrabenseins oder des Todes zu verbinden. Um der Entscheidung über den Erfolg einer Liebesbeziehung auszuweichen, kann die Verknüpfung der Vorstellungen: Mann und Mörder oder Einbrecher, Frau und Sphinx oder Dämon oder Vampyr als zweckdienlich vorgenommen werden. Jede mögliche Niederlage wird durch Verbindung mit dem Gedanken an den Tod oder der Schwangerschaft (auch bei männlichen Nervösen) drohender empfunden, und der so herübergeleitete Affekt zwingt den Patienten, einer Unternehmung auszuweichen. Die Mutter oder der Vater werden so häufig in der Phantasie zu Geliebten oder Ehegatten hinauflizitiert, bis das Band so fest ist, um die Ausbiegung vor dem Eheproblem zu sichern. Religiöse und ethische Schuldgefühle werden, wie so häufig bei der Zwangsneurose, konstruiert und ausgenützt, um zu einem gottähnlichen Machtgefühl zu gelangen (z. B. „wenn ich abends nicht bete, wird meine Mutter sterben"; wir müssen die Verwandlung ins Positive herstellen, um die Fiktion der Gottähnlichkeit zu verstehen: „wenn ich bete, wird sie nicht sterben").

Neben diesen, das übertriebene Persönlichkeitsideal und den neurotischen Weg zu ihm sichernden „Befürchtungen" findet man ebenso oft übertriebene „Erwartungen", deren sicher eintreffende Enttäuschung zu den als nötig empfundenen verstärkten Affekten der Trauer, des Hasses, der Unzufriedenheit, der Eifersucht usw. hinüberleiten. Hier spielen prinzipielle Forderungen, Ideale, Träumereien, Luftschlösser usw. eine ungeheure Rolle, und der Neurotiker kann durch Verbindung derselben mit irgendeiner Person oder Situation alles entwerten und seine Überlegenheit an den Tag bringen. Die große Bedeutung der Liebe im menschlichen Leben und das Suchen des Nervösen nach übermenschlicher Wirkung und Geltung in der Liebe bringen es mit sich, daß das Arrangement der getäuschten Erwartung sich so häufig einstellt, damit der Patient dem Sexualproblem ausweichen kann. Zwangsmasturbation, Impotenz, Perversion und Inversion, sowie Fetischismus sind regelmäßig auf der Linie solcher Umwege gelegen."

Als ein drittes Mittel einer Konstruktion zur Verhütung einer Niederlage und eines schweren Minderwertigkeitsgefühls nennt ADLER[1]) „die Antecipation von Empfindungen, Gefühlen und Wahrnehmungen, die in ihrer Beziehung zu bedrohlichen Situationen vorbereitende, warnende oder aufmunternde Bedeutung haben, im Traum, in der Hypochondrie, in der Melancholie, im Wahn der Psychosen überhaupt, in der Neurasthenie und in den Halluzinationen. Ein gutes Bild gibt etwa der häufige Traum von bettnässenden Kindern, die sich am Abtritt sehen, damit sie die meist rachsüchtige und trotzige enuretische Attitude unbeeinflußt von ihrem Intellekt entwickeln können. Ebenso können Bilder aus der Tabes, Paralyse, echten Epilepsie, aus der Paranoia, aus Herz- und Lungenkrankheiten usw. zur Darstellung von Befürchtungen und um sich zu sichern, zur Verwendung kommen."

Aufgabe der Behandlung ist die Aufdeckung des neurotischen Systems oder des Lebensplans des Kranken. Wesentlich ist hierbei, daß der Arzt die Mechanismen des Geltungsstrebens seines Kranken durchschaut und nicht von ihm überwältigt wird, nicht selbst „in die Behandlung des Patienten gerät". Einer der wichtigsten Kausalbegriffe der Psychotherapie erfordert die Zuschiebung der Leistung und des Erfolges der Heilung auf den Patienten, dem man sich in kameradschaftlicher Weise als Mitarbeiter zur Verfügung stellt. Der Vollzug der Änderung im Wesen des Patienten kann einzig nur dessen eigenes Werk sein. Wenn er erst seine Lebenslinie erkannt hat, kann er von den Psychotherapeuten nichts erfahren, was er selbst als der Leidtragende nicht besser wüßte. Der Arzt ist also bei dem analytischen Verfahren ein dem Kranken wohlwollender und verständnisvoller Zuschauer, der dem Patienten in sein eigenes Wesen hineinblicken hilft, die Früchte dieser Selbsterkenntnis aber ohne weitere Einwirkung von selbst reifen läßt. Es sei zur Verdeutlichung des Verfahrens ADLERS eine durch diesen selbst gegebene aphoristische Skizze einer analytischen Behandlung hierhergesetzt. Es handelt sich um einen 22jährigen Patienten, welcher wegen Zwangsmasturbation, Depressionserscheinungen, Arbeitsunlust und schüchternen, verlegenen Benehmens die Behandlung aufsuchte.

„Ich[2]) nehme zur besseren Anschaulichkeit für den Leser, wie bei gewissen Problemen der Mathematik, die sich durch diesen Kunstgriff lösen lassen, meine Aufgabe vorläufig als gelöst an, und werde versuchen, so weit dies in einer Skizze möglich ist, die Richtigkeit der Lösung an dem Material der Tatsachen zu erweisen. Dementsprechend

---

[1]) Jahreskurse f. ärztl. Fortbildung 1913, V, S. 44 u. f.
[2]) l. c. S. 50.

gehe ich von einer vorläufigen Voraussetzung aus: der Patient strebe mit seinem modus vivendi zu einem Ziel der Vollkommenheit, der Überlegenheit, der Gottähnlichkeit. In unseren zwanglosen Unterhaltungen liefert der Patient bald reichlich Anhaltspunkte für diese Annahme. Er schildert uns breit die besondere Vornehmheit seiner Familie, ihre Exklusivität, ihren Grundsatz des „Noblesse oblige“, und wie ein älterer Bruder den allgemeinen Tadel durch eine Heirat unter seinem Niveau hervorgerufen habe. Diese Hochhaltung der Familie ist begreiflich, stellt sich auch als notwendig ein, da sein eigener Kurs dabei steigt. Im übrigen sucht er alle Mitglieder der Familie in Güte oder kämpfend zu beherrschen. Eine äußerliche Attitude zeigt uns den gleichen Drang nach oben: er steigt mit Vorliebe auf das Dach des Familienhauses, geht bis an den äußersten Rand, duldet aber nicht, daß ein anderes Glied der Familie sich bis dorthin wage. Nur er! — Zeigte große Aufregung in der Kindheit, wenn er geschlagen wurde, widersetzte sich jedem Zwang und duldet keinerlei Beeinflussung. Tut meist das Gegenteil von dem, was andere, insbesondere seine Mutter, von ihm verlangen. Singt und brummt auf offener Straße, an öffentlichen Orten, um der Welt seine Verachtung zu beweisen (d. h. er arrangiert Gefühle der Überlegenheit). Gleich in den ersten Träumen kommt u. a. die Warnung zutage, sich von mir nicht unterkriegen zu lassen. Er hütet sich, auf den Schatten einer beliebigen Person zu treten, um (häufiger Aberglaube) deren Dummheit nicht zu erwerben (positiv gefaßt: ich bin klüger als alle!). Fremde Türschnallen kann er nur mit dem Ellbogen, nicht mit den Händen berühren. („Alle Leute sind schmutzig — d. h. nur ich bin rein.“ Dies auch das treibende Motiv des Waschzwanges, der Reinlichkeitssucht, der Infektionsfurcht, der Berührungsfurcht.) — Berufsphantasien: Luftschiffer zu werden, Milliardär, um alle Menschen zu beglücken. (Er — im Gegensatz zu allen andern.) — Flugträume. — Was aus diesem Ensemble zutage tritt, deutet auf eine hohe Selbsteinschätzung.

Geht man aber näher darauf ein, so gewinnt man aus den krampfhaften Anstrengungen und Sonderbarkeiten dieses Patienten bald den Eindruck einer großen Unzufriedenheit und Unsicherheit. Es ergibt sich, daß er immer auf seine schwächliche Konstitution zurückkommt, daß er ausführlich seine weibliche Konstitution schildert, auch hervorhebt, wie man ihm dies immer vorgehalten habe, und daß man ihn immer in der Kindheit mit dem Zweifel gequält habe, ob er ein voller Mann einmal sein werde. Auch Äußerungen, er wäre besser ein Mädchen geworden, hätten einen tiefen Eindruck auf ihn gemacht. Daß frühzeitig ein neurotisches System ausgebaut wurde, in dem auch die entsprechende Affektivität nicht fehlen durfte, beweisen die bald auftretenden Züge von Trotz, Jähzorn, Herrschsucht und Grausamkeit, die alle nach der männlichen Seite schielen, sich vor allem gegen Mutter und Schwester wandten, sich deutlich auch abhoben, wenn er z. B. bei der Zumutung, in kleinen Theaterstücken eine weibliche Rolle zu spielen, in Raserei geriet. Auf seine spät auftretende Körperbehaarung und auf eine Phimose ... weist er intensiv und mit tendenziösen Befürchtungen. Der Zweifel an seiner tauglichen männlichen Geschlechtsrolle sitzt tief in ihm, drängte ihn zu Übertreibungen männlich gewerteter Art, in mancherlei Richtung auch zum protestierenden Narzissismus, verschloß ihm aber den Ausbau seiner Lebenslinie in der Richtung auf Liebe und Ehe. So kam er zur Masturbation und — blieb bei ihr. Mag er noch so deutlich die Attitüde der Überhebung zur Schau tragen, — wenn wir die Voraussetzung seines Handelns prüfen, so stoßen wir unbedingt auf ein vertieftes und leicht zu vertiefendes Minderwertigkeitsgefühl. Um aber Sicherheit zu gewinnen, war er gezwungen, seine Lebenslinie derart auszubauen, daß sie in weitem Bogen um das Problem der Heterosexualität verlief, — und er hatte die sexuelle Richtung, die zu seinem System paßte, die masturbatorische. Diese mußte er als Zwang stabilisieren, als Sicherung gegen jede drohende Annäherung an eine Frau ausüben, durch Kopfschmerz im Falle seines Widerstandes erzwingen, durch Schlaftrunkenheit erleichtern. Um seine Furcht vor der Frau zu vertiefen, sammelte er alle Fälle aus seiner Erfahrung, die für die verderbenbringende Rolle der Frau sprachen. Die anderen Fälle ließ er unbeachtet. Was an Möglichkeiten einer Liebe oder Ehe übrig blieb, schaltete er durch Prinzipien aus wie etwa: nur nach „Gotha" zu heiraten, oder durch die Aufstellung eines Ideals, das ihm selbst unerreichbar vorkam.

Außer der Masturbation im Halbschlafe versuchte er mehrere andere Kunstgriffe, deren sozial störendster sein Hang zum Berufswechsel und seine völlige Arbeitsunlust waren. Der Sinn beider ließ sich leicht entziffern: die „zögernde Attitude" war auch als brauchbar festgehalten, um nicht an das Eheproblem gehen zu müssen. Die Konstruktion ethischer und ästhetischer Schablonen hatte ihn selbstverständlich vor der Prostitution und vor „freier Liebe" gesichert, Vorteile, die uns nicht blind machen dürfen gegen die neurotische Tendenz in ihnen.

Zugleich ermöglichte ihm dies Arrangement der „zögernden Attitude" mit seiner Unsumme von fatalen, sich von selbst ergebenden Erlebnissen (infolge von Verspätungen, von Faulheit, Verschiebungen usw.) eine zweite sichernde Konstruktion, des intensivsten Familiensinnes, zu verstärken, da es ihn immer wieder in die stärkste Beziehung zu seiner rechthaberischen herrschsüchtigen Mutter brachte. Gerade die Schwierigkeiten seines Lebens waren es ja, die seine Mutter zwangen, ihre ganze Aufmerksamkeit ihm zuzuwenden, so daß es doch eine weibliche Person gab, bei der er unumschränkt herrschte. Er verstand es meisterhaft, mit Schilderungen seiner Depression, mit selbstgezeichneten Schmuckleisten seine Briefe, die Revolver darstelten, sie an sich zu fesseln, und feindselige Angriffe sowohl wie gelegentliche Zärtlichkeiten machten sie immer wieder gefügig. Beides waren seine Waffen, seine Kunstgriffe, um die Mutter zu beherrschen, und da in ihrem Falle das Sexualproblem ausgeschaltet war, bot sich in seiner Beziehung zur Mutter abermals ein Gleichnis seiner Lebenslinie, wie er zur Herrschaft zu gelangen suchte. Um anderen Frauen ausweichen zu können, schloß er sich an seine Mutter, und so kann in ähnlichen Fällen eine Karikatur einer incestuösen Beziehung zutage treten, oder als „Incestgleichnis" die Lebenslinie des Patienten wiederspiegeln, ein Bluff der nervösen Psyche, die den Arzt nicht täuschen darf.

Die psychotherapeutische Behandlung ist demnach darauf zu richten, den Patienten aus seinen Vorbereitungen im Wachen und gelegentlich im Traume zu zeigen, wie er gewohnheitsmäßig immer wieder in die ideale Situation seiner Leitlinie einzurücken versucht, bis er, anfangs aus Negativismus, später infolge von freier Bestimmung, den Lebensplan und damit sein System ändern kann."

Aus der Skizze Adlers dürften die Grundzüge seines Verfahrens einigermaßen deutlich werden. Was Adler von Freud grundsätzlich trennt, ist das Aufgeben der eigentlichen Sexualpsychoanalyse. Gemeinsam ist Adler mit Freud die Grundüberzeugung von dem „Sinn der Psychose", von der durchgängig planvollen Bedingtheit allen neurotischen Geschehens durch zielstrebige Vorgänge im Unbewußten. Dementsprechend wird auch bei Adler im Sinne der Lebenslinie „gedeutet", oft in nicht weniger gekünstelter Weise als bei Freud.

Somit treffen die gegen Freud vorgebrachten Bedenken auch die entsprechenden Gedankengänge Adlers. In Wahrheit übertreibt schon der Grundgedanke, daß alles neurotische Geschehen aus der Kompensation eines Minderwertigkeitsgefühles entspringt, vorhandene Tatsachen in sehr verzerrender Darstellung. Zweifellos gibt es psychogene Wunsch- und Zweckneurosen dieser Art, besonders in der Hysterie. Auch bei Psychopathien verschiedenen Typs wird man nicht selten ein „Ausnutzen" der Krankheit beobachten können, wie auch bei körperlichen Erkrankungen. Gleichwohl wird man es als eine groteske Übertreibung bezeichnen müssen, wenn behauptet wird, ein Waschzwang aus Beschmutzungsfurcht oder ähnliches verleihe dem Kranken „Gottähnlichkeit", weil er jeden seiner Herrschaft unterwerfe. Gerade für die oft äußerst qualvollen phobischen zwangsneurotischen Zustände wird man diese Auffassung nicht zugestehen können. Nur ein sehr gekünsteltes Erdeuten des Unbewußten ermöglicht eine solche Anschauung. In Wahrheit erscheinen gerade die echten Zwangszustände ihrem Wesen nach für die Lebensführung nur unzweckmäßig. Sieht man aber von dem Irrtum der grundsätzlichen Rationalisierung des Unbewußten und ihren oft bedenklichen Folgen in dem Verfahren Adlers ab, so wird man gerne zugestehen, daß seine Arbeiten mancherlei Bereicherung unserer Anschauungen über nervöse Erscheinungen gebracht haben, und daß es zweckmäßig sein kann, nervöse Charaktere auch unter dem Gesichtspunkt der Gestaltung der Lebenslinie durch Kompensation und Überkompensation des Minderwertigkeitsgefühls zu betrachten und zu behandeln. Zweifellos kann die Frage nach dem Zweck des neurotischen Geschehens bedeutungsvoll für das Verständnis der Symptome und für die Anlage der Behandlung werden. Eine übertriebene

Betonung dieses Gesichtspunktes kann aber nur unheilvoll wirken. Auch die Berufung auf das Unbewußte gibt hiefür keine Rechtfertigung. Sie stützt sich auf ähnlich gekünstelte Grundsätze der Verdeutung wie das Verfahren FREUDS.

4. Die praktische Verwertung analytischer Methoden.

Die bisherigen Darstellungen und Überlegungen führten dazu, einen kleineren, den eigentlich analytischen Teil der Psychoanalyse: Assoziieren, Aufdecken in Hypnose, Durchforschung der Träume unter Fortlassung der Deutung als unter bestimmten vorsichtigen Abgrenzungen theoretisch berechtigt und praktisch brauchbar anzuerkennen. Diese Verfahrungsweisen bringen, wie mehrfach hervorgehoben wurde, eine eindringliche Vertiefung in das Seelenleben des Kranken und sie ermöglichen diese Vertiefung in einer bei entsprechender Anwendung der Methoden unauffälligen und verhältnismäßig „schmerzlosen" Form. Zugestanden mußte weiter werden, daß die eingehende Aufdeckung des seelischen Geschehens schon an sich wohltätige Wirkungen im Sinne der Behandlung herbeiführen kann, daß sie andererseits anschließend eine eindringliche psychotherapeutische Bearbeitung des Kranken ermöglicht. Daß voreilige Schlüsse im Sinne einer Ätiologie aus der Tatsache der Aufdeckung und auch aus der eventuellen therapeutischen Wirksamkeit dieser nicht gezogen werden dürfen, ist genügend hervorgehoben worden.

Das alte kathartische Verfahren, wie es BREUER und FREUD und unabhängig von diesen OSKAR VOGT geübt haben, ist immer noch, wenn man überhaupt „analysieren" will, eine recht zweckmäßige Methode. Bei manchen hysterischen Erkrankungen, besonders da wo man Anhaltspunkte dafür hat, ein besonderes Trauma anzunehmen, ist es angebracht, möglichst tief zu hypnotisieren und in der bestimmten als bedeutungsvoll angenommenen Richtung auszufragen. Die Mängel und Gefahren dieses Verfahrens sind offensichtlich. Abgesehen davon, daß bei dieser Art des Vorgehens besondere Vorsicht zur Vermeidung abnormer hypnotischer Erscheinungen angebracht ist, kann das Ausfragen in einer bestimmten Richtung leicht Phantasieprodukte bei Hysterischen hervorrufen. Solche Erfahrungen waren es ja, welche FREUD bestimmten, das kathartische Verfahren aufzugeben. Auch ich selbst habe Gelegenheit gehabt, Phantasien von Hysterikern in der Hypnose entgegenzunehmen. Bei Einhaltung der entsprechenden vorsichtigen Stellungnahme wird man aber gelegentlich auch für das Verständnis des neurotischen Geschehens Wertvolles entgegengebracht erhalten, und bisweilen auch — nach meinen Erfahrungen nicht häufig — durch hysterische Mechanismen unbewußt Gemachtes. Aber auch da, wo es sich um Material handelt, welches dem Bewußtsein des Kranken nicht entrückt war, hat die Art des Vorgehens oft eine starke suggestive Wirksamkeit und ermöglicht eine eindringliche Erkenntnis der pathologischen Persönlichkeit und der sie bestimmenden seelischen Bewegungen.

Das Ausfragen in tiefer Hypnose ist, wie aus den gemachten Darlegungen hervorgeht, nur für eine begrenzte Zahl von Fällen geeignet und nur mit besonderer Vorsicht anwendbar. Zweckmäßiger ist es, in der Mehrzahl nicht auf eine tiefe Hypnose, die ja überhaupt nur für einen mäßigen Prozentsatz in Betracht kommt, zu drängen und auch die Produktion der Erlebnisse durch den Kranken mehr nach der Art des freien Assoziierens der neueren Psychoanalyse vor sich gehen zu lassen. In Anlehnung an FRANK, welcher ein solches Verfahren mit Sorgfalt übt, wird man den Kranken in eine oberflächliche Hypnose versetzen mit der Anweisung: Vorstellungen, Gedanken, Bilder, welche Erlebnisse wiedergeben, bedeutungsvolle, auch gleichgültige Erinnerungen, oder überhaupt nur seelische Regungen irgendwelcher Art ans Tageslicht kommen zu lassen und auszusprechen. Es hat sich mir als zweckmäßig erwiesen, etwa folgendes Vorgehen zu wählen: Nach Herbeiführung eines mittleren oder auch nur ganz oberflächlichen Grades von Hypnose gibt man die Anweisung: „Es werden jetzt Gedanken, Vorstellungen, Bilder in Ihnen aufsteigen. Beachten Sie sie genau und geben Sie sie wieder, sobald Sie sie deutlich erfaßt haben.“ Aus der genauen Beobachtung der Mimik des Kranken kann man oft genug Schlüsse auf den Ablauf des inneren Geschehens machen und zu gegebener Zeit, wenn etwa nicht vom Kranken spontan gesprochen wird, fragen. Man kann nötigenfalls, aber im allgemeinen unter Vermeidung jeder Bestimmung einer Richtung der Reproduktion, auch drängen. Zweckmäßig ist es oft, die Reproduktion im Kranken eine Weile ablaufen und ihn erst dann seine Angaben vorbringen zu lassen. Hält man es nach der Sachlage für richtig, die Reproduktion in irgendeine bestimmte Richtung zu leiten oder gar in dieser Richtung zu fragen, so muß man — wie oben dargelegt — besonders vorsichtig verfahren. Gleichwohl verlangt es öfters der Ablauf der Geschehnisse — wenn etwa ein bedeutungsvolles Erlebnis vorgebracht wird —, in dieser Sphäre zu verweilen.

Auch bei dieser Art des Vorgehens wird man nicht selten stürmische Reaktionen sehen, die Erlebnisse werden bisweilen unter sehr lebendigem Ausdrucksgeschehen vorgebracht. Auch optische Lebhaftigkeit der Vorstellungen wird nicht selten angegeben, doch halte ich es nicht für zweckmäßig, nur auf optische Reproduktionen zu drängen. Im Verlauf der Übung pflegt auch der Vorgang der Abreaktion sich zu automatisieren, die Vorstellungen kommen immer zwangloser und reihen sich in bunter Kette aneinander. Bisweilen kehren auch immer die gleichen Komplexe — besonders gefühlsbetomte — wieder.

Die unmittelbare Wirkung dieser Art von Analyse ist nach Lage der Fälle durchaus verschiedenartig. Öfters wird die Abreaktion sogleich als wohltuend angegeben, und auch der objektive Befund gestaltet sich entsprechend. Besonders bei Hysterischen können ein oder mehrere Symptome unmittelbar im Anschluß an die Analyse verschwinden, ganz wie BREUER und FREUD dies beschrieben haben.

Freilich sind sie trotz der Abreaktion oft bald wieder da, oder ein anderes stellt sich ein, wie wir dies bei der Hysterie gewohnt sind.

Nicht selten sieht man im Verlauf der Analyse, besonders bei Angst- und Zwangskranken, Verschlimmerungen. Angsthafte Erinnerungen manigfachster Art erfüllen das wache wie das traumhafte Erleben des Kranken und können sehr quälend und objektiv hemmend wirken. Gleichwohl haben die Analytiker recht, welche solche Ereignisse nicht von vornherein zu schwer nehmen, sondern als eine unvermeidliche Nebenwirkung der Behandlung betrachten. In der Tat sieht man oft auch bei Angstkranken ein allmähliches Abklingen der durch die Analyse hervorgerufenen ängstlichen Spannung und Erregung und eine dann einsetzende stärkere Beruhigung. Freilich tritt dieser erfreuliche Verlauf nicht immer ein. Bisweilen hat man auch Gelegenheit, eine zwanghafte Fixierung angsthafter Vorgänge zu beobachten, ein dauerndes zwanghaftes Reproduzieren qualvoller Erlebnisse, ein zwangsmäßiges Registrieren von Erinnerungen, Traumerlebnissen und Phantasien. Ich würde es in solchen Fällen für falsch halten, auf der Analyse weiter zu bestehen.

Da ich die Analyse in der Form, wie sie hier geschildert wurde, als ein technisch-psychotherapeutisches Verfahren neben andern betrachte, halte ich die Anschauungen für hinfällig, welche aus einer theoretischen — so oder so gefärbten — psychoanalytischen Überzeugung heraus eine Beschränkung auf die Analyse allein verlangen. Im Gegenteil werden wir die Vereinigung mannigfacher psychotherapeutischer Methoden, je nach Art des Falles, für das Zweckmäßige erachten.

Bestimmte Anschauungen der Psychoanalyse halten z. B. die Vornahme von Willensübungen in Angstzuständen (Phobien) für falsch, weil ein solches Üben — etwa das allmähliche Lernen des Alleingehens bei einer Agoraphobie — immer wieder Angst erzeuge und „aufspeichere“, während die Analyse die Aufgabe habe, die im Unbewußten angesammelte Angst zu entfernen. Nach dieser Ansicht besteht gewissermaßen eine Art von Wettlauf zwischen der Analyse, welche die im Unbewußten angesammelten Angstdepots ausräumt und den schädigenden Vorgängen des Lebens, welche durch Anregung der unbewußten Tatbestände immer wieder neue Angst erzeugen und die „Affektsumme“ anhäufen. Die psychotherapeutischen Maßnahmen dürften wohl Angsterregung mit in den Kauf nehmen, wenn sie zugleich Aufdeckung und Forträumung der unbewußten pathogenen Depots ermöglichten. Willensübungen bei einem Angstkranken würden aber in diesem Sinne als nur äußerliche Wirkungen zeitigend und den Kern des neurotischen Geschehens unberührt lassend verpönt werden.

Diese Art der Gedankenentwicklung übernimmt den Grundirrtum, welcher bei der Lehre vom eingeklemmten Affekt nachweisbar war. In Wahrheit kann wohl kaum ein prinzipieller Unterschied zwischen der Angsterzeugung durch die Analyse und der bei der Übungsbehandlung gemacht werden. Der wahre Kern der Lehre von dem eingeklemmten Affekt ist letzten Endes die Tatsache, daß die Berührung seelischer „Wunden“ Pein verursacht. Die Anschauung aber von der im Unbewußten sich aufhäufenden, der „Usur“ entrückt bleibenden Affektsumme ist schon genügend zurückgewiesen worden. Durch den Nachweis der Unzulänglichkeit der theoretischen Begründung der Psychoanalyse wird auch ihr Anspruch auf Alleinherrschaft in der praktischen Psychotherapie als hinfällig erwiesen.

Eine Anzahl von Psychoanalytikern haben, wie schon erwähnt, dem Assoziationsversuch, wie er von den Schulen WUNDTS, KRAEPELINS und später unter besonderer Berücksichtigung der Psychoanalyse von JUNG, ausgebildet worden ist, besondere Bedeutung für die psychoanalytische Theorie und Praxis beigemessen. Nun sind die Bedenken gegen die theoretischen Schlußfolgerungen, welche Psychoanalytiker, besonders JUNG, aus den Ergebnissen des Assoziationsversuches ziehen zu können glaubten, ausführlich dargelegt worden. Hinsichtlich der psychotherapeutischen Praxis aber ist zu betonen, daß der Assoziationsversuch ein gutes diagnostisches Hilfsmittel ist, welches es ermöglicht, in das Seelenleben des Untersuchten einzudringen. Der Versuch wird für die Zwecke der psychotherapeutischen Praxis so angestellt, daß „Reizworte“ zugerufen werden, nachdem vorher Weisung erteilt worden ist, mit dem nächsten zwanglos sich einstellenden Wort — evtl. auch einem kurzen Satz — zu „reagieren“. Der Kranke ist besonders darauf aufmerksam zu machen, daß er ohne jeden Zwang antworten soll, daß er es vermeiden muß, etwas „Gescheites“ oder auch nur Sinnvolles sagen zu wollen, daß überhaupt eine Einstellung oder eine Absicht nach irgendeiner Richtung hin nach Möglichkeit auszuschließen ist. Es ist zweckmäßig, dem Kranken eine Reihe von Beispielen von Reaktionsweisen zu geben, damit sich die ihm entsprechende Art zu reagieren ohne Beeinflussung durch den Untersucher einstellen kann. (Beispiele: Rose — duftet; blüht; gefällt mir; ist rot, gelb oder weiß. Soldat — tapfer; war ich gern; hat einen Schatz. Blitz: — Donner; blendet, ich fürchte die Gewitter. Sonne: — Wonne; es gibt Sonnenanbeter; Sonnenschein tut mir wohl usw.) Es ist notwendig, die von dem Zuruf des Reizwortes bis zum Aussprechen des Reaktionswortes verfließende Zeit (Reaktionszeit) zu messen. Dies geschieht für den Zweck praktischer analytischer Untersuchungen am besten mit Hilfe einer Fünftel-Sekundenuhr (Stoppuhr), welche vom Untersucher beim Aussprechen des Reizwortes in Gang gesetzt, beim Vernehmen des Reaktionswortes in Ruhe gestellt wird. Im Notfall muß eine grobe Schätzung mit einer Sekundenuhr genügen. Man schreibt Reiz- und Reaktionswort (bzw. Worte, Satz) auf und vermerkt die zugehörige Reaktionszeit. Es ist nun wichtig, die Reaktionsweisen festzustellen. Für die Zwecke der Analyse kommt vor allem die Unterscheidung von objektiven, sachlichen und subjektiven mit lebhaften Gefühlsbetonungen reagierenden, evtl. auch egozentrischen Typen in Betracht.

Wie schon dargelegt, kann nun auch die Reaktionszeit mit Vorsicht für die Diagnose von auftretenden Gefühlsstörungen verwendet werden. Es ist hierbei nicht nötig, die in der experimentellen Psychologie üblichen Berechnungen der Zeitmittel durchzuführen, sondern es genügt, sich an die Reaktionen mit grob auffallender Zeitverlängerung zu halten. Diese können mit Vorsicht als der Verknüpfung mit Gefühlsprozessen verdächtig angesehen werden. Weitere Stützen erhält dieser Verdacht, wenn noch andere Komplexzeichen hinzutreten. Als solche sind hier — abgesehen davon, daß der Inhalt der Reaktion auf einen Gefühlsvorgang hindeuten kann — zu nennen: plötzlicher Wechsel des Reaktionstypus, z. B. Verfallen von objektiver, sachlicher Reaktion in subjektive emotiv gefärbte; Auftreten von Verlegenheits- und Ausweichreaktionen; plötzliches Hervortreten von sprachlich-motorischen, Klangassoziationen und Reimen, sowie sinnlose Reaktionsäußerungen. JUNG hat auch das „Vergessen" des Reaktionswortes im Wiederholungsversuch als praktisch verwertbares Komplexzeichen hervorgehoben. Er bietet dieselben Reizworte unmittelbar nach Beendigung des Assoziationsversuches oder einige Zeit später mit der Weisung die gleichen Assoziationsreaktionen wie im ersten Versuch wiederzugeben. Die Unmöglichkeit, bestimmte Reaktionswörter wiederzufinden, neigt JUNG als ein „Komplexzeichen" zu betrachten und als Wirkung von Verdrängung aufzufassen.

Im Anschluß an die durch Komplexzeichen verdächtig gewordenen Äußerungen kann man nun fortlaufend frei weiter assoziieren lassen (man gibt das verdächtige Reizwort oder Reaktionswort mit der Aufgabe fortlaufend hintereinander alles, was einfällt, wiederzugeben). Oder man nimmt die verdächtige Reaktion zum Ausgangspunkt einer kathartischen Analyse in Hypnose — mit oder ohne Ausfragen.

Ohne Zweifel kann man mit solchen analytischen Methoden in geeigneten Fällen zweckmäßig Psychotherapie treiben. Es ist notwendig, sich beständig über die Art seines Vorgehens Rechenschaft zu geben und die abwägende Einstellung auch etwaigen Erfolgen gegenüber nicht zu verlieren. Es ist ja schon zu Beginn der kritischen Erörterungen darauf hingewiesen worden, daß bereits der erste ätiologisierende Schritt des kathartischen Verfahrens, der Schluß aus dem Schwinden des Symptoms auf die ursächliche Bedeutung des herausgebrachten „eingeklemmten" Komplexes sehr problematisch ist. Diese Fragwürdigkeit des Aufbaues wächst dann, wie zu zeigen versucht worden ist, in der Weiterentwicklung der Psychoanalyse von Schritt zu Schritt.

Indem der Aufruf zur kritischen Prüfung eindringlich betont wird, soll der praktische Therapeut nicht in einen allzu skeptischen Theoretiker verwandelt werden. Aber auch für den aufs Handeln Eingestellten dürfte Besonnenheit nicht ohne Bedeutung für die Erreichung seiner Ziele sein.

Aus dem besonderen Inhalt der Lehren strenger FREUDscher Fassung scheint mir der überwiegende Teil auch für die praktische Behandlung keine Verwertbarkeit zu bieten. Bestenfalls handelt es sich in dem von FREUD entworfenen Bilde um zutreffende einzelne Züge, welche aber im Zusammenhang des Ganzen und zugunsten dieses konstruierten Zusammenhanges entstellt und verzerrt werden.

Die Lehre vom Ödipuskomplex als einem allgemeinen menschlichen Schicksal ist wohl selbst für die FREUDsche Orthodoxie nur durch die ungenaue, nicht sicher zu fassende, in verschiedenen Tönungen schillernde Begriffsbestimmung von Sexualität und Erotik annehmbar geworden. Ich finde hier nur einige nicht übermäßig neue Wahrheiten, welche aber auch für die praktische Neurosenbehandlung herauszuheben nicht ganz unzweckmäßig erscheint.

Daß die spätere Liebes- und Gattenwahl durch Erinnerung an die Eltern beeinflußt werden kann, wird nicht bezweifelt werden; ebenso sicher und bedeutsam ist es, daß es weiche, übermäßig empfindsame Menschen gibt, bei denen der Gedanke bzw. die Erinnerung an die Eltern jede spätere Wahl stört und zerstört. Solche Naturen können sich nach Verlust der Eltern völlig heimatlos fühlen, jede Art von Anschluß verlieren und sich autistisch auf sich selbst zurückziehen. Andererseits können auf Grund dieser übermäßigen Verwurzelung in der Familie an den übrigbleibenden Teil dieser (Geschwister usw.) Ansprüche gestellt werden, welche zu Konflikten führen und sich in manigfacher neurotischer Form auswirken können. So wird man öfters gut tun, die Verflechtungen, welche die nervöse Persönlichkeit an den Boden ihrer Familie binden, aufzudecken, um, wenn notwendig, entsprechende Richtigstellungen anzubahnen. Immer wird sich auch der behandelnde Arzt vor Augen halten müssen, daß er hier in ein recht schwieriges Gebiet hineingreift, dessen Bearbeitung ebensoviel Zurückhaltung wie Geschick und Takt bei dem Behandelnden voraussetzt. Es ist kein echter „Mut zur Wahrheit", sondern beschränkter dogmatischer Fanatismus, der sich in den rückhaltlosen „Aufdeckungen" der Ödipusbeziehungen offenbart, und der ebenso theoretisch falsch ist, wie er praktisch verderblich wirken kann.

Der Aufdeckung der Lebenslinie im Sinne ADLERS kann praktischer Wert zugesprochen werden, insoweit wie in der Tat Wunschsysteme, Streben nach Ausgleich empfundener Minderwertigkeit, Kompensation und Überkompensation solcher die Quelle neurotischer Mechanismen bilden kann.

Die einseitige Übertreibung, welche das Prinzip der Leitlinie bei ADLER gefunden hat, die Verdeutung des hypothetischen Unbewußten, welche auch für ADLERS dogmatisches Verfahren kennzeichnend geworden ist, werden sorgfältig ausgeschlossen werden müssen. Es sind Anregungen, welche dem Systems ADLERS entnommen werden dürfen; wie weit die psychotherapeutische Praxis sich im Einzelfall von ihnen befruchten läßt, hat unvoreingenommene kritische Betrachtung von Fall zu Fall zu entscheiden. Sehr schnell wird sich dann die Verwertung ADLERScher Ansichten auf die Beeinflussung einer Anzahl psychogener, insbesondere hysterischer Störungen und auf die Behandlung dieses oder jenes Zuges bei einer psychopathischen Persönlichkeit einschränken.

Anhang: Zusammenstellung von Reizworten für den Assoziationsversuch (2 Serien zu je 100 Reizworten. Aus d. psychiatr. Klinik bzw. Deutsche Forschungsanst. f. Psychiatrie, München).

1. Rose, 2. klein, 3. Treppe, 4. Milch, 5. bauen, 6. häßlich, 7. Pfarrer, 8. Brot, 9. scheiden, 10. Narr, 11. viel, 12. Schaf, 13. lustig, 14. Entschluß, 15. stinken, 16. Motte, 17. Soldat, 18. halloh, 19. neun, 20. geben, 21. bitter, 22. Sonne, 23. Maul, 24. Zorn, 25. üben, 26. Schmetterling, 27. Herz, 28. fest, 29. Nacht, 30. Haar, 31. schmieren, 32. Meer, 33. Freude, 34. spitz, 35. Blatt, 36. verfolgen, 37. Traum, 38. Hand, 39. Wille, 40. kreischen, 41. rund, 42. Glück, 43. Straße, 44. Knospe, 45. gestern, 46. lieben, 47. Haus, 48. reich, 49. Trieb, 50. Vater, 51. liegen, 52. Blume, 53. Ball, 54. breit, 55. trauern, 56. König, 57. Tisch, 58. Löwe, 59. gesund, 60. verzeihen, 61. tief, 62. Knabe, 63. Wind, 64. Friede, 65. Glied, 66, hoffen, 67. Fuß, 68. schwarz, 69. Strick, 70. schlafen, 71. Frau, 72. glatt, 73. Tod, 74. Seide, 75. drohen, 76. Ekel, 77. kalt, 78. Taube, 79. Fluß, 80. tanzen, 81. dünn, 82. Mensch, 83. Sitte, 84. Schmerz, 85. bitten, 86. dumm, 87. Bett, 88. Geld, 89. Zahn, 90. Absicht, 91. langsam, 92. Stadt, 93. weiß, 94. Not, 95. süß, 96. Messer, 97. entsagen, 98. Recht, 99. springen, 100. Teufel.

101. Nagel, 102. Treue, 103. Pflaume, 104. rufen, 105. schön, 106. Mutter, 107. Segel, 108. Wurzel, 109. malen, 110. grün, 111. Maus, 112. Monat, 113. verachten, 114. Gasse, 115. Himmel, 116. pfui, 117. Spiegel, 118. Kopf, 119. Sofa, 120. küssen, 121. dunkel, 122. Körper, 123. Stengel, 124. Mann, 125. gehen, 126. heiß, 127. Kinder, 128. Lampe, 129. suchen, 130. Krankheit, 131. dick, 132. Mädchen, 133. Befehl, 134. Hunger, 135. Obacht! 136. reiten, 137. hoch, 138. Glas, 139. Elend, 140. Katze, 141. lachen, 142. gelb, 143. Stuhl, 144. Buch, 145. Storch, 146. lügen, 147. blau, 148. Laster, 149. Schlaf, 150. au! 151. Tag, 152. duften, 153. warm, 154. Hund, 155. Sache, 156. Tinte, 157. spaßen, 158. sauer, 159. Wunsch, 160. Blüte, 161. Verstand, 162. treffen, 163. leise, 164. Bauer, 165. unten, 166. Verbrechen, 167. glauben, 168. Baum, 169. schnell, 170. gern, 171. Rute, 172. brennen, 173. hart, 174. Mord. 175. Bein, 176. Wohltat, 177. stechen, 178. Wasser, 179. laut, 180. Zopf, 181. rauh, 182. Zimmer, 183. Klugheit, 184. verdienen, 185. Spinne, 186. kitzlich, 187. Gesetz, 188. Bier, 189. achten, 190. Tal, 191. rot, 192. Gericht, 193. Arzt, 194. weinen, 195. Lohn, 196. hell, 197. Schrecken, 198. Salz, 199. Ordnung, 200. Durst.

Zweiter Teil.

Spezielle Psychotherapie.

I. Symptome und Symptomkomplexe.

1. Angstzustände.

Angstzustände gehören zu den häufigsten Störungen, welche der Psychotherapeut zu behandeln hat. Sie erscheinen in mannigfachen Formen und müssen nach diesen erkannt und gesondert werden, um der entsprechenden Behandlung zugeführt werden zu können.

Besonders häufig sind Zustände unbestimmter Angst ohne Grund und ohne Gegenstand. Die Kranken wissen weder, warum sie sich fürchten, noch was sie fürchten[1]). Sie klagen über Beklemmungen, Druck, quälende Empfindungen in der Herzgegend und auch über das deutlich vorhandene, wenn auch ihnen unbegründet erscheinende Gefühl der Angst. Freud hat diese Bilder gemeint, wenn er von der frei flottierenden Angst sprach und glaubte diese Formen zu einer einheitlichen auf eine bestimmte Ursache zurückzuführenden „Angstneurose" zusammenfassen zu können. Es sollten nach seiner Ansicht bestimmte sexuelle Schädigungen sein, welche diese Formen von Angst hervorriefen. Insbesondere nicht zur sexuellen Befriedigung führende „frustrane" Erregungen, Coitus interruptus, mit der durch ihn gesetzten unerledigten sexuellen Spannung sollten die eindeutig bestimmte Ursache für die angstneurotischen Zustände liefern.

Auch auf nicht psychoanalytischem Boden stehende Ärzte wie Herz und Erb u. a. haben einen ähnlichen Standpunkt eingenommen und haben „angstneurotische", „herzneurotische" Zustände auf erotische, wenn auch nicht immer grob sexuelle Gründe („unbefriedigtes Liebesbedürfnis") zurückführen zu sollen geglaubt.

Es ist schon früher Gelegenheit gewesen, zu der Freudschen Lehre von der Verwandlung sexueller Spannung in Angst Stellung zu nehmen. Hier müssen wir nochmals eingehender auf diesen Fragenkomplex zurückkommen. Zunächst ist hervorzuheben, daß zweifellos Zusammenhänge zwischen Sexualität und Angst bestehen, und daß es ein Verdienst Freuds ist, auf sie hingewiesen zu haben, wenn allerdings auch die von ihm dargebotene „Verwandlungstheorie", wie über-

---

[1]) Die deutsche Sprache unterscheidet Angst von Furcht im allgemeinen dadurch, daß Angst gegenstandslos ist. Hierzu Geistvolles bei Freud.

haupt die einseitige Auffassung der sexuellen Bedingtheit der Angst abgelehnt werden muß.

Zusammenhänge aber zwischen Sexualität und Angst bestehen. Der geschärfte prüfende Blick findet sie bei Erwachsenen ebenso wie bei Kindern.

Besonders belehrend sind nach dieser Richtung Schilderungen, wie man sie von Kindern und Erwachsenen erhält nach Erinnerungen aus ihrer Kindheit über sexuelle Erregungen, die sich mit Angstzuständen in der Schule verknüpften. Da hören wir z. B. daß vor oder bei einer mündlichen oder schriftlichen Prüfung mit der immer stärker werdenden Angst sich eine plötzlich aufsteigende und immer anwachsende sexuelle Erregung verbindet, die bis zu den höchsten Stadien dieser und auch ohne weitere Manipulationen zum Orgasmus führt. — Masturbatorische Manipulationen kommen freilich in solchen ängstlichen Erregungszuständen auch öfters in Anwendung. Auch Erwachsene berichten, daß sie gelegentlich zu einem solchen Hilfsmittel zur Beruhigung einer ängstlichen Erregung, z. B. eines vor dem Einschlafen auftretenden Angstzustandes greifen.

Es kann also gewiß kein Zweifel bestehen, daß Zusammenhänge zwischen Angstaffekten und Zuständen sexueller Spannung gelegentlich gegeben sind. Gleichwohl genügt das vorgebrachte sehr wichtige und eigenartige Material nicht, um die These von der Umwandlung von sexuellem Affekt in Angst zu begründen. Es dürfte vielmehr der Zusammenhang der sein, daß sowohl der sexuellen Erregung wie dem Angstvorgang Spannungszustände eigen sind, die einander verwandt sind. So hat eine starke sexuelle Erregung an sich etwas angsthaften Charakter. Es handelt sich also um gewisse Gemeinsamkeiten oder starke Verwandtschaften des Affektablaufs. Daß allerdings eine angsthafte Erregung unter pathologischen Bedingungen zu einer sexuellen Entladung führen kann, ist gewiß sehr unerwartet und bemerkenswert.

Stimmen wir somit der Lehre von der Verwandlung sexueller Spannung in Angst nicht zu, so können wir auch die Lehre von dem alleinigen Ursprung der unbestimmten Angst aus sexuellen Gründen, ja sogar die Spezifität der Angstneurose überhaupt nicht annehmen.

„Frei flottierende“ Angst finden wir in zyklischen (manisch-depressiven), epileptischen, neurasthenischen, psychopathischen Zuständen; es ist keineswegs so, daß sie allein ein bestimmtes Krankheitsbild kennzeichne.

Gleichwohl ist es für den Psychotherapeuten wichtig, das charakteristische Symptom der unbestimmten frei flottierenden Angst zu kennen und in den verschiedenen Krankheitszuständen festzustellen. Gerade diese Formen von Beängstigungen sind psychotherapeutischer Beeinflussung in hervorragendem Maße zugänglich, freilich nur dann, wenn der Krankheitszustand an sich eine solche Beeinflussung ermöglicht. So wird man kaum psychotherapeutische Bemühungen, etwa hypnotische bei epileptischen Angstzuständen in Anspruch nehmen.

Hier werden Medikamente usw. die ausschlaggebenden Mittel bleiben. Auch bei den Angstzuständen der Zykliker wird die Psychotherapie nur mehr symptomatisch helfen können, da ja der Ablauf an sich jeder fremden Beeinflussung unzugänglich erscheint. Hingegen sind die „angstneurotischen" Zustände der Psychopathen und Neurastheniker in hervorragendem Maße psychotherapeutisch beeinflußbar; handelt es sich hier doch häufig um Persönlichkeiten, bei denen sonstige Züge der Neuro- oder Psychopathie nicht sehr ausgeprägt sind und bei denen deshalb durch die Behandlung sowohl hinsichtlich des Wohlbefindens wie der Berufsfähigkeit vorzügliche Ergebnisse erreicht werden können.

An den Beginn der Behandlung muß das Streben gestellt werden, die Ursachen oder Veranlassungen des Auftretens von Angstzuständen festzustellen; solche sind zweifellos oft vorhanden, wenn der Kranke auch nichts hierüber anzugeben vermag. Sexuelle Gründe, auch die von Freud genannten, sind in der Tat nicht ganz selten die Vorbedingungen des Erscheinens frei flottierender Angst. Aber auch andere Bedingungen mannigfachster Art, welche dazu angetan sind, eine längerdauernde Spannung zu erzeugen, können zu diesen charakteristischen Beängstigungen führen. So sehen wir diese als Folgen langdauernder starker Gemütsbewegungen und Erschütterungen; auch echte Erschöpfungsneurasthenien können die unbestimmte Angst zeigen. Es bleibt aber noch eine Zahl von Neuropathien, die ohne jeden Anlaß zu solchen Beängstigungen neigen. Daß körperliche Ursachen, insbesondere die öfter zitierten Magen-Darmstörungen mit Aufblähung des Leibes Oppression und Angst auslösen, kann vorkommen, spielt aber bei den hier gemeinten charakteristischen Zuständen keine sehr wesentliche Rolle.

Bei der psychotherapeutischen Behandlung der unbestimmten Angst leistet die Hypnotherapie ausgezeichnete Dienste. Soweit Ursachen oder Anlässe für das Auftreten der Angst festgestellt werden können, wird der Therapeut streben, sie beseitigen zu helfen, wobei seine Macht allerdings oft schnell genug ihre Grenzen findet. Das hypnotherapeutische Verfahren wird oberflächliche Zustände bevorzugen, zumal die hier in Betracht kommenden Kranken sich vorwiegend auch nur zu solchen eignen. Die Suggestion wird sich auf eindringliche Eingebung der Ruhe beschränken und in verschiedenen Wendungen betonen, daß der Kranke sich jetzt völlig ruhig, sicher, geborgen fühle, daß ein etwa augenblicklich bestehender Angstzustand verschwinde, die Nachwirkung der hypnotischen Ruhe das weitere Auftreten solcher verhindere und auch die Angst vor dem Auftreten der Angst — eine solche verknüpft sich gelegentlich mit der frei flottierenden Angst — nicht mehr wiederkehre.

Das Verfahren im einzelnen wird sich an die früher geschilderten allgemeinen Richtlinien halten, für die meisten Fälle genügt nach Einleitung der Hypnose 10—15 Minuten Ruhe, dann Erteilung der therapeutischen Suggestion, dann weitere 10—15 Minuten Ruhe. In manchen

Fällen mit stärkeren Angsterscheinungen ist es zweckmäßig, länger ruhen und eventuell auch schlafen zu lassen.

In einer Anzahl von Fällen wird man leichte sedierende Medikamente (1—3 g Bromalkali, Diogenal 0,25 mehrmals täglich, desgl. Abasin) und milde hydrotherapeutische Prozeduren zu Hilfe nehmen.

Niemals dürfen in solchen Fällen Opiate gegeben werden. Eine solche Ordination würde einen schweren Kunstfehler darstellen und nicht wenige dieser Fälle der Opiophagie bzw. dem Morphinismus ausliefern. Auch das Codein und ähnliches gehört nicht zu den Hilfsmitteln für die Behandlung angstneurotischer Zustände. Die Einleitung einer vernünftigen psychischen Hygiene wird in einer Anzahl von Fällen notwendig, gelegentlich auch eine regelrechte Arbeitsbehandlung zweckmäßig sein.

Hin und wieder wird man zu einer Art von Analyse in dem früher geschilderten Sinne greifen. Bisweilen wird man hierbei etwas hören, was man als wirklich ätiologisch ansehen kann. Aber auch wo, wie in der Mehrzahl der Fälle, dieses nicht der Fall sein wird, wird die Aussprache und das Abreagieren erleichternd wirken können. Häufen sich unter der Analyse die Angstzustände in stärkerem und längerdauerndem Maße, so wird man guttun, sich nicht der Anschauung der „echten" Analytiker anzuschließen, daß man jetzt an den Komplex gerührt habe und die Analyse absolut fortsetzen müsse. Es wird sich vielmehr in solchen Fällen empfehlen, die Analyse zeitweise auszusetzen oder endgültig abzubrechen.

2. Erwartungsneurotische Störungen.

Während bei den eben behandelten Zuständen das Symptombild durch eine mehr oder minder starke unbestimmte Angst beherrscht wird, haben wir nunmehr eine Gruppe von Störungen abzuhandeln, welche ihren letzten Grund zwar auch in einer verborgenen Angst, oder besser ängstlichen Einstellung finden, bei denen aber die Beschwerden sich nicht auf einen Angstzustand beziehen, sondern immer auf die Störung einer Funktion. Die Kranken klagen nicht darüber, daß sie etwas fürchten, oder daß sie eine unbestimmte Angst haben, sondern sie kommen mit der Angabe, daß ihnen ein sonst völlig geläufiges Können nicht mehr gelinge. Es handelt sich hier um die Funktionsstörungen, welche von KRAEPELIN als „erwartungsneurotische" Störungen beschrieben worden sind. Grund der Störung ist eine ängstlich betonte Erwartungsspannung auf das Gelingen der Funktion, während in der Norm Vorbedingung dieses Gelingens ist: daß der Ablauf automatisiert, jedenfalls ohne Beachtung vor sich gehe. Die mannigfachsten Gebiete können von diesen Störungen betroffen sein, so das Gehen, Stehen, Sprechen, Schreiben, Instrument spielen, Lesen, Schlucken, Harn lassen (als Harn-Stottern beschrieben; auch von einem Geh-Stottern hat man gesprochen), die geschlechtlichen Funktionen u. a. m. Gelegentlich hat ein vorübergegangenes organisches Leiden die Störung ausgelöst, so eine Halsentzündung bei einem Kinde eine erwartungsneurotische Schluckstörung, ein Blasenkatarrh ein Harnstottern, eine Muskel- oder Nervenentzündung einen Spiel- oder Schreibkrampf.

Charakteristisch für das Krankheitsbild ist die erwartungsvolle Spannung, in welcher sich die Kranken befinden, wenn sie an die Leistung gehen und das durch diese Spannung bedingte übermäßig bewußt wollende Verhalten. Beim Sprechen, Spielen, Lesen, Schlucken usw. werden alle möglichen nicht für die Leistung in Betracht kommenden Gebiete innerviert, krankhafte Kontraktionen und Mitbewegungen nicht hergehöriger Muskeln treten auf, bei dem Geschlechtsakt kommt es infolge der gespannten Erwartung bei jedem Versuch zu völligem Versagen, beim Lesen verschwimmt alles vor den Augen, viele Stotterstörungen sind typisch erwartungsneurotisch bedingt.

Die Störungen können sehr quälend werden, besonders wenn sie verkannt, als körperlich bedingt aufgefaßt und dementsprechend verkehrt behandelt werden. Es können sich dann sehr schwere Bilder entwickeln; und wir dürfen wohl annehmen, daß so eingreifende psychogene Bewegungshemmungen wie die von Möbius beschriebene Akinesia algera ebenso wie die von dem gleichen Forscher veröffentlichte Krankheitsgeschichte Fechners in die Gruppe der Erwartungsneurosen gehören.

In der Behandlung der erwartungsneurotischen Störungen ist die Suggestiv-Therapie, insbesondere die Hypnose, das Verfahren der Wahl. Es kommt darauf an, durch entsprechende Suggestion die Hemmungen, welche durch die übermäßig bewußte Einstellung auf den Effekt gesetzt werden, zu beseitigen und den Vorgang automatisiert ablaufen zu lassen. Die Suggestion wird also innere Sicherheit und Ruhe, das Gefühl der Selbstverständlichkeit des Könnens und Gelingens, das Fehlen jeden Kampfes um die Leistung und die Ausschaltung jeder stärkeren Aufmerksamkeitseinstellung auf diese zu bewirken suchen. Je nach der Art des Leidens (z. B. bei Sprach-, Schreib-, Gehstörungen) werden im Anschluß an die Hypnose Übungen anzustellen sein. Bei diesen wird immer darauf geachtet werden müssen, daß der Kranke sich auch während der Übung nicht übermäßig auf die Leistung einstellt und daß alles Zwang- und Krampfhafte beseitigt wird. Es ist deshalb zweckmäßig, daß die angestellte Übung selbst Momente enthält, die von der eigentlichen Leistung ablenken. Eine solch heilsame ablenkende Wirkung möchte ich unter anderem den Atemübungen beimessen, welche Gutzmann für die Behandlung des Stotterns empfohlen hat. Es kann nicht bezweifelt werden, daß in den meisten Stotterfällen die falsche Atmung sekundär ist, der primäre Grund der Störung in der übermäßigen Intention auf den Sprechakt liegt. Mir scheint es nun sicher, daß die Atemübungen neben der starken suggestiven Stütze, welche sie dem Behandelten geben, auch dadurch wirken, daß sie von dem Sprechakt ab in starker Weise auf den Atemvorgang hinlenken. Ähnliche Bedeutung hat das früher von **Liebmann** empfohlene Verfahren, beim Sprechen die **Vokale stark dehnen** zu lassen, welches sich in der Tat oft als zweckmäßig bewährt. In vielen Fällen sind freilich solche Hilfsmittel nicht nötig. Es genügt einfache Belehrung und Beruhigung vor Einleitung der Übung, evtl. Anschluß der Übung an eine vorhergehende Hypnose. Auch der Hinweis, stark an den Inhalt des zu Sprechenden zu denken, wirkt durch Ablenkung nützlich. Ich selbst bevorzuge es, im Anschluß an eine Hypnose üben zu lassen, wobei ich zunächst auf möglichst langsames Sprechen (evtl. unter Mithilfe von Taktieren und Dehnen der Vokale) sehe. Solche Übungen muß man den Kranken mehrmals täglich mehrere Minuten auch allein für sich ausführen lassen. Besonderes Gewicht ist auf das **Langsamsprechen** zu legen, da fast alle Stotterer Neigung zum Hasten haben. Einige phonetische Winke werden auch oft von Nutzen sein, wie z. B. der, die Buchstaben k, p, t lieber weich als g, b, d zu sprechen, da die meisten Stotterer an diesen straucheln. Auf solche Weise wird man bei der Mehrzahl der Stotterfälle nützen. Freilich neigen diese Störungen leicht zu Rückfällen. Die Kranken verlieren rasch Mut und Geduld; es ist notwendig, sie öfters von neuem innerlich zu stützen und ihnen zu zeigen, daß sie sprechen können. Es sei übrigens bemerkt, daß eigentlich phonetische Übungen bei Stotterern unzweckmäßig sind, da sie auf den Sprechvorgang hinlenken und das begünstigen, was grundsätzlich zu vermeiden ist, die übermäßige Anspannung auf die Funktion.

Analog der Behandlung der Sprachstörungen hat die **Therapie der erwartungsneurotischen Schreib-, Spiel- und anderer Berufsstörungen** vor sich zu gehen. Auch hier sind unmittelbar an die hypnotischen Sitzungen Übungen anzuschließen. Bei einer Anzahl von Schreibkrampf- und Spielstörungen sind unzweckmäßige Haltungen zu korrigieren. Auch organische Ursachen: Muskel-, Nervenschmerzen spielen hierbei öfters eine Rolle. Eine beträchtliche Anzahl von Fällen ist aber zweifellos rein psychogen bedingt und die Haltungsanomalien, Mitbewegungen, Krampfzustände sind sekundär. Die Therapie hat außer der allgemeinen psychischen Stützung auch hier die übermäßige Einstellung auf die Funktion zu verhindern. Zweckmäßig ist es auch, in neuen Stellungen üben zu lassen; z. B. das Schreiben aus dem Schultergelenk, weil dieses aus dem verkehrten Geleise herausführt. Man beginnt mit der Übung einfacher Striche, läßt dann Buchstaben in großem Maßstabe aus dem Schultergelenk üben, dann mit steifem Handgelenk aus dem Ellbogengelenk heraus schreiben und geht erst ganz allmählich zu Übungen in völlig normaler Haltung über.

Bei dem Instrumentspiel — usw. — Störungen wird der Psychotherapeut wohl selten in der Lage sein, die Übungen selbst mit den Patienten anzustellen, sondern er wird sich mit dem entsprechenden Fach-Lehrer verbinden müssen. Freilich wird die Prognose dieser Berufsneurosen öfters dadurch getrübt, daß sich mit der Funktionsstörung eine Phobie, Angst vor öffentlichem Auftreten usw. verbindet.

In diesen Fällen handelt es sich nicht mehr nur um erwartungsneurotische Störungen.

Erwartungsneurosen von großer Verbreitung finden wir bei bestimmten Arten von Schlafstörungen. Es handelt sich hier insbesondere um Einschlafstörungen, vor allem um die Schwierigkeit, nach dem Zu-Bette-Gehen einzuschlafen; aber auch Behinderungen des Wiedereinschlafens nach vorzeitigem Erwachen gehören hierher.

Im allgemeinen Teil ist erörtert worden, daß zu den Vorbedingungen des Eintritts des natürlichen Schlafes eine bestimmte psychische Einstellung: die selbstverständliche Sicherheit, daß die Ruhe und der Schlaf kommt, und zwar schnell kommt, gehört. Diese Sicherheit ist bei den erwartungsneurotischen Schlafstörungen verloren gegangen. Die Kranken warten mit übermäßiger Anspannung auf den Schlaf und vereiteln seinen Eintritt dadurch. Sekundäre Symptome gesellen sich bald dazu, motorische Unruhe, Schweiße, Beklemmungen, so wachen die Kranken oft bis in den Morgen hinein.

Die Psychotherapie hat hier zunächst aufklärend zu wirken, vor allem die Furcht vor den Folgen des Mangels an Schlaf zu beseitigen. Hypnotische Beeinflussung leistet in vielen dieser Fälle Ausgezeichnetes. Die Suggestion wird zunächst erstreben, in der Hypnose selbst einen ausgiebigen Ruhezustand zu erzeugen. Weitergehend wird dann dem Kranken eingegeben werden, daß er nach dem Zu-Bettegehen schnell in den gleichen Zustand verfallen werde. Die natürliche Ruhe und Sicherheit, die der Schlaf bringt, werde da sein, es gäbe keinen Kampf um den Schlaf, schwere Müdigkeit der Augen, der Glieder stelle sich schnell ein, der Atem gehe gleichmäßig und tief, das beruhigende Gefühl des Einschlafens komme schnell.

In nicht wenigen Fällen wird man andere Hilfsmittel zur Bekämpfung dieser verbreiteten Störungen hinzunehmen müssen. Warme Bäder (nicht zu heiß) von etwa 26° R müssen in den meisten Fällen lange ausgedehnt (1—2 Stunden) angewandt werden, wenn sie den gewünschten Erfolg zeitigen sollen. Es bleiben auch dann noch Fälle, in denen sie nur erregend wirken. Der Kranke nimmt sie am besten vor dem Schlafengehen und kann sich im Bade mit einfacher Lektüre beschäftigen. Das Bad muß natürlich dauernd auf einer gleichmäßigen behaglichen Temperatur gehalten werden. Häufig wird man schon mit einfacheren hydrotherapeutischen Maßnahmen nützen, mit lauen Waschungen, Wickeln usw. —

Man sei auch nicht gar zu ängstlich in der Anwendung verhältnismäßig harmloser Medikamente. Das Bromalkali ist zwar kein Schlafmittel, wirkt aber vorzüglich auf Zustände innerer Spannung ein. Man gebe davon 1 g tagüber und 2 g vor dem Schlafengehen mit reichlicher Flüssigkeit. Die verhältnismäßig harmlosen Bromural und Adalin können in Dosen von 0,3, 0,6 bzw. 0,5, 0,75, 1,0 gleichfalls gegeben werden. Zweckmäßig ist es, sie mit etwas Phenacetin oder Pyramidon zu kombinieren, z. B. Adalin 0,5, Phenacetin 0,2. Ebenso tut man gut, wenn man glaubt zu den Mitteln der Veronalgruppe greifen zu müssen, entsprechende Kombinationen anzuwenden z. B. Acid. diäthyl. barbitur. 0,3—0,5, Phenacetin 0,2. Entsprechende Kombinationen von kleinen Dosen von Schlafmitteln mit Phenacetin, Pyramidon usw. bringt die pharmazeutische Industrie jetzt in reichlicher Auswahl. Auch das Paraldehyd sei hier genannt, welches ein vorzügliches Einschläferungsmittel ist. Man gibt es in Dosen von 4,0—5,0 mit reichlich Flüssigkeit. Sein schlechter Geschmack wirkt der Gewöhnung entgegen. Daß man mehr suggestiv wirkende Mittel wie Valeriana in jeder Form mit Nutzen anwenden kann, sei nachgetragen. Bezüglich des Alkohols ist einige Vorsicht nötig. Verboten sind unter allen Umständen alle Opiate; ihre Anwendung ist ein Kunstfehler. Selbstverständlich wird jede Psychotherapie der Schlafstörungen bestrebt sein, mit medikamentösen Hilfsmitteln sparsam umzugehen und den Kranken, sobald es angeht, von ihnen gänzlich unabhängig zu machen.

Die meisten psychogenen Störungen der geschlechtlichen Potenz sind gleichfalls durch den erwartungsneurotischen Mechanismus bedingt. Diese häufigen Störungen sind zum großen Teil harmlos und flüchtig und verschwinden, wenn nicht von selbst, so doch auf einfache Beruhigung und Belehrung. So die Impotenz der Hochzeitsreisenden und ähnliche Gelegenheitserkrankungen. Öfters haftet aber die störende Erwartungsspannung hartnäckiger. Die natürliche Unbefangenheit gegenüber dem Geschlechtsvorgang geht verloren, dieser gewinnt den Charakter einer Art von Examen. Oft genug wird der Partner von diesem fehlerhaften Verhalten angesteckt, es wird zu künstlichen Hilfsmitteln gegriffen und es entwickeln sich Zustände, die für beide Teile recht qualvoll werden können.

Die Behandlung hat zunächst an diesem Punkte einzugreifen. Beide Teile sind zu belehren und zu beruhigen und haben alle vergeblichen Versuche für längere Zeit aufzugeben. Nötigenfalls ist zu einer räumlichen Trennung zu schreiten. Während dieser Ruhezeit, die auf mehrere Wochen zu bemessen ist, hat die Suggestivbehandlung einzusetzen, Ruhe, Selbstvertrauen, innere Sicherheit einzuflößen, die zwanghafte, hemmende Erwartungsspannung zu beseitigen und ein natürliches Verhalten gegenüber dem Akt anzubahnen. Medikamentöse Reizmittel sind nicht zu geben, vielmehr eher Sedativa. Bringt man nun nach einer angemessenen Ruhepause die Partner wieder zusammen, so ist strenge Weisung zu geben, den Akt erst dann auszuüben, wenn das Können da ist! Im Notfalle ist durch Schlafmittel dafür zu sorgen, daß die Partner nebeneinander ruhen können, ohne sofort mit ihren unnützen Versuchen zu beginnen. Auf solche Weise wird man auch bei schwereren Fällen nach einiger Zeit meistens den gewünschten Erfolg erzielen. Daß es auch refraktäre Fälle gibt, darf nicht verschwiegen werden.

3. Die Zwangszustände (Phobieen, Zwangsneurose).

Stand bei der Angstneurose die unbestimmte Angst, bei der Erwartungsneurose die durch übermäßige Erwartungsspannung gestörte

Funktion im Vordergrunde des Bildes, so sind die Zwangszustände dadurch gekennzeichnet, daß ein Angstzustand einen gedanklichen Inhalt fixiert. Dabei ist das wesentliche Pathologische der Erscheinung, daß der gedankliche Inhalt den angsthaften Vorgang nicht begründen kann und doch gerade das Unmotivierte und Unnatürliche des Vorgangs sowohl die Angst wie den gedanklichen Inhalt fixiert und die Anfügung ähnlicher Glieder bisweilen bis zu endlosen Ketten begünstigt. Die Symptomatologie ist bekanntlich eine sehr bunte. Sehr verbreitet und zu den einfachsten Mechanismen gehörig ist die Errötungsfurcht, die bisweilen auch zu schweren, die Aktivität lähmenden Zuständen führen kann. Sehr häufig sind auch die Situationsphobieen nach dem Schema: Platzangst, Angst vor geschlossenen Räumen, Eisenbahn- und Höhenangst (manche Formen von Höhenschwindel gehören hierher), Angst vor Gewitter, vor Sturm, aber auch vor Katzen, Mäusen und vieles Ähnliche mehr. Komplizierter wird der gedankliche Inhalt schon, wenn die Befürchtung besteht, bestimmte Handlungen zu begehen, spitze Gegenstände oder Instrumente verkehrt zu gebrauchen, Nadeln sich oder anderen in die Augen zu stoßen, mit Messern sich selbst oder seinen Kindern den Hals abzuschneiden, aus dem Fenster zu springen, sich vor die Eisenbahn zu werfen usw. Hierher gehören auch die Angstvorstellungen, sich in guter Gesellschaft unpassend zu benehmen, obscöne Reden zu führen, die sakrilegischen Phobieen, die Angst, in der Kirche Lästerungen ausstoßen zu müssen, Heiligenbilder besudeln zu müssen, die Furcht vor Bacillen, Schmutz, Grünspan usw.

Die Zustände, die sich nach diesem Mechanismus entwickeln, können außerordentlich qualvoll werden. Gerade das Unmotivierte und Unsinnige des Vorgangs steigert die Furcht und fügt zu den übrigen Beängstigungen auch noch die Angst vor plötzlicher Geistesstörung, welche übrigens auch als isolierte Phobie auftreten kann. Unvernünftiges Verhalten der Umgebung vermehrt das Übel. Appell an den gesunden Menschenverstand, an die Willensenergie nützen nichts, da es den Kranken an Einsicht in ihren Zustand nicht fehlt und gerade diese Erkenntnis des völlig Unsinnigen des Vorganges den Zustand so quälend gestaltet. Plötzliche Willensanstrengungen trotz der Angst, bestimmte Effekte durchzusetzen, führen zu völlig lähmenden Furchtzuständen mit entsprechenden Ausdruckserscheinungen. Der Kranke meidet schließlich die furchterregenden Situationen, führt Schutzmaßnahmen ein, so entsteht z. B. der Waschzwang; umfangreiche Quarantänemaßnahmen werden zum Schutze vor Infektion eingerichtet; schließlich kann es so weit kommen, daß sich der Kranke ganz von der Welt zurückzieht, um in einem abgeschlossenen Zimmer, ja in einem Winkel eines solchen ein isoliertes Leben zu führen.

Bei den eigentlichen Zwangsvorstellungen tritt neben der Angst der gedankliche Inhalt in ausgebildeterem und umfangreicherem Maße in den Vordergrund. Sehr bekannt sind einfachere Formen, wie etwa der Zwang, die Straßenschilder zu registrieren,

Häusernummern zu zählen; häufig sind auch Formen von Grübelsucht, bei denen theoretische oder praktische Folgerungen gezogen werden müssen, etwa der Gedanke weiter gesponnen werden muß, was alles entstehen könnte, wenn man auf ein leeres Blatt seinen Namen schriebe, oder wenn im Sommer ein Schneefall einträte, oder nach Gründen gesucht wird, warum die Bäume mit den Zweigen in die Luft und mit den Wurzeln in die Erde wachsen und nicht umgekehrt. — Groteske Formen können bei weiblichen Personen Grübeleien über den Vorgang der Schwängerung annehmen, so etwa, wenn eine Patientin fürchtet, ohne Wissen geschwängert zu werden und die Angst hat, dieses könne durch irgendeine Vermittlung ohne Berührung von Mensch zu Mensch geschehen; gelegentlich fürchtet sie, ein Insekt könne eine solche Vermittlung übernehmen, ja sogar eine Maus könne über ihr Bettuch laufen, dort einen Tropfen Sperma fallen lassen und sie auf diese Weise schwängern. Dabei weiß die Patientin in ruhigem Zustand wohl, daß all diese Gedanken unsinnig und unmöglich sind; gleichwohl muß sie in den Zuständen der Angst unendliche Grübeleien anstellen, zahllose Fragen stellen, um sich Sicherheit zu verschaffen und den aufsteigenden Zweifel zu dämpfen. Ebenso werden die unsinnigsten Schutzmaßnahmen eingeführt, um die Angst zu beschwichtigen; es ist die Furcht vor einer noch so entfernten Möglichkeit, die diese Kranken nicht zur Ruhe kommen läßt und ihnen den Aspekt von schwer Urteilsgestörten geben kann, während ihr Intellekt in Wahrheit nicht angegriffen ist.

Die Behandlung der Zwangszustände muß durch die Einsicht in das Wesen dieser Störungen bestimmt sein. Eine so rein intellektualistische Auffassung, wie die der Persuasion Dubois' verschließt sich selbst die wichtigsten Einwirkungsmöglichkeiten auf diese Störungen. Wenn diese Behandlungsart gleichwohl auch bei den Zwangszuständen Erfolge zeitigen kann, so liegt es daran, daß, wie in dem allgemeinen Teil bereits ausführlicher dargelegt, in ihr der Intellekt zwar immer gemeint, aber in Wahrheit die Affektivität getroffen wird.

Ein Verständnis der seltsamen Störungen, wie sie die Zwangszustände darstellen, gewinnen wir am ehesten aus der Kenntnis jener Formen, in welchen wir in gesetzmäßigen Abläufen Zwangszustände kommen und gehen sehen. Vor allen Dingen sind es die manisch-depressiven Erkrankungen, welche uns einen Einblick in die Genese der Zwangsvorgänge ermöglichen. Hier sehen wir mit der Depression öfters echte Phobieen und Zwangsvorstellungen auftreten; und zwar imponiert das Zwangsmäßige in dem Bilde bisweilen so sehr, daß die Melancholie nicht berücksichtigt und nur die Zwangsneurose diagnostiziert wird. Eine genauere Vertiefung in die Bilder zeigt aber, daß die Wurzel des Zwanges in dem depressiven Affekt liegt. Verschwindet dieser, so ist auch alles Zwanghafte verschwunden. Dabei braucht es sich nicht so sehr um melancholische traurige Verstimmung zu handeln; es genügt der Verlust der inneren Sicherheit, um das Auftreten und Haften des Zwanghaften hervorzurufen. In Wahrheit sind ja innere

Situationen, wie sie Phobieen und Zwangsvorstellungen kennzeichnen, auch dem Gesunden nicht fremd. Auch Gesunden kann mitunter der Gedanke kommen, sich vor einen vorbeisausenden Schnellzug zu stürzen, von einer hohen Brücke zu springen usw. Die selbstverständliche innere Sicherheit, welche dem Gesunden gegenüber solchen Einfällen eignet, läßt eine innere Bewegung gar nicht aufkommen, es bleibt bei leeren Einfällen, die nicht einmal ernstlich in den Bereich der Aufmerksamkeit rücken.

Anders, wenn diese innere Sicherheit verloren gegangen ist, wie in melancholischen oder echten [Erschöpfungs-] neurasthenischen Zuständen. Bei denselben Persönlichkeiten, bei denen sonst Einfälle der oben genannten Art keinerlei Folgen bewirken, bleiben sie jetzt haften, erregen Angst und fixieren sich in dem zwanghaften Mechanismus. Mit zunehmender innerer Sicherheit in der Genesung schwindet der schreckhafte Zauber und wird dann dem Kranken selbst kaum verständlich.

Ganz analog ist der Vorgang bei den Zwangsneurotikern, nur daß wir es hier mit Persönlichkeiten zu tun haben, welche durch Veranlagung dauernd zu der inneren Hinfälligkeit neigen, welche die Vorbedingung des Auftretens der Zwangsvorgänge ist. Freilich sehen wir auch hier wellenförmige Schwankungen, den Wechsel von Zeiten größerer Neigung zu Zwangsvorgängen mit solchen, in denen die Anfälligkeit zurücktritt. Gleichwohl ist man nicht berechtigt, all diese Fälle mit solchen Schwankungen für zyklisch zu erklären, wie das auch schon hin und wieder geschehen ist. Es handelt sich vielmehr um psychopathische Konstitutionen, welche sich meistens auch hinsichtlich dieser Schwankungen keineswegs als von äußeren Einflüssen unabhängig erweisen. —

Die Behandlung muß sich von jedem intellektualistischen Vorurteil freimachen und auf das Zentrum der Störungen abzielen, welches durchaus in der Affektivität gelegen ist. Es gilt dem Kranken die natürliche Sicherheit zu geben, welche ihm verloren gegangen ist, und deren Verlust die Ursache ist, daß die zwanghaften Vorgänge ihre Gewalt gewinnen und in so außerordentlichem Maße überwuchern können. Bei einer Reihe von Krankheitsformen kehrt diese innere Sicherheit ohne besonderes Zutun infolge des Abklingens des pathologischen Prozesses von selbst wieder. So bei der Erschöpfungsneurasthenie, bei der wir also im wesentlichen nur Ruhe, gegebenenfalls Sedativa, Ablenkung, Beschäftigung und nur in seltenen Fällen zur Beseitigung starker augenblicklicher Beschwerden suggestive Maßnahmen verwenden werden. Ähnlich steht es bei den echten zyklischen Zuständen. Bei den Zwangsvorstellungen, die gelegentlich im Beginne einer Dementia praecox auftauchen, in der depressiven Phase einer solchen, sind unserer Therapie naturgemäß enge Grenzen gezogen. —

Das Hauptgebiet der Behandlung bilden die konstitutionell-psychopathischen Formen von Zwangszuständen. Auch hier gibt es leichtere Erkrankungen genug, welche auf einfachen Zuspruch und

Belehrung, auf eine vernünftige psychische Hygiene, auf ablenkende, eventuell auch arbeitstherapeutische Maßnahmen ausgezeichnet reagieren und leistungs- und arbeitsfähig zu erhalten sind. Bei einer beträchtlichen Anzahl von Fällen wird an den Psychotherapeuten ein großes Maß von Anforderungen hinsichtlich seiner Ausdauer, seiner Geduld und seiner Geschicklichkeit gestellt, und er findet hier wohl überhaupt die schwierigsten Aufgaben, die an ihn herantreten.

Bezüglich der Behandlung dieser schwierigeren Fälle sind zunächst einige allgemeine Bemerkungen vorauszuschicken. Medikamente sind hier häufig nicht zu entbehren. Neben Bromalkali, Bromural, kann Diogenal, Abasin in wiederholten kleinen Dosen unbedenklich, wenigstens zeitweise gegeben werden. Milde hydrotherapeutische Maßnahmen wirken besonders in Zuständen schwererer Beängstigungen gleichfalls wohltuend. Dringend gewarnt werden muß vor den empfohlenen Opiumkuren: Sie wirken zwar beruhigend, aber nur vorübergehend und führen gar zu leicht zur Opiophagie. —

Die wichtigste therapeutische Maßnahme ist die Suggestion, besonders die hypnotische. Sie wird den Kranken die verlorene innere Sicherheit und Ruhe wiederzugeben streben. Übungen werden sich in vielen Fällen anschließen müssen. Sie müssen mit großer Vorsicht und Geduld ausgeführt werden und dürfen den Kranken unter keinen Umständen zu viel an Kampf zumuten. Gleichwohl werden in vielen Fällen vorsichtig angestellte Übungen von Nutzen sein. Man muß hier wirklich mit den allerkleinsten Aufgaben beginnen. Häufig wird es zweckmäßig sein, dem Kranken aufzugeben, sich vorzustellen, daß er diese oder jene Leistung vollbringe, bevor er an ihre Lösung in der Wirklichkeit herangeht. Man wird auch die Hypnose benutzen, um solche Vorstellungen einzugeben. Oft löst auch dieses Vorgehen schon schwere Angstzustände aus, welche man suggestiv zu bekämpfen hat. Dann beginnt man mit wirklichen Übungen im allerkleinsten Maßstabe. So wird man etwa einem Platzangstkranken aufgeben, zunächst einige Schritte allein zu gehen, dann etwa ein ganzes Haus entlang, einen Bruchteil der Straße, die halbe Straße, anfangs so, daß ein Begleiter noch sichtbar ist, dann ohne einen solchen. In sinngemäßer Abwandlung wird man auch bei einer Beschmutzungsfurcht verfahren und das zwanghafte Waschen und die zahllosen Schutzmaßnahmen zu bekämpfen suchen. Bei schwierigen Fällen wird man geduldig unter vielen Schwankungen langsam vorwärtsgehen. Bei der zwanghaften Grübel- und Zweifelsucht wird man ein Eingehen in Rede und Antwort nicht versagen können, andererseits wird man immer erstreben müssen, dem Drang des Kranken, ins Endlose fortzuschreiten, ein Halt zu gebieten.

Zweifellos gibt es Fälle, bei welchen es überhaupt unmöglich ist, zu üben, weil sich auf jeden solchen planmäßigen Versuch schwerste Beängstigungen einstellen. Hier wird man sich darauf beschränken müssen, zu belehren, zu beruhigen und die Befreiung von dem Zwange zu suggerieren und kann auch in solchen Fällen noch Erfreuliches erreichen.

Gerade bei Kranken dieser letzteren Art wie übrigens bei allen Angst- und Zwangskranken bewährt sich die Arbeitstherapie durch Ablenkung und Stärkung des Selbstvertrauens in hervorragendem Maße. Allerdings wird man Arbeiten aussuchen müssen, welche keine Zeit für Grübeleien übrig lassen, sondern welche die Aufmarksamkeit in starkem Maße in Anspruch nehmen. Als solche empfehlen sich handwerkliche Leistungen wie Schreinern, Schlossern, vor allem aber auch sportliche Betätigungen wie Radfahren, Reiten, Bergtouren. Diese letzteren Tätigkeiten wirken besonders wohltuend durch die Ansprüche, welche sie an Mut und Schlagfertigkeit stellen, und durch die damit verknüpfte Hebung des Selbstvertrauens.

Ein eigenes Wort ist in diesem Zusammenhang der Krankenhausbehandlung zu widmen. Diese — bisweilen im Zusammenhang mit der Bettbehandlung — hat gelegentlich Erfolge aufzuweisen, die verblüffen können. Allein gar zu häufig handelt es sich hier um Scheinerfolge. Der Kranke, aus seiner gewohnten Umgebung herausgebracht und den Anlässen, welche die zwanghaften Vorgänge in ihm auslösen, entrückt, fühlt sich zunächst befreit und geborgen. Versucht man es aber, ihn in seinen gewohnten Lebenskreis und in den Bereich der ihm obliegenden Aufgaben zurückzuführen, so begegnet man vielfach den größten Widerständen und in schweren Fällen einer glatten Unmöglichkeit, auch nur den alten Zustand wiederherzustellen. Man wird also bei der Krankenhausbehandlung der Zwangskranken immer das Ziel der Entfernung aus dem Krankenhause im Auge behalten müssen und solche Aufenthalte im allgemeinen nicht gar zu lange ausdehnen. Niemals darf die Aufgabe aus den Augen verloren werden, zu bewirken, daß der Kranke berufsfähig bleibt. Die Erhaltung der Arbeitsfähigkeit, die Fortsetzung seiner Berufstätigkeit ist die wichtigste Heilaufgabe und zugleich auch das wichtigste Heilmittel für den Zwangskranken, wie übrigens ja für die meisten Neurotiker.

Das hier Gesagte bezieht sich auf die konstitutionellen psychopathischen Zwangszustände. Bei den erschöpfungsneurasthenischen und zyklischen Zuständen kann Krankenhaus-(Sanatoriums-)Behandlung in erster Linie stehen.

Nachgetragen sei noch, daß bei der Behandlung der Zwangskranken die Einführung in eine vernünftige Geselligkeit (hierher gehören auch Theater, Konzerte usw.) oft sehr wohltuend wirken kann. Freilich sind viele Kranke infolge der Art ihres Leidens nicht imstande, an einer solchen teilzunehmen.

Die Psychoanalyse hat naturgemäß in besonderem Maße Zwangszustände als ein Feld für ihre Behandlungsweise hingestellt. Die Gerechtigkeit muß verzeichnen, daß ernste Psychoanalytiker, insbesondere auch Freud, die Schwierigkeiten betont haben, welche verwickeltere Fälle auch der psychoanalytischen Behandlungsweise darbieten, und daß sie sich keineswegs allzu enthusiastisch über ihre Erfolge geäußert haben. Ich selbst muß bekennen, daß ich bei einer beträchtlichen

Zahl psychoanalytisch behandelter Zwangsneurotiker, was wenigstens die schwierigeren Fälle anlangt, leider nichts Ersprießlicheres habe erfolgen sehen, als bei anderen psychotherapeutischen Methoden auch. Über die meiner Ansicht nach verkehrte theoretische Grundauffassung der Behandlung ist im allgemeinen Teil Ausführliches gesagt worden.

Bei der Analyse nach FRANK usw. erhält man oft Erlebnisse reproduziert, die man schwerlich als mehr denn als gelegentliche Anlässe für das Auftreten von Zwangserscheinungen ansehen wird. Die wesentliche Ursache liegt in der Anlage der Persönlichkeit. Doch wird man das kathartische Verfahren bei Persönlichkeiten, welche einer besonders eindringlichen Beschäftigung mit ihrem Innenleben bedürftig erscheinen, mit Nutzen anwenden können, und man wird sich gegebenenfalls um so eher zu einer solchen Analyse entschließen dürfen, als diese, wie schon betont, Handhaben für eine eindringliche allgemeine psychotherapeutische Bearbeitung liefert. Von jeder Art von „Deutung" (auch im Sinne ADLERS) wird man sich fernhalten. —

Auch sonst müssen die Gefahren, welche selbst bei dieser mildesten Art von psychoanalytischer Behandlung drohen können, hervorgehoben werden. Gerade für viele Zwangsneurotiker ist die übermäßige Beschäftigung mit ihrem Innenleben kein Heilmittel, sondern ein schädigendes Gift. Neigen sie doch ohnehin dazu, die Reflexion über sich selbst überwuchern zu lassen und auftauchende Reihen von Vorstellungen und Gedanken zwangsmäßig fortzuspinnen. Diese Kranken müssen von der Sucht, sich auf sich selbst zurückzuziehen, befreit und in die Welt des Handelns geführt werden. Was ihnen frommt, ist förderliches Tun, das ihr Selbstvertrauen steigert und die Gewalt des unnatürlichen Zwanges aufhebt.

4. Die Tic-Krankheit.

In die Gruppe der Zwangszustände gehören auch die als Tics bezeichneten psychisch bedingten Bewegungsanomalien (Maladie des Tics). Während bei den Zwangsgedanken und Phobien bedeutungsvollere zwanghaft fixierte Handlungsimpulse nicht ausgeführt werden, sondern es nur bei leeren, den Kranken quälenden Gedanken bleibt, können auf dem Gebiete einfachster, wenig belangvoller Bewegungen und Handlungen die Impulse zur Verwirklichung führen. So entstehen die Tics oder vielmehr ihre zwanghafte Fixation. Im Beginne der Entstehung des Tic-Leidens pflegt der echte zwanghafte Charakter zu fehlen. Es handelt sich um unruhige, überbewegliche, öfters auch wenig willensstarke Menschen, insbesondere auch Kinder, die diesem oder jenem Bewegungsimpuls immer wieder nachgeben, so daß es allmählich zu einer automatisierten unbemerkt verlaufenden Bewegungsgewohnheit kommt. Aus diesem Stadium heraus kann sich die echte maladie des tics entwickeln, wenn die Bewegungsanomalie die Neigung zeigt, weitere Gebiete zu erfassen, insbesondere auch lästige Formen anzunehmen, der Kranke den Eintritt des Vorgangs zu fürchten beginnt, ihn zu unterdrücken strebt und doch immer wieder ihn verwirklichen muß. Dann haben wir allmählich einen echten Zwangsmechanismus vor uns. Die merkwürdigsten Bewegungen können auf diese Weise zwanghaft erfolgen: Bewegungen der Gesichtsmuskulatur wie der Glieder, Trippeln, Hüpfen, Stampfen, Bücken, Pfeifen, Grunzen, Speien, Ausrufe — besonders solche unpassender und obszöner Art — können bei dem Kranken das Bild einer schweren Geistesstörung vortäuschen. Es kann trotz Erhaltenbleibens der geistigen Persönlichkeit und trotz völliger Krankheitseinsicht zu Krankheitsformen kommen, die den Patienten beruflich und gesellschaftlich schwer schädigen, ja völlig isolieren.

Die Behandlung der Tic-Krankheit hat bei den schweren, ausgeprägten Zwangsformen ähnliche Wege zu gehen, wie sie bei der Behandlung der Zwangszustände bereits beschrieben worden sind. Bei den einfachen Tic-Gewohnheiten wird es auch notwendig sein, die Aufmerksamkeit auf die oft unbemerkten Bewegungen hinzulenken, während bei den schweren zwangsmäßigen Formen die Stützung des Selbstvertrauens gegenüber dem Zwange die Hauptaufgabe bildet. Hypnotische Suggestion wird für diese Zwecke fast immer sehr förderlich sein.

Daneben wird größtes Gewicht auf eine planmäßige Übungsbehandlung zu legen sein. Diese ist von Oppenheim und Meige und Feindle zu einer sehr eingehenden Therapie ausgebildet worden. Der Kranke muß einerseits lernen, völlig stillzuhalten, ohne irgend eine der abnormen Bewegungen zu machen, andererseits muß er aktiv Ziel- und gymnastische Bewegungen ausführen und dabei jede nicht hingehörende Bewegungszutat unterlassen.

Man beginnt, indem man den Kranken die Augen des Arztes fixieren und völlig regungslos stille stehen läßt. Das darf zunächst nur Bruchteile einer Minute lang geschehen. Diese Zeit hindurch muß aber der Kranke völlig regungslos bleiben. Man verlängert dann allmählich die Zeit auf Minuten, fünf Minuten, selbst zehn Minuten und mehr. Allmählich werden störende Reize hinzugefügt, ein plötzlicher Knall oder Ähnliches, man fährt auch plötzlich mit dem Finger oder einem spitzen Gegenstand auf die Augen des Kranken zu und verlangt gleichwohl völlige Regungslosigkeit. Gymnastische Übungen werden angereiht, wobei gleichfalls peinlichst darauf gehalten wird, daß jede nicht hergehörige Bewegung unterbleibt. Es kommt im Beginne der Übungen nicht darauf an, daß lange geübt wird, dafür muß peinlich auf genaueste Korrektheit der Übung Wert gelegt werden. Die Kranken haben gar zu sehr die Neigung, wohl längere Übungen zu machen, dafür aber ihre abnormen Bewegungen wenigstens anzudeuten; dieses muß durchaus verhindert werden. Die Zeitdauer der Übung mag beliebig klein genommen werden, völlige Korrektheit aber muß verlangt werden. —

Die gleichen Übungen wie vor dem Arzte hat der Kranke mehrmals täglich allein für sich vor dem Spiegel auszuführen. Auch hier sind lieber kurze Zeiten zuzugestehen, dafür aber größte Genauigkeit zu verlangen. In dieser Weise ist der Kranke je nach Sachlage längere Zeit, evtl. viele Monate zu behandeln. Er wird im Laufe der Zeit nur in größeren Abständen beim Arzt zu erscheinen brauchen, hierbei aber genau kontrolliert werden müssen. Man wird dann häufig die Freude erleben, auch schwerere Fälle gut beeinflußt zu sehen.

Freilich neigen die Kranken zu Rückfällen, sind aber durch eine neu angestellte Übungsbehandlung gut beeinflußbar.

5. Verstimmungszustände.

Voraussetzung für eine erfolgversprechende Psychotherapie der so häufigen psychischen Verstimmungen ist ihre klinische Sonderung. Es genügt für unsere Zwecke auseinanderzuhalten:

I. Endogene: 1. epileptische. 2. zyklothyme und konstitutionelle,
II. reaktive 1. psychogene, 2. psychopathische (bzw. neuropathische).

Die Verstimmungen der Erschöpften (Neurastheniker) spielen keine große Rolle für eine besondere Psychotherapie. Sie schwinden mit der durch allgemeine Maßnahmen (auch psychotherapeutische) zu behebenden seelischen Erschöpfung, fallen auch zum Teil unter die Rubrik der reaktiven Vorgänge.

Auch bezüglich der epileptischen und epileptoiden Verstimmungen kann von einer eigentlichen Psychotherapie nicht gesprochen werden. Abgesehen von allgemeinen Maßnahmen zur psychischen Beruhigung sind die besonderen Methoden der Epilepsiebehandlung, vor allem die Verabreichung von Sedativa am Platze. Dies gilt auch von der Bekämpfung der aus Verstimmungen hervorgehenden dipsomanen und poriomanen Zustände, so weit sie überhaupt epileptischen Ursprungs sind. Neben entsprechenden Schutzmaßnahmen kommen hier nur medikamentöse, evtl. auch hydrotherapeutische Maßnahmen in Betracht.

Eher ist schon bei den zyklischen und konstitutionellen Verstimmungen einer systematischen psychotherapeutischen Beeinflussung Bedeutung beizumessen. Freilich haben solche Bemühungen auch hier einen nur palliativen, symptomatischen Wert, da die zyklische Phase an sich ihren gesetzmäßigen Lauf nimmt, der durch unsere psychotherapeutischen Maßnahmen nicht zu beeinflussen ist. Und ich halte es für ein großes Unrecht, wenn neuerdings Psychoanalytiker echten Zyklischen die Beseitigung eines depressiven Zustandes oder gar der Neigung zu solchen Zuständen durch eine psychoanalytische Kur versprechen.

Es kann sich bei der Psychotherapie zyklischer Depressionen natürlich nur um leichteste, nicht suicidgefährdete Formen depressiver Verstimmung handeln und um solche, die einen chronischen Verlauf zeigen; in erster Linie um Fälle, deren Verstimmung nicht so schwer ist, daß sie die Arbeitsfähigkeit aufheben würde, und bei denen demgemäß jedes Mittel angewendet werden muß, welches die Arbeitsfähigkeit erhält und einen erträglichen subjektiven Zustand ermöglicht.

Eine wichtige psychotherapeutische Maßnahme ist die Aufklärung der Angehörigen, welche dazu neigen, in dem Verhalten des Kranken Mangel an Energie, Einbildung, Eigensinn zu sehen und es an entsprechenden Mahnungen nicht fehlen lassen, auch besonderen Wert auf Zerstreuung des Kranken legen, welche sie zu erzwingen suchen. All diesen Auffassungen ist eindringlich entgegenzutreten. Ein Versuch der Ablenkung des Kranken kann bei ganz leichten Depressionen nützlich sein; jedoch muß es hierbei durchaus dem Kranken überlassen bleiben, was er wünscht und erträgt — jeder Zwang ist zu vermeiden.

Man wird kaum in einem dieser Fälle ohne medikamentöse Beeinflussung auskommen: die Bromalkalien, das Diogenal, Abasin und ähnliche Präparate werden gute Dienste leisten; auch das Opium und seine Derivate braucht bei echten leichten zyklischen Depressionen — besonders wenn Angstzustände vorhanden sind — bei genügender Vorsicht der Anwendung nicht gescheut zu werden. Bei chronischen konstitutionellen Verstimmungen ist es möglichst zu vermeiden. Sehr gut wirken in vielen Fällen protrahierte Bäder mit gleichbleibender, nicht zu warmer Temperatur (26^{0} R, 1—2 Stunden).

Die Psychotherapie wird in den meisten Fällen eine Verbindung von allgemein aufklärenden und beruhigenden Maßnahmen und suggestiver (insbesondere hypnotischer) Behandlung sein. Psychoanalytische Versuche möchte ich — entgegen den Behauptungen der Anhänger der verschiedenartigen psychoanalytischen Verfahrungsweisen — dringend widerraten.

Die meisten der hier in Betracht kommenden Kranken sind nur in oberflächliche Hypnose zu bringen. Und was bei ihnen zu erreichen ist, ist eine Erleichterung der Verstimmung, die sich meistens im besten Falle auf Tage erstreckt. Der Ablauf der Phase an sich zeigt keinerlei Beeinflußbarkeit. Dennoch wird der Arzt in sich hinschleppenden Fällen froh sein müssen, überhaupt irgendwie eindringlicher seelisch einwirken zu können.

Bei den, den echten melancholischen Zuständen nahestehenden, chronischen, konstitutionellen Verstimmungen ist der Psychotherapie eine größere Wirksamkeit gegeben. Hier finden wir übrigens Erkrankungsformen, bei denen schon eine stärkere Ablenkung Vorzügliches leistet. So kann man diesen bedauernswerten Persönlichkeiten, welche ihr Leben lang zu Mutlosigkeit, Insuffizienzgefühl und mehr oder minder starker Gemütsdepression neigen, schon durch die Verordnung einer Reise oder Ähnl. erheblich nützen.

Die Behandlung wird gleichfalls auf die Hebung des Selbstvertrauens und die Bekämpfung des Gefühls der Minderwertigkeit den größten Nachdruck legen. Vernünftige Geselligkeit, sportliche Betätigung und planmäßige Arbeitstherapie können hier sehr Gutes leisten. Die eigentliche Psychotherapie wird eingehende Aussprachen über die vielen mehr oder minder bedeutungsvollen, den Patienten bedrückenden Gedanken und Sorgen an die Spitze der Behandlung stellen. Daneben haben sich Serien hypnotischer Sitzungen, über 1—3 Wochen ausgedehnt, evtl. täglich ausgeführt, bewährt. Sie bringen oft für längere Zeit Erleichterung.

Wesentlich eingreifender sind die Wirkungen psychotherapeutischer Bemühung bei den psychogenen und psychopathischen Verstimmungen. Unter den ersteren begreifen wir solche reaktiven Depressionszustände, bei welchen eine stärkere psychopathische Konstitution nicht im Vordergrunde steht. Die Wechselfälle des Lebens, gleichgültig, ob mehr oder minder plötzlich erschütternder Art, können nachhaltige depressive Zustände bei weicheren, verwundbaren Gemütern auslösen. Die Schwierigkeiten, die im Zusammenleben mit Nächststehenden entstehen können — hierher gehören auch in besonderem Maße die mannigfachen Erschütterungen und seelischen Bewegungen, vor allem Enttäuschungen, welche das Liebesleben mit sich bringt —, können depressive Erkrankungen auslösen. Von einer normalen depressiven Reaktion unterscheiden sich diese Störungen durch Ausmaß und Hartnäckigkeit, von der echten zyklischen Verstimmung durch das Fehlen der selbständigen Hemmung und durch die dem Normalen nahestehende reaktive Motivation. Auch Lebensüberdruß und ernste Suicidabsichten pflegen bei den protrahierten Fällen — wenn sie auch nicht fehlen — nicht sehr im Vordergrunde zu stehen.

Die Psychotherapie eines psychogenen Depressionszustandes hat mit der Bemühung um das Verständnis des Seelenzustandes des Kranken zu beginnen. Gerade in diesen Fällen ist häufig ein erhebliches Bedürfnis, sich zu eröffnen, sich mitzuteilen, vorhanden. Man soll diesem Bedürfnis im allgemeinen nicht entgegenstehen, sondern dem Kranken Gelegenheit geben, „abzureagieren“. Freilich wird man bei diesen Aussprachen oft Dinge entgegengebracht erhalten, die der Patient abgeändert wünscht, an denen der Arzt, auch wenn seine Anschauung mit der des Kranken übereinstimmt, gar nichts oder wenig ändern kann. Doch wirkt auch in solchen Fällen schon die Aussprache wohltuend. Ist es nicht möglich, an Tatbeständen etwas zu ändern, so vermögen oft schon Beeinflussungen der Auffassung und seelischen Stellungnahme des Kranken heilsam zu wirken. Daß dem Arzt größte Zurückhaltung hinsichtlich einer Beeinflussung des Handelns in bestimmten Situationen — etwa in einem erotischen Konflikt, einer unglücklichen Ehe usw. — obliegt, braucht wohl nicht besonders betont zu werden. Es gibt nicht leicht eine ärztliche Indikation, welche es gebietet oder auch nur gestattet, dem Kranken die freie Wahl seines Tuns hier abzunehmen. So wird sich in solchen Lagen die Rolle des Arztes mehr auf die eines „Vertrauensmannes“ beschränken.

In dieser Richtung werden sich auch eigentliche „psychoanalytische“ Bemühungen bewegen und nützlich sein können. Ätiologische unbewußte bzw. bewußtseinsunfähige Komplexe wird man dabei allerdings kaum aufdecken. Aber für die eben erörterte notwendige Vertiefung in das Seelenleben des Behandelten und als ein

Hilfsmittel der Behandlung, kann die Analyse Vorzüge vor anderen Verfahrungsweisen bieten. In eigenen Erfahrungen hat sich mir in den hierher gehörenden Fällen die einfache verständnisvolle Aussprache in Verbindung mit beruhigenden und stützenden suggestiven Beeinflussungen (letztere meist in einer oberflächlicher Hypnose) am meisten bewährt. Ablenkende Maßnahmen (mit entsprechender Vorsicht eingeführt), Arbeitstherapie sind als Unterstützungsmittel in der Behandlung gleichfalls wichtig.

Zum Wesen der psychopathischen Verstimmungen gehört es, daß die Persönlichkeit durch abnorme Veranlagung mehr oder minder dauernd zu reaktiv-psychogenen Depressionen neigt. Dabei kann sie den Typus „himmelhoch jauchzend zu Tode betrübt“, zeigen, oder sie kann ausschließlich zu Reaktionen depressiver Verstimmung disponiert sein. Immer jedoch ist die große Unbeständigkeit der Seelenverfassung auf von außen kommende Einwirkungen hin kennzeichnend für das Bild, welches diese Persönlichkeitstypen darbieten.

Die Behandlung wird diese Tatsache der dauernd gegebenen Neigung zu reaktiven Stimmungsschwankungen besonders zu berücksichtigen haben. Ein Eingreifen in die ganze Lebenshaltung, soweit dies dem Arzte gegeben ist, wird in vielen dieser Fälle geboten sein. Im übrigen sind die für die Behandlung dei psychogenen Verstimmungen entwickelten Grundsätze von Fall zu Fall sinngemäß anzuwenden. Die Prognose wird oft durch die starke Veranlagung zur Verstimmung getrübt; gleichwohl bieten die hierhergehörenden Fälle ein ergiebiges und nicht undankbares Feld für die Betätigung einer verständnisvollen Psychotherapie.

6. Nervöse Herz- und Magendarmstörungen.

Angstzustände und Veıstimmungen können eine Reihe weiterer abnormer Erscheinungen gewissermaßen als „zugeordnete Ausdruckserscheinungen“ mit sich bringen; es sind besonders die nervösen Herz- und Magendarm-Erscheinungen, welche aus Angst- und Verstimmungszuständen psychogen entstehen können.

Herzbeschwerden gesellen sich in mannigfachster Form zu Zuständen seelischer Spannung und Erregung vor allem solchen angsthafter Art. Sehr häufig sind die Klagen der Nervösen über „Herzklopfen“. Dieses wird zunächst subjektiv als Verstärkung der Empfindung des Schlages empfunden, tritt aber auch in stärkerem Maße als Gefühl des Stillstandes, Luftmangels, der Präcordialbeklemmmung hervor. Unangenehme drückende, aber auch schmerzende Empfindungen in der Herzgegend können sich hinzugesellen, ja sogar nach dem linken Arm hin ausstrahlende Schmerzen, so daß gelegentlich das Bild einer echten Angina pectoris nachgeahmt werden kann.

Sehr häufig sind die Klagen über Beschleunigung der Herztätigkeit. Diese kann wirklich vorhanden sein und steigert sich immer, sobald der Patient beginnt auf den Vorgang zu achten. Bestimmte Situationen können den psychogenen Mechanismus besonders begünstigen; daß hier sexuelle Spannungen öfters ätiologisch sein können, ist schon früher dargelegt worden. Oppenheim berichtet von Ehemännern, welche bei einem außerehelichen Beischlaf Herzbeschwerden bekamen und so durch den abnormen Vorgang zur Treue geführt wurden. Jedenfalls ist es eine geläufige Erfahrung, daß eine große Zahl von Klagen über Herzstörungen auf nervöse Vorgänge zurückzuführen sind, und daß die Behandlung dieser Anomalien die Erkenntnis ihrer psychogenen Entstehungsweise zur Voraussetzung haben muß. — Gleichwohl ist nicht denen beizustimmen, welche schon in der Untersuchung somatische Methoden meiden und die psychische Einstellung der Therapie möglichst frühzeitig in den Vordergrund rücken wollen[1]). Voraussetzung der Psychotherapie ist vielmehr in diesen Fällen der Ausschluß der organischen Grundlage. Eine gründliche körperliche Untersuchung hat der psychotherapeutischen Behandlung vorauszugehen und ihr die sichernde Grundlage zu liefern. Ist allerdings erst einmal der seelische Ursprung des Leidens festgestellt und körperliche Unterlagen ausgeschlossen, so hat die Behandlung sich mit aller Energie als seelische zu geben und Zugeständnisse im Sinne körperlicher Maßnahmen möglichst auszuschließen.

Die Psychotherapie der nervösen Herzstörungen kann in geeigneten Fällen Vorzügliches erreichen. Kranke, die mit schwersten Beklemmungen, Herzklopfen und Parästhesien angstvoll in die Sprechstunde eilen, verlassen gelegentlich nach einer hypnotischen Sitzung beruhigt und von ihrem quälenden Zustand befreit den Arzt. Der Behandlung vorausgehen muß eine Belehrung des Kranken, welche sich besonders auch auf das negative Ergebnis der eingehenden körperlichen Untersuchung zu stützen hat. Vor allem ist die bei diesen Patienten so häufige Angst vor plötzlichem Herztod fortzuräumen. Als psychotherapeutisches Heilverfahren empfiehlt sich für diese Fälle das hypnotisch-suggestive in hervorragendem Maße. Dabei bedeutet es kein Hemmnis, daß viele dieser Kranken nur in ganz oberflächliche Zustände zu versetzen sind. Gerade in diesen Fällen zeigt es sich, wie trefflich sich auch leichteste hypnotische Stadien für die Psychotherapie ausnutzen lassen. — Analytische Bemühungen werden auch von Nutzen sein können, insbesondere da, wo irgendwelche reale Untergründe ätiologisch erscheinen. Auf Verkehrtheiten des erotischen bzw. sexuellen Verhaltens wird zu achten sein (vgl. das Kapitel über Angstzustände).

Im übrigen ist der Patient dazu zu erziehen, Mißempfindungen (Herzklopfen, Pulsunregelmäßigkeiten) nicht zu beachten. Arbeitstherapeutische Maßnahmen, Sport, Gymnastik, Hydrotherapie sollen ablenkende, willenstärkende und allgemein erfrischende Einflüsse zur Geltung bringen.

---

[1]) Man muß sich z. B. vor Augen halten, daß die echten (paroxysmalen) Tachykardien, auch die „funktionellen", nicht psychogen, wenn auch öfters vom allgemeinen psychischen Zustand nicht unabhängig sind.

Einige Worte seien hier der Behandlung des nervösen Asthmas gewidmet. Die Ätiologie dieser Störung ist bekanntlich kompliziert; aber auch bei organisch mitverursachten Fällen werden die Wirkungen psychischer Einflüsse sowohl in der Auslösung der Anfälle wie in dem Erfolg der Therapie offenkundig. Jedenfalls sollte in den rein nervösen Asthmafällen ein Versuch mit der hypnotischen Suggestion unbedingt gemacht werden. Man wird öfters mehr erreichen als man zunächst erwartete. Auch analytische Bemühungen können in Betracht kommen. Ist freilich erst stärkere Gewöhnung an Narkotica eingetreten, so sind die Behandlungsaussichten trübe.

Der Einfluß des Seelenlebens auf den Magendarmapparat ist bekanntlich ein sehr weitgehender. Und so sehen wir eine große Reihe abnormer Erscheinungen dieses Bereiches ausschließlich oder in erheblichem Umfang aus seelischen Gründen entspringen. Die letzten Jahrzehnte haben hier wichtige Einsichten gebracht, welche für die Behandlung der Störungen ausschlaggebend sind. Die Entwicklung hierzu vollzog sich unter mancherlei Schwankungen. Selbst nach Aufstellung des Begriffs der „nervösen Dyspepsie" war es die mehr somatisch-neurologische Auffassung von der lokalen Übererregbarkeit der Magennerven, welche im Vordergrund stand, und welche die seelischen Erscheinungen als mehr sekundär erscheinen ließ. Späterhin traten auch wieder rein körperliche Gesichtspunkte in den Vordergrund: die allgemeine konstitutionelle Schwäche (Asthenie), Enteroptose, Atonie u. a. m. Ja für das Gebiet rein seelischer Geschehnisse wurden solche Auffassungen bedeutungsvoll, so daß man etwa melancholische Verstimmungen mit Magenspülungen behandeln zu können meinte. Allmählich nur gelang es der Auffassung von der rein psychogenen Natur bestimmter Magendarmstörungen Raum zu gewinnen. In gewichtiger Weise haben dann diesen Fortschritt neuere physiologische Erkenntnisse (PAWLOW) mit ermöglicht. So finden wir denn zur Zeit auch bei mehr somatisch eingestellten Ärzten das Zugeständnis der großen Bedeutung seelischer Momente für das Entstehen von Magendarmerscheinungen[1]).

Vom Magen darf gesagt werden, daß er ein besonders empfindliches Reagens auf Verstimmungen darstellt. Das ist ja schon von normalen Verhältnissen geläufig. Von WILMANNS ist energisch betont worden, daß bei Zyklothymen die Depression besonders durch Magenstörungen gekennzeichnet sein kann. Sie kann sich in der Tat ganz darunter verstecken und dem oberflächlichen Betrachter als selbständige Magenstörung imponieren. Wir sehen aber diese letztere in beweisender Art mit der Verstimmung kommen und gehen. DREYFUS hat versucht, das Gesamtgebiet zu klären. Wir können in Anlehnung an ihn und entsprechend der Einteilung der Verstimmungen: psychogene, psychopathische und konstitutionelle, zyklische und erworben neurasthenische Dyspepsien unterscheiden, ferner Hysterische mit Dyspepsien anfügen.

---

[1]) Hierzu die Arbeiten HEYERS.

Wie bei den psychogenen Verstimmungen dürfen wir auch bei den psychogenen Verstimmungsdyspepsien die besten Behandlungsergebnisse erwarten. Handelt es sich hierbei doch um Persönlichkeiten mit nicht übermäßig ausgeprägter psychopathischer Veranlagung, bei welchen auf ein mehr oder minder starkes Trauma hin, unter dem Einfluß trauriger Gemütsverfassung, unter dem Druck von Erwartungen, Befürchtungen (auch Carcinomfurcht) sich Magenverstimmungen entwickeln. Zweifelhafter ist die Voraussage bei den psychopathischen Konstitutionen, welche fortdauernd auf leichte Anlässe hin mit Magenverstimmungen antworten. Doch ist gerade hier der suggerierenden und erziehenden Psychotherapie die wichtige Aufgabe der Erhaltung der Arbeits- und Leistungsfähigkeit und -freudigkeit dieser zu den nervösen Magenverstimmungen neigenden Persönlichkeiten gestellt. Und es kann kein Zweifel bestehen, daß bei den wirklich nur seelisch bedingten Magenstörungen die Erfolge, wenn auch die Neigung zum Wiederauftreten nicht beseitigt werden kann, sehr erfreuliche sind. Es gelingt hier häufig, Menschen, welche sonst zu allen möglichen verkehrten medikamentösen und sonstigen Maßnahmen und Gewohnheiten kommen, nur durch seelische Beeinflussung und Erziehung zur Arbeitsleistung und auch zu einem entsprechenden Maß von Lebensgenuß zu bringen.

Auch an den Beginn jeder psychotherapeutischen Behandlung der nervösen Magenstörungen ist eine eingehende körperliche Untersuchung zu stellen. Sie gibt den Bemühungen, den Zustand seelisch zu beeinflussen, eine haltbare Grundlage und große Durchschlagskraft. Ist aber die seelische Bedingtheit des Leidens sichergestellt, so ist auch hier auf einer streng psychischen Behandlung zu bestehen.

Notwendig und sehr förderlich ist eine eingehende Aufklärung des Patienten über die seelische Beeinflußbarkeit von Magendarmerscheinungen. Man muß ihm eine kleine Vorlesung halten, etwa von PAWLOWS Experimenten erzählen u. ähnl. Dann hat eine planmäßige psychotherapeutische, nach meinen Erfahrungen am besteu hypnotisch-suggestive Beeinflussung einzusetzen, welche sich gegen die Symptome (Druckgefühl, Aufstoßen, Schmerzen, evtl. auch Erbrechen usw.) richtet. Mit ihr muß sich eine Erziehung zur üblichen Nahrungsaufnahme verbinden. Die bekannten Erwartungen des Eintrittes dieser oder jener Symptome müssen suggestiv beseitigt werden. Auch die Carcinomfurcht ist auf diese Weise zu bekämpfen.

In nicht wenigen Fällen wird man nicht sofort zu einer völlig normalen Diät übergehen können. DUBOIS, welcher sich um die psychische Behandlung der nervösen Magendarmstörungen besonders verdient gemacht hat, hat vorgeschlagen, mit strenger Milchdiät anzufangen und dann allmählich Annäherungen an normale Kost hinzuzufügen bis zum Erreichen dieser. Nach meinen Erfahrungen braucht man in der Mehrzahl der Fälle nicht so streng zu beginnen, sondern macht einige Zugeständnisse an die Gewohnheiten des Kranken, welche man dann je nach Lage des Falls mehr oder minder schnell ausschaltet. Schließlich muß der Kranke — organisch normale Verhältnisse immer vorausgesetzt (es darf nicht vergessen werden, daß auch bei einer schweren Psychopathie ein Magenulcus oder Carcinom vorhanden sein kann) — unbedingt lernen alles zu essen. Abnorme Empfindungen und die Befürchtungen werden durch zielbewußtes Suggerieren beseitigt. Es ist gar kein Zweifel, daß auf diese Weise ausgezeichnete Erfolge zu erzielen sind. Die Behandlung kann in leichteren Fällen ambulant geschehen, in schwereren wird ein Krankenhaus- bzw. Sanatoriumsaufenthalt mehr Erfolg versprechen.

Was die nervösen Darmstörungen anlangt, so kommen für die psychotherapeutische Behandlung sowohl die Obstipationen wie die nervösen Durchfälle in Betracht. Bezüglich der Obstipation ist sowohl von Hypnotherapeuten wie von die Persuasion pflegenden Ärzten auf die weitgehende psychische Beeinflußbarkeit hingewiesen worden. Und es kann nicht bezweifelt werden, daß bei suggestiblen Persönlichkeiten auch eine hartnäckige Obstipation schnell beseitigt und der Stuhlgang mit großer Pünktlichkeit geregelt werden kann. Immerhin sind diese Fälle nicht in der Mehrzahl; und gerade für den Durchschnitt hat die „Persuasion" gezeigt, wieviel eine stetige planmäßige Erziehung der Darmtätigkeit leisten kann.

Auch dieser Behandlung werden allgemein reichlich belehrende Maßnahmen vorausgeschickt werden müssen. Je nach dem Bildungsstand der Patienten wird man ihm einiges über die Physiologie der Darmtätigkeit, insbesondere der Stuhlentleerung darlegen müssen, die Bedeutung der Pünktlichkeit der Entleerung, die Notwendigkeit der Berücksichtigung des Stuhldranges hervorheben. Allgemein diätetische Vorschriften werden auch bei der psychotherapeutischen Behandlung der Obstipation nicht außer acht gelassen werden dürfen, je nach der mehr atonischen oder spastischen Form der Verstopfung verordne man eine entsprechende Kost. Auch die Massage wird man in geeigneten Fällen neben der seelischen Beeinflussung anwenden. Wo freilich das Bild als rein psychogenes imponiert, wird man möglichst ohne alle somatischen Hilfsmittel auszukommen streben und rein psychisch behandeln.

Als zweckmäßigste Form der Psychotherapie der habituellen Obstipation erscheint die Verbindung von Suggestion und planmäßiger erzieherischer Persuasion. Bei der Suggestionserteilung (es genügen als Voraussetzung für diese oberflächliche Zustände) wird nicht nur allgemein der Erfolg (Stuhlentleerung) vorausgesagt werden, sondern der Vorgang in der Suggestion genauer dargestellt („detailliert") werden müssen. Man wird die Empfindung des Stuhldrangs auf einen dem Aufstehen nicht sehr fernen Zeitpunkt je nach Lage des Falles vor oder nach dem Frühstück suggerieren, die allmähliche Verstärkung dieser Empfindungen bis zum Bedürfnis der Entleerung, welchem alsbald zu folgen ist. Einige mechanische Mittel können zu Hilfe genommen werden, Freiübungen, Massage, ein Glas kaltes Wasser auf nüchternen Magen. Eigentliche Abführmittel sind bei der Psychotherapie der Obstipation nach Möglichkeit zu meiden. Nützlich wirken können die neueren Quell- und Gleitmittel (Normacol, Mitilax etc.). Aller Nachdruck ist auf die seelische Beeinflussung und die Erziehung zur normalen, regelmäßigen Entleerung zu legen.

Es ist sicher, daß auf diese Weise eine ganze Anzahl „habitueller" Obstipationen mit Erfolg zu behandeln sind. Insbesondere gelingt es auch die hypochondrische Verstimmung, welche oft das Leiden zu einem so quälenden macht, mit Glück zu bekämpfen. Aber auch dort, wo man körperliche Einwirkungen nicht umgehen kann, wird der seelischen Beeinflussung eine ausschlaggebende Rolle zufallen.

Bei der Behandlung der nervösen Durchfälle kann die Psychotherapie, vor allem die hypnotisch-suggestive, Vorzügliches leisten. Vorbedingung des Erfolges ist auch hier eine genaue Analyse der seelischen Tatbestände. Die Therapie ist dann gewöhnlich zugleich eine Behandlung von Verstimmungen und Angstzuständen, welche die nervöse Diarrhöe auslösen. Die Behandlungsgrundsätze sind demgemäß die schon früher entwickelten, nur daß — besonders bei der Suggestivtherapie — entsprechende Modifikationen, welche sich auf die Darmstörungen beziehen, anzuwenden sind. Nicht selten schließen sich nervöse Magendarmstörungen an eine abgeklungene, körperliche Magendarmerkrankung an; insbesondere kann die Furcht vor dem Durchfall Diarrhoen und als weitere Folge Störungen der ganzen Lebenshaltung hervorrufen. Auch hier kann eine zweckmäßige seelische Behandlung Hervorragendes leisten.

7. Krankhafte Neigungen.

Für das Entstehen und Haften krankhafter Neigungen kommen eine Reihe verursachender Momente in Betracht:

1. kann schon die Gewöhnung zu einem zwanghaften Mechanismus führen, welcher das Aufgeben bestimmter Handlungen verhindert (eine solche Entstehungsweise wurde schon bei der Tic-Krankheit erörtert). Hierbei braucht die Handlung an sich keinen Lusteffekt zu bringen; das Aufgeben einer Gewohnheit aber führt zu Störungen angsthafter oder beklemmender Art.

2. Die Handlung bringt an sich Lusteffekt und fixiert sich in der „Gewohnheit".

3. Körperliche Vorgänge, welche durch die häufig ausgeführte Handlung hervorgerufen werden, verhindern ihren Fortfall. Dies gilt besonders von der Einverleibung differenter Medikamente (Morphium, Cocain usw.). Die Erkrankungen, welche bei der Entziehung dieser gewohnten Gifte eintreten, sind keineswegs nur psychogener Art; infolgedessen hat eine rein psychotherapeutische Behandlung etwa des Morphinismus keinerlei Aussichten. Es muß daher bei den „Suchten" sorgfältig erwogen werden, wie weit sie rein psychisch verankert sind, da nur innerhalb dieser

Grenzen psychotherapeutische Bemühungen einen vernünftigen Sinn haben.

Viel Empfehlung hat die psychotherapeutische, insbesondere hypnotische Behandlung der Trunksucht gefunden. Und es kann nicht zweifelhaft sein, daß gerade Alkoholiker oft ausgezeichnete, tiefe Hypnosen geben, und daß sie auch psychotherapeutischen Suggestionen sehr zugänglich sind. Gleichwohl kann ich eine ambulante suggestive Behandlung des Alkoholismus, wenigstens in schwereren Fällen, nicht empfehlen. Unbedingt muß hier zunächst eine längere Anstaltsbehandlung zur Entwöhnung durchgeführt werden. Leichtere Fälle kann man ambulant suggestiv beeinflussen, indem man zugleich das äußere Leben des Behandelten entsprechend zu regeln sucht (Eintritt in einen Abstinentenverein usw.). Auch zur Nachbehandlung nach einem Anstaltsaufenthalt kann die Suggestion empfohlen werden. Man wird in vielen Fällen in tiefer Hypnose direkt kommandieren können, Unwirksamkeit der vom Alkohol ausgehenden Verlockung, ja sogar geeignetenfalls Widerwärtigkeit, Ekel, Erbrechen bei Alkoholgenuß suggerieren. Bei der Haltlosigkeit und Stützungsbedürftigkeit der Alkoholisten wird man auf solche Weise Nutzen stiften können — immer aber nur indem man der Gesamtsituation genügend Aufmerksamkeit widmet und jede Verführung von dem Patienten fernhält. Selbstverständlich ist deshalb bei der Behandlung von Alkoholisten nicht Mäßigkeit, sondern völlige Abstinenz durchzuführen.

Bei dem Morphinismus und verwandten Suchten ist von jeder ambulanten psychotherapeutischen Beeinflussung abzusehen. Hier ist einzig eine Entziehungskur unter strenger Klausur angezeigt. Ohne diese würde eine suggestive Behandlung nur eine Verschleierung oder sogar Begünstigung des weiterbestehenden Morphiummißbrauchs bedeuten. Suggestivbehandlung ist auch zur Linderung der Beschwerden während der Entziehung unter Klausur empfohlen und geübt worden. Ich selbst habe sie öfters versucht, aber nichts Ermunterndes gesehen. Immerhin ist die Maßnahme so harmlos, daß sie wohl erlaubt ist. Ist die Entziehung durchgeführt, so kann eine psychotherapeutische Beeinflussung allgemeiner und besonderer Beschwerden angebracht sein.

Gegen übermäßigen Nikotingenuß habe ich von suggestiver Einwirkung gute Erfolge gesehen. Auch hier wird man auf völlige Abstinenz des Rauchens abzielen müssen, da ein mäßiger Gebrauch im allgemeinen in kürzerer oder längerer Zeit wieder zum Abusus führt.

Bestimmte Formen rein psychischer Suchten sind psychotherapeutischer, vor allem suggestiver Beeinflussung zugänglich. Hierher gehören eigenartige Formen von Stehltrieb (Kleptomanie), bei denen eine Art von Lust an der Gefahr eine Rolle spielt (wie im Hasardspiel), ebenso Sammeltriebe, Lust am Vernichten, Zerstören, Besudeln bestimmter Gegenstände. Da es sich jedoch in diesen Fällen meist um ausgeprägt psychopathische Persönlichkeiten handelt, bei welchen auch Defekte der ethischen Region, zum mindesten im Sinne der mangelnden Bereitschaft durchgreifender Hemmungen, gegeben sind, werden die Aussichten der Psychotherapie auf dauernden Erfolg recht getrübt. Eine Anzahl der hier genannten „Suchten" haben einen sexuellen Unterton und gehören in das Gebiet der sexuellen Perversionen.

8. Psychosexuelle Anomalien.

Besonders schwierige, aber sehr bedeutungsvolle Aufgaben stellen die sexuellen Abweichungen dem Psychotherapeuten. Diese Anomalien entspringen zum Teil abnormen Triebfedern (die Perversionen), zum Teil sind sie Gewohnheiten (auch zwanghaft gewordene), welche aus der Not äußerer Umstände hervorgegangen sind und sich fixiert haben.

Die Behandlung der sexuellen Abweichungen ist deshalb so schwierig, weil sie nicht nur die innere Situation des Kranken zu beeinflussen hat, sondern in ihrem Erfolg dauernd von äußeren Umständen und Konflikten abhängt. Nicht nur Fragen der Sitte, sondern auch der Sittlichkeit, andererseits mehr oder minder verwickelte äußere Verhältnisse verlangen Berücksichtigung. Große Vorsicht und Zurückhaltung in der Beratschlagung ist daher Pflicht des Arztes. Dieser darf nicht vergessen, daß es nicht seine Aufgabe ist, dem Kranken Konflikte abzunehmen. Er hat nur allgemeine hygienische und ärztliche Ratschläge zu erteilen; es ist aber nicht Sache des Arztes, in die äußere Situation des Kranken einzugreifen und diesen oder jenen Ausweg anzuempfehlen. Der Arzt hat im einzelnen Falle weder das Eingehen einer Ehe, noch die Trennung einer solchen, noch den außerehelichen Geschlechtsverkehr oder was sonst anzuempfehlen. Moralische Konflikte können und dürfen nicht durch ein Rezept in der ärztlichen Sprechstunde ihre Erledigung finden.

Wohl die häufigste und praktisch wichtigste sexuelle psychische Anomalie ist die Masturbation (Onanie). In bestimmten Lebensperioden (Entwicklungsjahre) ein überaus häufiger Vorgang, der kaum aus dem Bereich der Norm herausfällt, führt sie zum Arzt, wenn eine krankhafte und zwanghafte Gewohnheit aus ihr geworden ist, welche den von ihr Befallenen in schwere seelische Konflikte und dementsprechend Depression bringt.

Bei der Behandlung der Onanie ist zunächst die Überlegung notwendig, wieviel von dem Übel auf ein wirkliches körperliches Bedürfnis, wieviel auf zwanghaft seelische Vorgänge zurückzuführen ist.

Bei der Onanie der kleinen Kinder[1]), welcher man, seit man mehr darauf achtet, nicht so selten begegnet, wird von einem wirk-

---

[1]) Die Säuglingsonanie, welche als relativ seltenes Ereignis beobachtet wird, kommt natürlich für psychotherapeutische Einwirkungen nicht in Betracht.

lichen Bedürfnis nach Entladung nicht gesprochen werden können. Hier entsteht die Gewohnheit häufig eingeleitet durch körperliche Reize (Ekzeme, Würmer) oder durch Verführung; intellektuelle oder moralische Defekte können ihr ein besonders hartnäckiges Gepräge geben.

Bei der in der Pubertätszeit stärker auftretenden Masturbation ist die verursachende Wirkung des oft sehr stoßweis auftretenden Bedürfnisses nach sexueller Entladung zweifellos. Auch hier sind Nebenumstände, wie Verführung, ungeeignete Umgebung, erregende Lektüre, Kino, die Großstadt mit ihrem erotischen Getriebe usw. sehr bedeutungsvoll. Ein sittlich gesundes, aber auch verständnisvolles Heim (Familie) ist der beste Schutz gegen das Entstehen schwerer Störungen in dieser Zeit stärkeren Erwachens der Sexualität. — Was aber die davon Befallenen zum Arzt führt, ist nicht eine gelegentliche masturbatorische Entgleisung, sondern die Masturbation als zwanghafte, oft mit stürmischen psychischen Depressionssymptomen einhergehende Gewohnheit. Gerade bei sittlich gut veranlagten Jugendlichen, welche vergeblich gegen das Übel ankämpfen, bildet sich ein fehlerhafter Zirkel aus, in welchem sich Selbstvorwürfe, Mangel an Selbstvertrauen, Mutlosigkeit, Lebensunlust, ja Lebensüberdruß sehr unerfreulich ineinander verflechten. Es ist klar, daß bei überempfindlichen, weichen, etwas haltlosen Naturen sich das abnorme Bild besonders leicht entwickeln kann. Doch berechtigt die Einwurzelung einer ausgeprägteren Masturbationsgewohnheit in der Pubertätszeit noch nicht zur Diagnose einer schwereren Psychopathie. Erst wenn die Gewohnheit in starkem Umfange die späteren Jahre weiter bestehen bleibt und sich fixiert, können Schlüsse auf eine ausgeprägtere psychopathische Veranlagung gezogen werden. Auch hier gibt es Formen, bei denen mangelhafte ethische Entwicklungen die Grundlage der hartnäckigen Masturbation bilden, abgesehen davon, daß bekanntlich schwere Geisteskrankheiten exzessive Masturbationsbetätigungen mit sich führen können.

Die Behandlung der Masturbation im kindlichen und jugendlichen Alter ist eine dankbare Aufgabe, soweit es sich um einen zwanghaft gewordenen, besonders durch Angst, Verstimmung und Gefühl der Unzulänglichkeit und Minderwertigkeit festgehaltenen Mechanismus bei nicht stärker abgearteten Individuen handelt. Schon eine aufklärende, beruhigende Aussprache kann hier heilend wirken, wenn sie dem Befallenen an Stelle der Selbstverachtung und der Angst vor den verderblichen Folgen des „Lasters“ Ruhe und innere Sicherheit gibt.

Eine systematische Suggestivbehandlung vermag dann in stärkerem Maße dem Onanierzwang entgegenzutreten. In den meisten nicht eingewurzelten Fällen wird man nach gar nicht vielen Sitzungen eine Abnahme der Onaniehandlungen feststellen können. Aber auch bei länger bestehender Gewohnheit ist die Behandlung keineswegs aussichtslos.

Die hypnotische Suggestivtherapie wird zunächst das Zwanghafte der Gewohnheit bekämpfen. Abnahme der sexuellen Spannung, des Dranges zur Entladung und der Onanierimpulse werden bestimmt vorausgesagt. Die Suggestion muß auch festlegen, daß es gar nicht zu einem Kampf kommt, die auftauchenden Gedanken gar nicht wirkliche Impulse einleiten. Zugleich müssen energische Versicherungen bezüglich des Selbstvertrauens gegeben werden, die unumstößliche Zuversicht muß eingepflanzt werden, daß der Kranke keineswegs jedem auftauchenden triebhaften oder gar nur gedanklichen Anstoß preisgegeben ist. Eindringlich muß betont werden, daß die auftauchenden Gedanken und Impulse der Persönlichkeit fremd werden, daß sie keine Gewalt gewinnen und bald gar keine Beachtung finden, endlich überhaupt nicht mehr erscheinen.

Eine gründliche Beschäftigung mit dem Innenleben des Kranken ist notwendig, und außer der allgemeinen psychischen Stützung und Beruhigung ist auch medikamentöse (sedative) und physikalisch-diätetische (besonders hydrotherapeutische) Behandlung der sexuellen Übererregbarkeit zu empfehlen. Je nach der Art der Konstitution (ob asthenisch oder robuster) werden lauere oder kältere Abreibungen, Bäder, Güsse, Gymnastik, Sport die Behandlung unterstützen. Bei der Anordnung der Betätigung in Turn- und Sportvereinen habe man darauf acht, daß sich nicht etwa homosexuelle Neigungen entwickeln.

Mit solchen Maßnahmen wird man bei der überwiegenden Mehrzahl der befallenen Persönlichkeiten ein ziemlich schnelles Zurücktreten des Onanierens erreichen bis auf ein Maß, welches einer verhältnismäßig selten erfolgenden Entladung gleichkommt. Eine völlige Heilung wird man bei älteren Individuen mit eingewurzelter Gewohnheit nicht leicht bewirken, wenn nicht für einen natürlichen Ausgleich der sexuellen Spannung gesorgt ist. Gleichwohl wird der Arzt — wie schon betont — sich hüten, eine Ehe oder den außerehelichen Geschlechtsverkehr zu „verordnen“. Der Behandelte ist es, der die Verantwortung für Handlungen, die in sein eigenes Leben und in das Leben anderer Persönlichkeiten tief eingreifen und in jedem Falle Gewissenssache sind, tragen muß. Es darf hier auch nicht vergessen werden, daß eine Reihe von ausgeprägteren Onanisten trotz Ausübung des Geschlechtsverkehrs, auch in einer Ehe, bei ihrer Gewohnheit verbleibt. Im übrigen ist bereits betont, daß die Prognose um so ungünstiger ist, je mehr die Masturbation als Ausfluß einer abwegigen Anlage erscheint.

Ein paar Worte seien der Frage der sexuellen Abstinenz gewidmet. Er ist kein Zweifel, daß die Ansichten, welche dauernde geschlechtliche Enthaltsamkeit für gesundheitsschädigend ausgeben, unzutreffend sind. Es gibt zweifellos Persönlichkeiten, vor allem weiblichen, aber auch solche männlichen Geschlechts, welche völlige geschlechtliche Enthaltsamkeit ohne Schädigung lange Zeit oder dauernd ertragen. Schwere nervöse Symptome entwickeln sich überhaupt nicht allein aus der Abstinenz, wohl aber gelegentlich leichtere Herzsymptome, Beklemmungen, Beängstigungen, Schlafstörungen — freilich gewöhnlich immer dann, wenn es sich nicht nur um Abstinenz, sondern um mit dieser zugleich bestehende sexuelle oder erotische Erregungen handelt. Hierüber ist beim Kapitel Angstzustände bereits einiges gesagt worden.

Stellt die Onanie zum Teil einen Notbehelf dar, welchen besonders jugendliche Individuen benutzen, aus dem aber eine zwanghafte Gewohnheit werden kann, so ist bei anderen sexuellen Anomalien die Entstehungsweise nicht ohne weiteres so durchsichtig. Dies gilt besonders von den als Perversionen bezeichneten Abweichungen des Trieblebens. Hier ist zum Teil die Frage sehr umstritten, wie weit es sich um angeborene, dem Individuum durch besondere Konstitution eigene Verkehrungen der Sexualziele handelt.

Von der Homosexualität vor allem ist schon vor Jahrzehnten von einem theoretisierenden Homosexuellen die These von der falschen Zuordnung der seelischen Individualität zu dem nicht entsprechend gestalteten Körper („anima muliebris in corpore virili" et vice versa) verfochten werden. Neuere Theorien haben besonders auf die bisexuelle körperliche Anlage, auf Lehren von der inneren Sekretion, auf Einpflanzungsversuche im Tierexperiment zurückgegriffen und so die Homosexualität als angeborene Konstitutionsanomalie hinstellen wollen. Einer kritischen Prüfung halten jedoch die bisher vorgebrachten Argumente nicht stand. Vielmehr eignet die überwiegende Wahrscheinlichkeit der entgegengesetzten Auffassung, nach welcher die Homosexuellen in ihrem sexuellen Triebleben besonders leicht bestimmbare Psychopathen sind, bei denen sich infolge besonderer äußerer und innerer Bedingungen ein verkehrtes (gleichgeschlechtliches) Sexualziel fixiert. Der von den Verfechtern der Lehre von der angeborenen Homosexualität vorgebrachte Hinweis, daß viele Homosexuelle glaubhaft versichern, nie anders als gleichgeschlechtlich empfunden zu haben, ist ohne Beweiskraft. Auch andere Perverse versichern Ähnliches, etwa Schuhfetischisten; und es kann gewiß nicht angenommen werden, daß hier eine von vorneherein besonders für Schuhe sexuell empfängliche Seele in Betracht komme. Vielmehr handelt es sich um Entwicklungen, in denen Entgleisungen eines nicht zielsicheren Trieblebens sich allmählich fixieren. Bisweilen läßt sich der Entwicklungsgang genauer verfolgen, so etwa bei einem Fußfetischisten, bei dem festgestellt werden konnte, daß er als kleines Kind zu den Füßen seiner älteren Schwester spielte und an deren Schuhen masturbierte. Die Masturbation spielt wohl häufig bei der Entwicklung sexueller Perversionen eine Rolle, indem besondere Momente, mehr oder weniger zufälliger Art, hervortreten, das Vorstellungsleben während des onanistischen Aktes und die Bildung von verkehrten Sexualzielen beeinflussen. Für das Entstehen der Homosexualität ist gemeinsames Masturbieren besonders verhängnisvoll.

Im übrigen ist es sicher, daß die Perversen — die Homosexuellen einbegriffen — das Bild mehr oder minder ausgeprägter Psychopathien darbieten, auch abgesehen von der Abweichung des sexuellen Trieblebens. Es kann keine Rede davon sein, daß sie, wie Vorkämpfer für die Homosexualität zu Propagandazwecken behaupten, Urbilder von Kraft und seelischer Gesundheit darstellen. Wer sich mit Homosexuellen eingehend beschäftigt, wird die Abweichungen des Gefühls- und Willenslebens, welche sie, abgesehen von ihrer sexuellen Anomalie, darbieten, nicht übersehen können.

Es muß nach dem derzeitigen Stand unseres Wissens angenommen werden, daß die Homosexualität durch eine abnorme, von äußeren Umständen mitbestimmte Entwicklung auf Grund abnormer, psychopathischer Anlage entsteht. Eng verknüpft mit diesem Tatbestand ist der weitere, daß die Homosexualität übertragen werden kann, ja daß man unter bestimmten Umständen eine epidemische Ausbreitung der Homosexualität erleben kann (besonders typische Beispiele liefert hierfür das klassische Altertum). Vor allem die Jugend ist homosexuellen Infektionen zugänglich und durch homosexuelle Verführung gefährdet. Es ist kein Zweifel, daß man Jugendliche homosexuell machen kann, und zwar so, daß sie im späteren Leben nicht so leicht von der Perversion loskommen.

Es ist sehr wesentlich, über diese Tatsachen Klarheit zu gewinnen. Prophylaktische und therapeutische Maßnahmen werden in entscheidender Weise durch diese Einsichten bestimmt.

Da die Homosexualität wie eine Infektionskrankheit verbreitet werden kann, wird besondere Aufmerksamkeit jener Propaganda zu widmen sein, welche die Jugend für homosexuelle „Ideale“ zu gewinnen sucht. In den letzten Jahren hat eine solche Werbearbeit sehr unverblümt ihr Wesen unter der Jugend getrieben. Sie gab sich in einem Gewande, das für die Jugend besonders verführerisch wirken kann, indem sie die höchsten Leistungen der Menschheit auf homosexuelle Bindungen von Männern zurückleitet. Der Mann in Gesellschaft des Weibes komme über Herdenwesen nicht hinaus. Alle Höchstleistungen kommen im „Männerbund“ zur Reife. In diesem wirken die Führer, welche stets mehr oder minder ausgeprägt Homosexuelle seien. Diesen Kraftnaturen, welche durch aufgezwungene Enthaltsamkeit in ihrer Wirksamkeit gelähmt und neurotisch würden, müsse die männliche Jugend als „Harem“ zur Verfügung stehen.

Es bedarf keiner langen Überlegung, um festzustellen, daß diese Behauptungen ebenso falsch wie gefährlich sind. Die Versicherung, daß gerade die Führernaturen Homosexuelle seien, hat keine tatsächlichen Grundlagen. Wer viele Homosexuelle untersucht hat, wird die Behauptung, daß gerade unter diesen sich die „Kraftnaturen“, „Kraftzentren“ finden, als völlig haltlos zurückweisen müssen. Als Kraftnaturen mögen die Homosexuellen anderen Homosexuellen erscheinen, welche in der Lage sind, für sie erotisch zu schwärmen. Unvoreingenommene Beobachter werden meistens die Haltlosigkeit und oft genug auch Weichlichkeit der Lebensführung nicht übersehen. Besonders zu bekämpfen ist das Zerrbild, das diese homosexuellen Verführer von der Familie entwerfen. Diese gehört zu den wertvollsten sittlichen Gütern, welche die Menschheit erworben hat, und ist mit nichten eine Herde, welche durch den homosexuellen Männerbund zur Ermöglichung der dem Manne gegebenen höheren Leistungsmöglichkeiten ergänzt werden müßte. Solchen und ähnlichen niederträchtigen Vergiftungen der Jugend muß mit aller Energie — insbesondere auch durch Aufklärung von Eltern und Erziehern — entgegengetreten werden, wenn die Bekämpfung der Homosexualität Erfolg haben soll.

Eine eigentliche Behandlung der Homosexualität kann in geeigneten Fällen wohl Erfolge bringen. Voraussetzung ist der ernste Wunsch, von der Anomalie befreit zu werden und ein nicht zu hohes Alter. Fälle im 4. Jahrzehnt des Lebens mit eingewurzelten homosexuellen Neigungen bieten keine Aussichten auf Behebung der Anomalie. Am lohnendsten ist der Behandlungsversuch bei Jugendlichen, mit labilen Sexualwünschen in Altersstadien, welche der Pubertät noch nicht sehr fernstehen. Hier hat eine hypnotische Suggestivtherapie das falsche (gleichgeschlechtliche) Sexualziel auszuschalten. Die Suggestion erstrebt die Einflößung von erotischer Gleichgültigkeit gegen das gleiche Geschlecht, schließlich Widerwillen und Ekel gegen entsprechende Berührungen, ja schon gegen die Vorstellung solcher. Andrerseits hat die Suggestion Lustbetonungen des andersgeschlechtlichen Wesens, insbesondere der feineren Erotik, anzubahnen. Auch hier ist größte Zurückhaltung bezüglich der Beratschlagung für das Verhalten im Leben geboten. Vor allem sei man vorsichtig mit dem Ratschlag zu einer Ehe bei irgendwie ausgeprägten Homosexuellen, auch wenn sie angeben, gebessert zu sein. So manches Unglück ist aus solchen ärztlichen Ratschlägen entsprungen.

In allen, auch in den für die Behandlung wenig aussichtsreichen Fällen, muß, bei gutem Willen des Kranken, der Versuch gemacht werden, die geschlechtliche Erregbarkeit, welche gewöhnlich bei den Homosexuellen erhöht ist, durch Suggestivbehandlung herabzusetzen. Ebenso muß gesucht werden, besonders verwerfliche Sexualbegehrungen, z. B. die nach Jugendlichen, auszuschalten. Im übrigen ist der Schutz der Jugendlichen vor homosexuellem Mißbrauch mit allen, auch gesetzlichen, Maßnahmen sehr energisch durchzuführen.

Außer der Homosexualität können auch andere Anomalien des sexuellen Trieblebens, wie die verschiedenen Formen von Fetischismus, aber auch nicht zu ausgeprägte masochistische Neigungen — bei sadistischen ist die Sachlage gewöhnlich weniger günstig — durch suggestiv-therapeutische Maßnahmen bekämpft werden. Immer ist auch hier die Voraussetzung des Erfolges der wirklich ernste Wunsch, von der Anomalie befreit zu werden, und ein nicht zu vorgeschrittenes Alter. Die Behandlung erstrebt auch hier: suggestive Herabsetzung der sexuellen Übererregbarkeit, Ausschaltung des falschen Sexualziels, Einschaltung normaler Betonungen. Überall ist bei der Behandlung sexueller Anomalien eine Vertiefung in die Entwicklung der Störung geboten. Analytische Techniken können hierbei Anwendung finden.

Zusammenfassend ist zu sagen, daß die Psychotherapie der psychosexuellen Anomalien, wenn ihrer Wirksamkeit auch in älteren und eingewurzelten Fällen enge Grenzen gesetzt sind, wichtige Aufgaben zu erfüllen hat. Sie kann bei jugendlichen Persönlichkeiten die Anomalie wirklich korrigieren, bei älteren, soweit diese das Bestreben haben, dem abweichenden Triebe nicht Folge zu geben, in schwerem Kampf eine Stütze sein, um die reibungslose Einfügung in die Gesellschaft und auch ein gewisses Maß von innerer Zufriedenheit zu ermöglichen.

9. Die psychotherapeutische Behandlung der Kinder.

Es erscheint angezeigt, der Psychotherapie der Kinder einige eigene Ausführungen zu widmen. Handelt es sich bei ihnen doch z. T. um besondere Formen von nervöser Erkrankung; andrerseits muß ja auch das psychotherapeutische Vorgehen der kindlichen Individualität angepaßt werden.

Allgemein ist zu sagen, daß es förderlich wäre, wenn der Arzt sich bei manigfachen Symptomen mehr um das Seelenleben des Kindes kümmern wollte, als dies gewöhnlich noch geschieht. Bei der großen Suggestibilität der Kinder heften sich psychogene Erscheinungen auch nicht selten an körperliche Symptome, ganz abgesehen von den rein psychisch-nervösen Erkrankungen der Kinder.

Andrerseits sind die Aussichten psychotherapeutischer Bemühungen bei Kindern oft vorzügliche, nur ist es notwendig, die Methoden der psychotherapeutischen Behandlung von Kindern wirklich zu beherrschen.

Ist in den allgemeinen Ausführungen schon eingehender dargelegt worden, daß die Psychotherapie nicht zu einer Technik der Dressur ausgebildet werden dürfe, sondern allgemeine Grundsätze der Erziehung in sich aufnehmen und eine rationell verfahrende, die Gesamtpersönlichkeit beeinflussende Heildisziplin zu sein, erstreben müsse, so kommt natürlich der Frage des Verhältnisses von Psychotherapie und Erziehung bei Kindern ganz besondere Bedeutung zu. Es ist klar, nicht nur, daß die Psychotherapie an Kindern in hohem Maße von Grundsätzen der Erziehung durchsetzt sein muß, sondern auch, daß Psychotherapie und Pädagogik hier an dem gleichen Individuum in einheitlicher Weise wichtige Aufgaben zu lösen haben. Allein so innig die Beziehungen von Psychotherapie und Pädagogik, insbesondere Heilpädogogik, bei dieser Arbeit sind, so wäre es doch falsch, die Aufgaben des Arztes mit denen des Erziehers hier einfach zusammenfallen zu lassen. So sehr eine Psychotherapie auch rationell zu sein und Erziehungsgrundsätze in sich aufzunehmen bemüht sein mag, sie bleibt doch immer „Heilbehandlung“. Das besagt: Im Vordergrunde ihres Interesses stehen mehr oder minder akute krankhafte Symptome. Diese Symptome und ihre Ursachen zu beseitigen, ist die Aufgabe der Psychotherapie, allerdings unter planmäßiger Beeinflussung der gesamten Persönlichkeit, aus deren Abartung diese krankhaften Symptome entspringen. Die Pädagogik hingegen, insbesondere die Heilpädagogik, hat an den nervösen und abgearteten Kindern und Jugendlichen allgemeine und besondere pädagogische Ziele durchzusetzen, sie zu tüchtigen und brauchbaren sittlichen Menschen heranzubilden und ihnen ein ihrer Individualität und pathologischen Abartung entsprechendes Können und Wissen zu geben, um ihnen eine angemessene Betätigung im Volksganzen zu ermöglichen.

Die Leistung der Pädagogik ist also immer Erziehung und Unterricht, nicht primär die Bekämpfung von krankhaften Symptomen.

Gleichwohl ist es offenkundig, daß die begriffliche Scheidung für die Praxis keine scharfen Grenzen herzustellen vermag, und daß die Tätigkeit des Arztes je nach den Umständen auch eine erziehende, die des Pädagogen eine heilende sein wird.

Aus dieser Einsicht ergibt sich eine klare Stellungnahme zu Fragen, welche in der letzten Zeit ebenso in der Psychotherapie wie in der Pädagogik einige Bewegung hervorgerufen haben.

Es hat nämlich nicht an Bestrebungen gefehlt, welche die Pädagogik bestimmter psychopathischer Individualitäten einfach in eine Suggestivbehandlung verwandeln wollten — wobei ja von vornherein zuzugeben ist, daß die Frage des Verhältnisses von Suggestion und Erziehung einiger Aufmerksamkeit bedarf.

Allein nichts wäre verfehlter als die Erziehung nervöser und psychopathischer Kinder und Jugendlicher einfach in eine Suggestionsbehandlung auflösen zu wollen. Ganz abgesehen von der Frage, wie weit die Leistungsfähigkeit einer Suggestionsbehandlung reicht, ist es eine Verkennung des Wesens und der Ziele der Erziehung — auch der Heilerziehung —, wenn ihr die Suggestion als wesentlichstes pädagogisches Mittel empfohlen wird. Das Ziel der Erziehung ist die Heranbildung selbständiger, sittlich handelnder Persönlichkeiten, das Ziel der Psychotherapie die Beseitigung krankhafter Erscheinungen, welche letzteren ihrerseits allerdings auch eine wertvolle Entwicklung der Persönlichkeit unmöglich machen können. Es ist klar, daß diese Verschiedenheit der Ziele Verschiedenheiten der Mittel bedingt. Gewiß ist es nicht zu bestreiten, daß auch der Erzieher bewußt oder unbewußt suggestive Beeinflussungen anwendet. Allein sein Ziel soll es doch immer bleiben, dem ihm zur Erziehung Anvertrauten dauernd das Gefühl zu geben, eine selbständig handelnde und Pflichten erfüllende Persönlichkeit zu sein. Das Ziel des Arztes ist, wie schon in den allgemeinen Ausführungen dargelegt worden ist, ein durchaus anderes: Für ihn gilt es, die Macht des abnormen Geschehens auf jede mögliche Weise zu brechen. Ärztliches Handeln wird deshalb die Suggestion offen benutzen, wo sie Erfolg verspricht. Freilich wird auch der Arzt, sobald der pathologische

Zwang gebrochen ist, die Erzeugung des Gefühls der Selbständigkeit der Persönlichkeit in den Vordergrund seines Handelns rücken.

Von besonderer Bedeutung ist auch die Frage, wie weit die Psychoanalyse bei Kindern anzuwenden, und wie ihr Verhältnis zur Pädagogik zu gestalten sei. Besondere Teile der psychoanalytischen Bewegung haben sich direkt als Erziehungsdisziplin ausgegeben. Demgegenüber kann nur auf die theoretische und praktische Fragwürdigkeit psychoanalytischer Lehren hingewiesen werden, welche Kindern und Jugendlichen gegenüber besonders bedenklich erscheinen. Das gilt nicht nur von der Sexualpsychoanalyse, welche bei Kindern und Jugendlichen oft in geradezu abscheulicher Weise entgleist ist. Schon die absichtlich herbeigeführte extreme Einstellung des Jugendlichen auf sich selbst, dieses von der Psychoanalyse so sehr gerühmte angebliche Streben nach Selbsterkenntnis, ist ein sehr künstliches, die Natürlichkeit der jugendlichen Persönlichkeit störendes Verhalten, welches niemand weniger ansteht und niemand weniger frommt als gerade der Jugend. Insbesondere bei krankhaft veranlagten Persönlichkeiten kann diese unnatürliche, die Einfalt der Jugend gefährdende Einstellung sehr unerfreulich wirken, nicht selten auch stürmische Krankheitserscheinungen hervorrufen. Wer psychoanalytisch behandelte Kinder zu sehen Gelegenheit hat, konnte gewiß öfters feststellen, daß die jugendlichen Persönlichkeiten mit fast nichts anderem erfüllt waren, als mit der Sorge um ihre Träume, ihre zwanglos oder zwanghaft sich einstellenden Einfälle, daß Kinder und Jugendliche durch von ihren Ärzten und Erziehern übernommene langatmige Reflexionen über ihre Persönlichkeit, deren Wert oder deren Unwert ganz in Beschlag genommen waren. Ich habe Beispiele gesehen, in welchen die Art dieser Reflexionen schwer zwangsneurotischen Charakter trug. Aber auch da, wo so bedenkliche Erscheinungen sich nicht entwickeln, wird man das gekünstelte psychoanalytische Reflexions- und Schlußverfahren nicht als ein taugliches Mittel der Einwirkung auf Werdende, die zu natürlichen, frischen und tatkräftigen Persönlichkeiten herangebildet werden sollen, anerkennen.

Von diesen Gesichtspunkten und entsprechenden Erfahrungen aus empfehle ich Kindern und Jugendlichen gegenüber eine rationell suggerierende und erziehende Psychotherapie. Freilich wird auch hier und gerade hier ein eindringliches und mitfühlendes Verständnis des kindlichen und jugendlichen Seelenlebens unumgängliche Voraussetzung des erfolgreichen Handelns. Das gilt in ganz besonderem Maße von der Behandlung der in der Pubertät Befindlichen. Aber ein solches Verständnis ist mitnichten in einer Anleitung zu einer sich fälschlich Selbsterkenntnis nennenden Haarspalterei und Deutelei zu suchen.

Dabei sei noch ausdrücklich vermerkt, daß Kindern gegenüber auch „Dressurmethoden“ gelegentlich am Platze sind. Bei den

Erscheinungen der kindlichen Hysterie besonders ist die Kommandohypnose oft von vorzüglichem Erfolg begleitet, und es besteht kein vernünftiger Grund, sich zu scheuen, sie anzuwenden.

Einige Bemerkungen über die besondere Technik der Hypnose bei Kindern sind notwendig. Schon recht junge Kinder geben oft für die Therapie brauchbare Hypnosen. Voraussetzung ist, daß man ihnen begreiflich machen kann, was man von ihnen verlangt, und daß sie imstande sind, die für die Einleitung der Hypnose notwendige Ruhe der Konzentration aufzubringen. Jedenfalls kann man 5 jährige Kinder oft mit vorzüglichem therapeutischen Erfolg hypnotisieren.

Es ist klar, daß die belehrenden und erziehenden Maßnahmen dem kindlichen bzw. jugendlichen Geistes- und Seelenzustand angepaßt sein müssen. Oft wird, wie schon hervorgehoben, einfach kommandiert werden können. Dabei ist wesentlich, daß gerade bei Kindern die Kommandosuggestion auch schon in oberflächlichen Zuständen Aussichten auf Erfolg hat. Im allgemeinen sind Kinder, wenn sie die genannten Bedingungen erfüllen, beruhigt und vertrauensvoll sind, leicht zu hypnotisieren und in einen Zustand zu bringen, in welchem sie therapeutisch gut beeinflußbar sind.

Es gibt eine Reihe von typischen Störungen bei Kindern, welche in vorzüglicher Weise psychotherapeutischer Beeinflussung zugänglich sind. Ihnen muß besondere Aufmerksamkeit gewidmet werden.

Ein beträchtlicher Teil der Enuresisfälle ist rein psychisch bedingt. Noch immer werden körperliche Momente zu sehr für die Auffassung dieser Anomalien in den Vordergrund geschoben. Und fast immer sind seelische Bedingungen wenigstens mitbestimmend.

Auszuschalten sind natürlich für die eigentliche Psychotherapie neben dem epileptischen Einnässen alle auf schwererer Schwachsinn zurückzuführenden Fälle, bei denen nur mühsame Erziehungsmaßnahmen — wenn es überhaupt möglich ist — Erfolg bringen können.

In vorzüglicher Weise sind Fälle von Enuresis nocturna psychotherapeutisch zu beeinflussen, bei denen der Grund des Einnässens in einer zu starken Tiefe des Schlafes bzw. in einer mangelhaften Funktion des psychischen Weckmechanismus auf den Harnreiz hin gelegen ist. In diesen Fällen ist zunächst die Art der Störung genauer festzustellen.

Die Patienten selbst geben an, daß das Einnässen, wie sie aus gelegentlichem Erwachen merkten, in der Zeit tiefster Benommenheit im Schlaf vorkomme, daß sie oft gar nicht merkten, daß sie sich eingenäßt hätten. Läßt man durch Angehörige oder Wartepersonal die Zeit und die Umstände des Einnässens beobachten, so ist meistens festzustellen, daß dieses während einer objektiv nachweisbaren erheblichen Schlaftiefe erfolgt. Es sind in diesen Fällen ziemlich umgrenzte Einnäßzeiten vorhanden, das Kind ist in diesen sehr schwer zu wecken und bleibt oft in einer tiefen Schlaftrunkenheit. Die Einnäßzeiten dürften einerseits mit der Blasenfüllung, andrerseits mit dem Schlaftypus zusammenhängen. Es gibt bekanntlich verschiedene Schlaftypen;

abgegrenzt sind besonders zwei — die eine mit steilem Gipfel der Schlaftiefe in den ersten Stunden nach dem Einschlafen, die andere mit allmählich anwachsender, noch in den frühen Morgenstunden erheblichen Betrag aufweisender Tiefe des Schlafes. Es ist wohl diesen Tatsachen entsprechend, daß wir besonders häufig typische Einnäßzeiten einige Stunden nach dem Einschlafen und gegen Morgen finden.

Hat man festgestellt, daß das Einnässen durch abnorme Schlaftiefe bedingt ist, so ist die gegebene Heilmethode energische hypnotische Suggestion. Es ist hierbei nicht notwendig, daß in der Hypnose ein somnambuler Zustand erreicht wird. Auch ohne solchen wird man es nicht selten erleben, daß Jugendliche, welche bis in die Pubertät hinein eingenäßt haben, auf wenige Sitzungen hin „trocken" werden. Ähnlich steht es bei Kindern. Bei der Suggestionsgebung muß betont werden, daß vor dem Einschlafen ganz von selbst — man braucht auch das Wort „Zwang" dabei nicht zu scheuen — der Gedanke an das Erwachen bei dem leisesten Harndrang kommt.

Man suggeriert also etwa: „Schon einige Zeit vor dem Schlafengehn wird dir hin und wieder der Gedanke kommen, daß du des Nachts merken wirst, wenn du Harn lassen mußt, und daß du durch den Drang geweckt wirst. Direkt vor dem Einschlafen kommt der Gedanke ganz von selbst mit großer Stärke" — oder „der Gedanke kommt wie ein Zwang und läßt dich nicht los — und du weißt und hast das feste Gefühl, du mußt erwachen. Der Drang läßt dich nicht schlafen, er weckt dich auf, und du m u ß t erwachen. Und du nimmst in den Schlaf hinein den Gedanken, der in dir arbeitet, daß du aufwachen m u ß t. Und du wirst zur rechten Zeit aufwachen und trocken bleiben."

Man läßt sich nicht dadurch beirren, daß öfter einmal die Kinder nach so energischer Suggestionsgebung anführen, daß sie schlecht schlafen. Der Schlaf reguliert sich schnell, sobald das Ziel, das rechtzeitige Erwachen, erreicht wird. Die Hervorrufung von stärkeren Angstzuständen allerdings ist zu vermeiden; befürchtet man solche, so verfährt man milder.

In einer ganzen Anzahl von Fällen ist bei solchem Verfahren der Erfolg bald da. Auf dem Wege zum Erfolg passieren noch gelegentlich die bekannten Einnäßträume, welche bereits ein Zeichen geringerer Schlaftiefe sind. In anderen wird die Arbeit mühsamer. Selbstverständlich ist es, daß man in solchen Fällen — und am besten zunächst bei a l l e n Einnässern — reichlichere Flüssigkeitsaufnahme schon längere Zeit vor dem Schlafengehen untersagt. Erfolgt das selbständige Erwachen nicht nach wenigen hypnotischen Sitzungen, so muß man beginnen, wecken zu lassen. Man läßt vor der vorher festgestellten „Einnäßzeit" wecken. Außerdem gibt man die Suggestion, daß das Erwachen unmittelbar vor dem künstlichen Wecken, das man stets pünktlich um die gleiche Zeit vornehmen lasse, erfolgen werde. Man weckt zunächst durch Personen, dann evtl. auch durch Weckuhren. Auch hierbei wird die Suggestion gegeben: Du wirst erwachen, gerade bevor der Wecker läutet und ihn sofort abstellen. Allmählich wird dann das Wecken ausgeschaltet und ein Erwachen nur auf die Wirksamkeit der Suggestion hin angebahnt.

In schwierigeren Fällen muß öfters nachts geweckt werden, etwa alle 2 Stunden. Aber auch in solchen Fällen ist das suggestive Erwecken nicht aussichtslos.

Schwieriger wird die Sachlage, wenn die Enuresis nicht so sehr durch die Tiefe des Schlafes als durch allgemeine schwerere Anomalien der Persönlichkeit: Torpidität, Willenschwäche bedingt ist. Hier muß eine oft mühsame Erziehungsarbeit mit den einzeltherapeutischen Maßnahmen verbunden werden. Öfters ist Milieuwechsel (Anstaltsbehandlung) notwendig. Auch die schwierigeren Fälle belohnen — soweit es sich nicht um grobe Intelligenz- und weitgehende ethische Defekte handelt — oft die auf sie gewendete Arbeit noch durch Erfolg. Daß eine Enuresis nach abgeschlossener Entwicklung durch das ganze Leben hindurch bestehen bleibt, ist auch bei ausgeprägten Psychopathien nicht gerade häufig, wird aber gelegentlich beobachtet. Es ist deshalb falsch, sich nur auf die „Entwicklung" zu verlassen; vielmehr darf schon in früheren Jahren auf die entsprechende Behandlung nicht verzichtet werden.

Die Enuresis diurna kommt meist bei jüngeren Kindern vor und ist gewöhnlich durch mangelhafte Aufmerksamkeit bedingt. Auch ihr gegenüber ist Suggestivtherapie oft sehr nützlich. Bei der Enuresis diurna findet man öfters Kinder, bei denen eine hypnotische Suggestivtherapie wegen der mangelhaften Konzentration nicht durchzuführen ist. Hier erweisen sich larvierte Suggestionsmethoden (farad. Strom usw.) noch als ein brauchbarer Weg für eine Behandlung.

Sehr viel unerfreulicher als die Behandlung der Enuresis ist die der mangelhaften Regelung der Defäkation (nachts oder tags eintretende „incontinentia alvi"), wenigstens soweit ältere und ausgeprägtere Fälle in Betracht kommen. Wenn organische Störungen ausgeschlossen sind, handelt es sich hier meist um gröbere Charakterveränderungen, welche eindringliche Heilerziehung erfordern. Nebenbei kann auch Suggestionserteilung nützlich sein. Allgemein bekannt sind bei jüngeren Kindern auf mangelhafter Aufmerksamkeit beruhende Störungen. Sie sind wenig belangvoll und nach den entwickelten Grundsätzen unschwer zu behandeln.

Eine besondere Erwähnung verdienen Fälle von Einnässen und unwillkürlicher Defäkation, welche aus Angst entstehen. Vor allem im Beginn des schulpflichtigen Alters sind solche Ereignisse geläufig. Einem Kinde gelingt es etwa mehrfach nicht, auf den Abort zu kommen; und nun entwickelt sich ein erwartungsneurotischen und phobischen Mechanismen nahestehender Vorgang, welcher — bisweilen mit großer Pünktlichkeit — zu falschen Zeiten zu vorschnell erfolgenden Entleerungen führt. Solche Fälle sind, wenn sie verständnisvoll angefaßt werden, leicht suggestiv zu behandeln.

Es darf in diesem Zusammenhang nicht vergessen werden, zu betonen, daß sowohl bei der Enuresis wie bei der regelwidrigen Defäkation sexuelle Momente bedeutungsvoll sein können. Onanistische Prozeduren, „Analerotik“, können solche Störungen einleiten. Für die Behandlung ist es natürlich ausschlaggebend, solches festzustellen und zu berücksichtigen.

Die Onanie kleiner und jüngerer Kinder ist im allgemeinen leicht zu behandeln und bietet gute Behandlungsaussichten. Da hier ein stärkeres sexuelles Bedürfnis (vgl. die Ausführungen S. 171ff.) noch nicht vorliegt, ist es nicht schwer, entsprechende Hemmungen zu setzen. Die therapeutische Methode der Wahl ist eine erziehende Suggestivtherapie, die gelegentlich die „Kommando“hypnose nicht zu scheuen braucht. Wichtig ist es, den Ursachen oder Veranlassungen des Auftretens der kindlichen Onanie nachzugehen. Neben die Verführung durch Altersgenossen tritt häufig die Berührung mit sexuellen Handlungen Erwachsener, bzw. die Beobachtung solcher. Eltern, wie Erwachsene überhaupt, lassen nach dieser Richtung nicht selten die gebotene Zurückhaltung und Achtsamkeit vermissen. Daß hieraus Schaden, insbesondere auch frühzeitiges Auftreten onanistischer Handlungen hervorgerufen werden kann, ist sicher, auch von mir in charakteristischen Fällen beobachtet worden.

Im übrigen ist es ein Verdienst der Psychoanalyse, darauf hingewiesen zu haben, daß auch das kleine Kind in sexueller Hinsicht Überraschungen bieten kann. Den dogmatischen Übertreibungen der Analyse ist in den früheren Erörterungen bereits genügend entgegentreten.

Gelegentlich wird bei kleinen Kindern exzessives Onanieren als Zeichen einer schweren konstitutionellen Entartung festgestellt. Diese Fälle bieten keine günstigen Aussichten für psychotherapeutische Beeinflussung; frühzeitige allgemeine Heilerziehung in entsprechender Umgebung ist hier dringend geboten.

Angstzustände der Kinder sind eine sehr gewöhnliche Anomalie, insbesondere der Pavor nocturnus eine häufige, keineswegs immer auf belangvollere Untergründe zurückzuleitende Störung. Über die Beziehungen zwischen Angst und Sexualität, welche auch für frühe kindliche Entwicklungsstufen wichtig sein können, ist schon früher gehandelt worden. Im allgemeinen sind die kindlichen Angstzustände einer vernünftigen Psychotherapie leicht zugänglich. Freilich gibt es auch schwere Formen, insbesondere auch solche mit schweren Verstimmungen verknüpfte, welche Ausfluß erheblicher konstitutioneller Abweichungen sind. Hier ist eine planmäßige Heilerziehung angezeigt. — An gelegentlich vorkommende kindliche Selbstmorde ist zu denken. Auch echte manisch-depressive Erkrankungen kommen in frühem Alter vor.

Lästige, wenn auch harmlose, kindliche Gewohnheiten (Nägelkauen u. ähnl.), aber auch nach der Tic-Krankheit hinweisende Ansätze von Bewegungsmanieren können früh auftreten und sind bei rechtzeitigem Eingreifen im allgemeinen leicht zu beeinflussen. Suggestiv- und Willenstherapie, nach früher erörterten Grundsätzen, sind in einer der kindlichen Persönlichkeit angepaßten Weise durchzuführen.

Ein eigenes Wort gehört der kindlichen Hysterie. Mehr noch als zur Erwartungsneurose neigt das Kind, wegen der ihm eignenden hohen Suggestibilität, zu hysterischen Störungen. Jede körperliche Erkrankung, jede stärkere Gemütsbewegung, jede unzweckmäßige Behandlung durch Erwachsene kann hysterische Störungen auslösen. Die Disposition hierzu ist bei kindlichen Individuen sehr verbreitet. Hysterische Infektionen in der Schule sind keine Seltenheit.

Die Prophylaxe des Entstehens hysterischer Erscheinungen ist deshalb eine besondere Aufgabe von Ärzten, Erziehern, Eltern. Die Behandlung, wenn sie einmal da sind, ist im allgemeinen leicht. Jede Art von suggestiver Beeinflussung — auch larvierter — und erziehender Therapie pflegt bei nicht ausgeprägt krankhafter Persönlichkeit wirksam zu sein.

II. Die abnormen Konstitutionen.

1. Allgemeines.

Der Gang der bisherigen Erörterungen hat es mit sich gebracht, daß die Behandlung von Symptomen und Symptomkomplexen erörtert wurde, ohne daß durchgängig eine Sonderung nach der Artung der Persönlichkeiten, in welchen die Symptome jeweils verwurzelt sind, vorgenommen wurde. Das verstehende Eindringen in die Persönlichkeit des Kranken wurde freilich überall in diesen Ausführungen als Voraussetzung der wissenschaftlichen Grundlegung für jede psychotherapeutische Bemühung sowie als Voraussetzung ihrer praktischen Möglichkeit hervorgehoben. Ebenso sind wohl klinische Gesichtspunkte gegenüber bloß symptomatischen auch in dieser Psychotherapie — wo angängig — zur Geltung gekommen.

Gleichwohl erschien eine Abhandlung der speziellen Psychotherapie nach Symptomen und Symptomkomplexen gerechtfertigt. Ist doch die Möglichkeit der Entstehung der meisten Symptome — allerdings bei sehr verschiedenem Grad der Bereitschaft hierzu — bei den verschiedenartigen Konstitutionen gegeben. Und liegen doch therapeutische Techniken den Symptomen gegenüber, auch wenn der konstitutionelle Boden, auf dem diese erwachsen, nicht einheitlich ist, oft in bestimmtem Umfange fest. Angstzustände, Verstimmungen, erwartungsneurotische, psychogen vasomotorische, ja selbst phobische und hysterische Mechanismen können unter entsprechenden Bedingungen wohl bei fast allen „normalen“ Konstitutionen vorübergehend hervorgerufen werden. Hierüber hat das Kriegsmaterial besonders belehrende Beispiele in großer Zahl geliefert. Freilich sind auch unter diesen Umständen Eignungen und Bereitschaften der Persönlichkeiten in sehr verschiedener Weise hervorgetreten. Gleichwohl darf angenommen werden, daß die wichtigsten neurotischen Mechanismen sich noch so sehr in der Nähe der Grenzen der Norm befinden, daß die Möglichkeit, daß sie bei Verwirklichung entsprechender Vorbedingungen in Erscheinung treten, bei vielen menschlichen Konstitutionen gegeben ist.

Ein viel zitierter Satz Kretschmers besagt, daß die Psychologie der Neurosen die Psychologie des menschlichen Herzens sei. Der Satz bedeutet eine Wahrheit, wenn er kundgibt, daß die Bewegungen des menschlichen Herzens neurotische Mechanismen hervorrufen oder anregen können. Es darf aber durch ihn nicht verschleiert werden, daß die Psychologie des menschlichen Herzens in jener Allgemeinheit, welche wir die Norm nennen, eine neurotische nicht ist; daß Stimmungen, Wünsche, Leidenschaften und Konflikte im allgemeinen anders ausklingen als in neurotischen Geschehnissen.

Diejenigen, welche sich in besonderer Betonung zu KRETSCHMERS Satz bekennen, werden freilich den zuletzt hervorgehobenen Tatbestand nicht bestreiten. Sie werden sich aber auch mit der begrenzten Geltung, welche der These oben zugeschrieben ist, nicht bescheiden. Sie wollen zum Ausdruck bringen, daß in bestimmten Fällen oder bei bestimmten Artungen der Persönlichkeit die Neurose der einzige Weg oder Ausweg aus den Wallungen und Erschütterungen des menschlichen Herzens sei. Und jedes Symptom sei in seiner Bestimmtheit aus diesen Wallungen und Erschütterungen heraus nicht nur verständlich, sondern — so wird es wohl die Mehrzahl dieser Herzenskundigen meinen — als sinn- und zweckvoll verständlich. Die Neurose als Ausfluß der Schwächen des menschlichen Herzens, als Mittel, aus der Schwäche heraus gleichwohl Ziele zu erreichen, verlange zu ihrer Behandlung die Kenntnis der Herzen und den zentralen Angriff auf die Persönlichkeit. Und so geben sich diese analytischen und psychagogischen Psychotherapien in besonderem Sinne als Psychotherapien der Persönlichkeiten.

Freilich: In der Berufung auf die Verwurzelung der Symptome in den Tiefen der Persönlichkeit werden zugleich die Grenzen des psychotherapeutischen Könnens zum Bewußtsein gebracht. Denn wie weit vermag seelische Beeinflussung Unterschichten der Veranlagung zu bearbeiten oder gar umstürzend zu verwandeln? In dem Bewußtsein der Begrenztheit der Leistungsfähigkeit einer jeden Psychotherapie wurde darum der Vergleich mit der Orthopädie in den einleitenden Ausführungen dieses Buches herangezogen.

Der jugendlichen Psychoanalyse FREUDS erschienen die Grenzen der Psychotherapie weit hinausgeschoben, solange die Fiktion aufrecht erhalten wurde: was als Konstitution erscheine, sei letzten Endes doch Wirkung des Trauma. Mit der Abwendung von der ausschließlichen ätiologischen Einschätzung des Trauma, der Hervorhebung der Bedeutung einer Entwicklung — und letzten Endes doch der Konstitution — endet die Lehre in einer Unklarheit, welche die therapeutische Zielsicherheit nicht unbeeinflußt lassen konnte.

An solcher Zielsicherheit hat es der Lehre ADLERS und ihm nahe Stehender nicht gefehlt. Die extreme Bewertung der Konstitution, die Betrachtung der neurotischen Geschehnisse als psychobiologischer Maßnahmen im Sinne der Selbstbehauptung und des Geltungsstrebens kennzeichnen die theoretische Stellung wie die Richtlinien des Handelns dieser Form von Psychoanalyse. Daß diese trotz solcher Grundanschauungen in ihrer therapeutischen Praxis im wesentlichen bei der Aufdeckung der „Leitlinie“ und der Erweckung von Einsicht stehen bleibt, ist ein eigenartiges Erbteil aus der Richtung des Ursprungs von der Lehre FREUDS her.

Schwer beeinträchtigt wird der praktische wie der theoretische Wert der Lehre ADLERS — auch als Richtlinie zur Erfassung und Behandlung der Persönlichkeiten — durch die extreme Einseitigkeit, mit welcher die neurotischen Geschehnisse als Zweckprodukte im Sinne der Kompensation und Überkompensation der Minderwertigkeit, als zielstrebiger Ausdruck des Geltungswillens gemeinhin aufgefaßt werden. Diese Anschauung entstellt in ihrem einseitigen Rationalisierungsbestreben so viele und wichtige Tatbestände der Pathologie der Neurosen wie der Psychologie der neurotischen Menschen, daß sie auch als Maxime des therapeutischen Angehens der Persönlichkeiten nicht einfach hingenommen werden darf. Das Verdienst freilich eines eindringlichen Versuchs, die Symptomatologie der Neurosen aus den konstitutionellen Gegebenheiten herzuleiten, wird der Individualpsychologie ADLERS zuerkannt werden müssen. ADLER aber wie KRETSCHMER muß entgegengehalten werden, daß es gefährlich ist, in der Neurose zu viel von der Persönlichkeit zu suchen. Was wissen wir von vielen — insbesondere auch von vielen bedeutenden — Menschen, wenn wir feststellen — und auch „verstehen" —, daß sie an Schlafstörungen, Angstzuständen, Verstimmungen, nervösen Magendarmstörungen usw. leiden oder gelitten haben? Nicht als ob diese Feststellungen für die Kenntnis der Persönlichkeit belanglos wären — aber in den meisten Fällen befinden wir uns bei diesem Studium erst noch sehr in der Peripherie der untersuchten „Herzen". Gewiß gibt es auch Persönlichkeiten, welche in der Neurose „aufgehen"; aber das ist doch die Minderzahl der Fälle, denen unsere Bemühungen dienen. Mir scheinen manche hierhergehörige Anschauungen zu sehr unter dem Banne der Pathographien einiger ganz besonders gearteter Persönlichkeiten zu stehen, bei welchem das Pathologische für die Persönlichkeit und ihr Werk in besonderer Weise bedeutungsvoll wurde.

Man kann dem Satz KRETSCHMERS wohl getrost den anderen entgegenstellen, daß die Psychologie der Neurosen nicht so sehr eine solche der menschlichen Herzen als ihrer Unzulänglichkeiten bedeute. Die neurotisch unzulänglichen Herzen können aber noch sehr viel anderes enthalten, was die Neurose nicht enthüllt. Im übrigen leiden die hier gemeinten Anschauungen unter der Übertreibung der Anwendung gefühlsmäßig und intuitiv „verstehender" Psychologie. Eine solche findet dem ausgeprägt Abnormen gegenüber bald ihre Grenze.

Indem wir uns an die psychotherapeutische Bearbeitung neurotischer Persönlichkeiten machen, werden wir prüfen, welche Symptome wir überhaupt auf „Veranlagung" zurückzuführen haben. Glauben wir solche zu finden, so wird unter den Grundsätzen der Betrachtung auch der, die Symptome als Ausfluß des Geltungsstrebens aufzufassen, zu seinem Recht kommen müssen. Es wird sich dem unvoreingenommenen Blicke dann bald zeigen, daß es Typen neurotischen Geschehens gibt, die aus diesem Gesichtspunkt nicht erfaßbar sind, daß es andererseits Persönlichkeiten gibt, deren Pathologie völlig oder zum größten Teil aus ihm heraus verstanden werden kann, daß es weiterhin Typen gibt, bei welchen

„Zweckgeschehnisse“ neben offensichtlich in jedem Sinne zwecklosen oder zweckwidrigen Symptomen feststellbar sind. Wir werden uns somit sorgfältig davor hüten, es zur Maxime unseres therapeutischen Handelns werden zu lassen, das Symptom einfach als ein Zweckgebilde zu betrachten und zu bekämpfen.

Es ist nicht erlaubt, über abnorme psychische Konstitutionen zu handeln, ohne die Versuche, die Bedeutung somatischer Grundlagen (Vago-Sympathicotonie, endokrine Verhältnisse, Körperbau gemeinhin) herauszuheben, zu streifen. Zweifellos wird auch der Psychotherapeut diese Verhältnisse beachten, und soweit das heute berechtigt ist, auch mit körperlichen Maßnahmen eingreifen. Allein ein Kraut, welches die psychischen Konstitutionen durch Beeinflussung der somatischen Grundlagen zu normalen Leistungen brächte, ist noch nicht gefunden; die hierhergehörigen Lehren sind vielmehr voll von Hypothese. Sie können die Bedeutung einer systematischen Psychotherapie nicht verdunkeln und dürfen sie durch körperliche Quacksalbereien nicht stören.

Endlich sei hervorgehoben, daß aller Therapie abnormer Konstitutionen sorgfältige differentialdiagnostische Erwägungen nach der Richtung der Prozesse, vor allem schizophrener, vorausgegangen sein müssen.

2. Die Hysterie.

Wohl kaum bei irgendwelchen neurotischen Erscheinungen ist die Bereitschaft, sie als Ergebnis von Wunsch und Verdrängung, als Zweckgebilde im Sinne einer Leitlinie zu betrachten, so verständlich, wie bei der Hysterie: Nicht nur die Psychoanalyse, sondern zahlreiche allgemeine Erfahrungen aus dem Gebiete der Unfalls-, Renten-, Kriegs-, Gefängnis- usw. Hysterie haben hier beweisendes Material geliefert. Die Neigung, die hysterischen Erscheinungen als Zweckgebilde aufzufassen, ist keineswegs überaus neu, es hat ihr vielmehr seit langem an Popularität nicht gefehlt. Auch die Tendenz, hierhergehörige Symptome einfach als Produkt der Simulation anzusehen, gehört in diese Sphäre.

So sichergestellt es uns nun erscheint, daß Wunsch und Verdrängung eine weitreichende Bedeutung für die Mechanik der hysterischen Symptome besitzen, so ist es doch nicht erlaubt, selbst bei der Hysterie, immer und überall jedes Symptom als Zweckgebilde zu betrachten. In der Diskussion der neurotischen Symptome, besonders seit den Kriegserfahrungen, ist bisweilen betont worden, daß auch die hysterischen Symptome nicht immer nur als ideagen (suggestiv), sondern bisweilen auch als direkter unvermittelter Ausdruck der Gefühlsgeschehnisse (thymogen, reflexogen) zu betrachten seien. Aber auch wer sich dieser Anschauung nicht anschließt, vielmehr die Sonderung von thymogenen und ideagenen Symptomen anerkennt, und die eigentlich hysterischen Symptome ausschließlich der letzteren

Kategorie zuteilt, wird nicht verkennen dürfen, daß „ideagen“ und „suggestiv bedingt“ nicht mit Wunsch- und Zweckgeschehen zusammenfällt. Selbst angesichts ausgeprägter hysterischer Persönlichkeiten wird der Psychotherapeut sein Handeln nicht einseitig unter dem Gesichtspunkt der Aufdeckung von Zweckgeschehnissen einrichten dürfen.

Auch für die psychotherapeutische Praxis erscheint die Sonderung der hysterischen Erkrankungen in die Gruppen der Entwicklungs- und Entartungshysterie (KRÄPELIN) von erheblicher Bedeutung. Unter die Entwicklungshysterie sind diejenigen Bilder zu begreifen, bei welchen Entwicklungsphasen eine besondere Bereitschaft zu hysterischen Erscheinungen in sich schließen. Solche Phasen der Entwicklung sind die Kindheit, die Pubertät und die folgenden Jahre. Die Erscheinungen der Entwicklungshysterie haben eine günstige Prognose. Die Eignung zu ihnen ist oft keine dauernde Eigenschaft der Persönlichkeit. Anders bei der Entartungshysterie, bei welcher die Bereitschaft zu hysterischen Mechanismen eine in der Persönlichkeit bleibend begründete ist.

Die Behandlung der jugendlichen Hysterie, soweit ihr nicht eine ausgeprägtere degenerative Veranlagung zugrunde liegt, ist eine dankbare Aufgabe. Die Symptome sind häufig Wunsch-, Ausweich- und andersartige Schutzerscheinungen, aber durchaus nicht immer solche — man denke an die starke Contagiosität der hysterischen Symptome bei Kindern. Für solche Erscheinungen sind keineswegs immer nur Wunsch und Geltungsstreben, sondern auch etwa Furcht, blinde urteilslose Unterwerfung, kurz affektiv verankerte suggestive Einstellungen verschiedener Art verantwortlich zu machen. Diese Tatbestände gilt es sich vor Augen zu halten, damit in der Behandlung nicht ein schädlicher Schematismus Platz greife.

Von der Behandlung der Hysterie ist zu sagen, daß, was man auch immer tun möge, der Erfolg — soweit er in der Beseitigung von Symptomen besteht — letzten Endes doch durch die Wirksamkeit von Suggestionen erreicht wird. Freilich darf sich der Psychotherapeut hiermit nicht begnügen. Er muß die Persönlichkeit so zu bearbeiten streben, daß sie gegen das Aufwuchern pathogener Suggestionen widerstandsfähig wird: den Grundsatz dieser allgemeinen Behandlung der Persönlichkeit in den Vordergrund gerückt zu haben, ist zweifellos ein Verdienst der Persuasionstherapie und der Psychoanalyse.

Wenn auch das hysterische Symptom durch Suggestion zu beseitigen ist, so bedeutet das noch nicht, daß das Beseitigungsverfahren die Hypnose sein muß. Besonders bei der Entartungshysterie, bei welcher die Neigung zu abnormen Hypnosen oft stark in den Vordergrund tritt, wird Vorsicht und Zurückhaltung am Platze sein. Bei einfachen, unkomplizierten Entwicklungshysterien kann man unbedenklicher Hypnotherapie treiben; und zwar kann man bei Jugendlichen und Kindern — wie schon dargelegt — die Kommandohypnose anwenden. Die Bedenken bezüglich der Hypnotisierung von Kindern kann ich, auch soweit die kindliche Hysterie in Frage kommt, nicht teilen. Ich habe Kinder vom 5. bis 6. Jahre ab in großer Zahl hypnotisiert und niemals etwas Unerwünschtes hierbei erlebt. Daß hysterische Symptome bei Kindern mit Erlebnissen der sexuellen Sphäre zusammenhängen können, sei auch an dieser Stelle hervorgehoben.

Erwähnt sei hier ein 8jähriger Knabe, der nach solchen Erlebnissen Dämmerzustände produzierte, in welchen er Coitusbewegungen in die Betten hinein ausführte. Eine mit entsprechender Aufklärung verknüpfte hypnotische Behandlung beseitigte die Erscheinungen schnell. Ich habe den Kranken viele Jahre hindurch gelegentlich beobachtet bzw. Auskunft über ihn erhalten. Er hat sich normal weiterentwickelt. — Was die suggestive Behandlung der Entwicklungshysterie im Einzelfalle anlangt, so wird der Therapeut sein Vorgehen von der einfachen Dressur- und Kommandohypnose bis zu ausgebreiteter Verwendung persuadierender oder analytischer Verfahren auszugestalten haben. Es wird von der Situation — der äußeren wie der inneren — und der Artung des Krankheitsfalles abhängen, welches Verfahren gewählt wird. Wieviel mit der bloßen Kommandohypnose und anschließender dressierender Übung bei der Hysterie erreicht werden kann, haben die Kriegserfahrungen überaus eindrucksvoll vorgeführt. Vor allem einfache monosymptomatische Hysterien: Lähmungen, Kontrakturen, Aphonien, Tremor usw., wurden auf solche Weise in „Wunderkuren" beseitigt.

Diese Erfahrungen haben aber auch von neuem demonstriert, welche imponierenden Effekte mit einfacher Wachsuggestion (larvierter, aber auch direkter) zu erreichen sind. Belanglose larvierte Prozeduren (elektrischer Strom, indifferente Injektionen usw.) wurden zum Ausgangspunkt äußerst energisch aktivierend übender Maßnahmen genommen. Die „Heilungen" in einer — wenn auch gelegentlich stundenwährenden — Sitzung waren gegenüber der Kriegshysterie etwas Gewöhnliches. Beim Friedensmaterial wird man notgedrungen gewöhnlich milder vorgehen müssen.

Ausschlaggebend ist die Erzeugung einer allgemeinen suggestiven Umgebung. Der Kranke muß Heilungen erleben, muß in eine Atmosphäre hineinkommen, welche ihm des Geheiltwerden als etwas Selbstverständliches erscheinen läßt. Damit ist schon gesagt, daß oft eine Herauslösung aus dem gewohnten Milieu und Versetzung in eine entsprechende Krankenhausbehandlung notwendig sein wird.

Gelegentlich wird längere Bettruhe und mehr oder minder strenge Isolierung den Boden für die Wirksamkeit von Suggestionen bereiten müssen. Auch bewußte Vernachlässigung ist seit langem als ein wirksames Mittel der Behandlung von hysterischen Symptomen geschätzt. Bei der Verordnung längerer Bettruhe stelle man sich die Frage, ob man nicht eventuell eine hysterische Abasie zu den vorhandenen Erscheinungen hinzu erzeugt. Diese komplizierteren Verhältnisse werden besonders bei der Entartungshysterie zu berücksichtigen sein.

Ist das hysterische Symptom als Schutz-, Wunsch- usw. Mechanismus durchsichtig geworden, so ist das ideale Ziel, es auch als solches vor dem Kranken zu entlarven. Gelingt dieses, so ist die beste suggestive Grundlage für die Beseitigung der Störungen geschaffen. Leider ist dieses Vorhaben bei der Behandlung der Hysterie oft genug nicht durchzusetzen, und der Kranke umgibt sich gegenüber jedem derartigen Angriff mit einem Schutzwall von neuen Symptomen. So kommt es, daß, wie die Hysterie selbst eine unwahrhaftige Krankheit ist, es auch dem Arzt bei ihrer Behandlung häufig nicht gegeben ist, den Apostel der Wahrheit zu spielen. Er ist oft gezwungen, in Einzelheiten Konzessionen zu machen, um die allgemeine Aufgabe der Befreiung von der hysterischen Maskerade zu erreichen.

Dieser Tatbestand ist es, der besonders die Entartungshysterie von jeher zu einem Kreuz der Ärzte gemacht hat. Und es ist leider nicht zutage getreten, daß eine noch so „tief schürfende" Psychoanalyse an diesem Tatbestand etwas ändern könne. Es ist eine Selbsttäuschung, anzunehmen, daß die Aufdeckung von Ödipuskomplexen oder die Feststellung der „Leitlinie" einer ausgeprägten Entartungshysterie die Persönlichkeit des Kranken von Grund aus zu ändern vermöge. An den konstitutionellen Grundlagen, in denen die Symptome verwurzelt sind, findet die analytische wie jede psychotherapeutische Bemühung ihre Grenze. Je deutlicher die abnorme Anlage sich entwickelt hat, um so mehr ist es notwendig, sich mit psychisch-orthopädischen Maßnahmen zu begnügen. Diesen harten Tatsachen gegenüber nützt keine noch so intensive Kultivierung der „Übertragung auf den Arzt" als Behandlungsvehikel. Daß Hysterische sich nicht selten in ihren Arzt verlieben, ist ja keine ganz neue Erfahrung. Daß diese Tatsache zum Mittelpunkt der Therapie herausgehoben wird, ist allerdings ein Charakteristikum der Psychoanalyse. Und so sehr die Lauterkeit der ärztlichen Gesinnung, die FREUD hier wie sonst ausgezeichnet, herauszuheben ist, so kann doch nicht verschleiert werden, daß sich prekäre Situationen aus dem Kultus der Übertragung ergeben können.

Freilich hat die Analyse selbst als Gegengift gegen die Gefahren der Übertragung in dem Verhältnis zum Patienten die Betonung der ärztlichen Honorierung empfohlen. Allein wenn auch zuzugeben ist, daß auf solche Weise einige Tropfen Wermut in ein zu süßes Medikament geschüttet werden können, so kommt doch das Verfahren nur für einen beschränkten Kreis in Betracht und ist vielleicht auch da nicht immer wirksam — abgesehen davon, daß der Proklamierung der Honorierung gerade zu einem ärztlichen Heilmittel immer einige Peinlichkeit anhaften bleibt. Mir scheint es gegenüber der eigenartigen Mischung von intellektualistischer Dialektik und geheimnisvoller Metapsychologie, welche die meisten analytischen Therapien kennzeichnet, notwendig, bei der Behandlung der Hysterie ein gut Teil nüchterner Hausbackenheit zu bewahren. Dabei wird die Möglichkeit, in jenem

Helldunkel gelegentlich besondere Wirkungen zu erzeugen, nicht geleugnet. Und wer es für notwendig hält, mag diese Atmosphäre planmäßig pflegen und therapeutisch auszunutzen suchen. Allein der Therapeut muß sich dessen bewußt bleiben, was er tut, und imstande sein, die Geister, die er rief, jederzeit in ihre Schranken zu weisen. Freilich wird es die Natur der Sache mit sich bringen, daß wer an die Sätze der Analyse nicht glaubt — auf das Glauben kommt es hier immer an —, auch auf den geheimnisvollen Zauber, welchen sie gegebenenfalls entwickeln kann, nicht wird rechnen dürfen. Er muß sich in acht nehmen, in entscheidender Stunde nicht als betrogener Betrüger vor seinem Kranken dazustehen.

Aus dem Dargelegten geht hervor, daß ich für alle Formen der Hysterie eine suggerierend-erziehende Theraphie empfehle. Analytische Maßnahmen — in den im allgemeinen Teil empfohlenen Formen — schätze ich als Hilfsmittel zum Eindringen in die Persönlichkeit, als Möglichkeiten, den Kranken — wenn es nötig ist — längere Zeit zu fesseln und intensiv zu bearbeiten und — nicht zuletzt als Vehikel raffinierter Suggestionen. Welche Wege der Beeinflussung der Arzt im Einzelfalle wählt, muß er angesichts der einzelnen Persönlichkeit und im Verlaufe der Behandlung entscheiden. Vor moralisierender Beurteilung hysterischer Persönlichkeiten wird er sich sorgfältig zu hüten haben. Auch hier schließt die klinische Diagnose keinerlei Wertung in sich.

Unter solchen Gesichtspunkten wird der Psychotherapeut erfahren, daß auch die Behandlung der Hysterie keine unnütze Arbeit ist.

3. Die Psychopathien.

a) Psychopathie und Entwicklung.

Es ist nicht Aufgabe dieser der Therapie gewidmeten Darlegungen, in eine Schilderung und Erörterung der Typen psychopathischer Entartung einzutreten. Es genügt, im Anschluß an allbekannte Einteilungen einige Gesichtspunkte des Handelns herauszuheben.

Züge psychopathischer Anlage können schon in früheren Entwicklungsstadien hervortreten. Je früher Züge ausgeprägter Psychopathie sichtbar werden, um so dringlicher wird das therapeutische Eingreifen, um so ungünstiger ist im allgemeinen die Voraussage. Wichtig und ausschlaggebend ist es, sich im Einzelfalle klar zu machen, wieviel von den auffallenden und abwegigen Erscheinungen auf besondere Dispositionen, welche die einzelnen Entwicklungsstadien setzen — ganz abgesehen von dem Einfluß der Umgebung —, wieviel wirklich auf dauernd bleibende Veranlagung zurückzuleiten ist.

Die Kindheit neigt — wie oft hervorgehoben — bei ihrer starken Suggestibilität zu hysterischen Erscheinungen; Angst- und Affektausbrüche ohne Nachhaltigkeit sind gewöhnliche Erscheinungen; die kindliche „Lüge“, hervorgegangen aus Phantasietätigkeit bei hoher Suggestibilität und noch mangelhaft entwickelter Urteilsfähigkeit hat oft einen harmlosen Charakter. Infolge verspäteter Entwicklung ethischer Gefühle entstehen ferner gelegentlich Bilder kindlicher Grausamkeit, welche an sich keine stärkeren Sorgen für die Zukunft zu bedingen brauchen. Die Pubertät hinwiederum ist ja schon seit längerem als „künstliche Psychopathie“ gekennzeichnet worden. Neu auftretende stürmische Bewegungen — nicht nur auf erotischem Gebiet —, denen gegenüber die Zügelungen des Willens erst allmählich an Stärke gewinnen, blühende Phantasie, Gedankenentwürfe und Pläne des Handelns, deren Tugend Kritik noch nicht sein kann, Wechsel der Stimmung von der „Laune“ bis zur Eruption geben jenes Bild des Sturmes und Dranges, welches auch dem geübten Auge die Entscheidung: Entwicklungsstadium oder bleibende Eigenschaft oft schwer macht.

Sichergestellt ist uns durch die planmäßigen Forschungen der letzten Jahre, daß dem Entwicklungs- wie dem Umgebungsfaktor eine größere Bedeutung für „Kinderfehler“ und jugendliche Abwegigkeiten zuzuschreiben ist, daß „Nachreifungen“ auch in verhältnismäßig späterem Leben noch eintreten, daß Arzt und Erzieher das Recht haben, in der Mehrzahl der Fälle mit einiger Zuversicht an die Behandlung auffälliger jugendlicher Persönlichkeiten heranzutreten. Auch bezüglich der ersten Zeichen der jugendlichen Verwahrlosung (Streunen, Stehlen, Lügen, sexuelle Entgleisungen) gilt diese Anschauung. Freilich werden Erfolge nur bei einem frühzeitigen und die Persönlichkeit wie den Umgebungsfaktor genau berücksichtigenden zielbewußten Vorgehen zu erreichen sein.

Im einzelnen ist zu sagen, daß Beängstigungen, Schreckhaftigkeit, leichtere Verstimmungen, Ermüdbarkeit, Schlafstörungen, Unruhe, Gereiztheit an sich noch keine Anzeichen einer ausgeprägteren psychopathischen Veranlagung sein müssen, sondern Milieu- und Entwicklungsprodukte sein können. Auch Schulschwänzen, Neigung zu Widersetzlichkeit, zu Hemmungslosigkeit in Affektausbrüchen, zu Unehrlichkeit, ja selbst zu Roheit und Gefühllosigkeit brauchen an sich noch kein Anzeichen ausgeprägterer abnormer oder asozialer Veranlagung zu sein. Neben den Ergebnissen früherer systematischer Untersuchungen haben uns die Erfahrungen der Kriegs- und Nachkriegszeit augenfällig gezeigt, daß die unbehütete Jugend sozusagen epidemisch verwahrlosen kann, daß aber auch nervöse Störungen, wie sie oben angeführt sind, unter solchen Zeit- und Milieuverhältnissen in der Kindheit und Jugend gehäuft auftreten können.

Es ist einleuchtend, daß an den Anfang der Behandlung jugendlicher Individualitäten — mehr noch als bei Erwachsenen — nicht nur ein eingehendes Studium der jugendlichen Persönlichkeit, sondern auch der Umgebung, in der sie heranwächst, zu setzen ist. Die Behandlung des Kindes schließt die Kenntnis — und oft auch die Behandlung — der Eltern ein.

Nach einer eingehenden Untersuchung der kindlichen Persönlichkeit und des Bodens, auf welchem sie erwächst, wird der Arzt zu entscheiden haben, wie weit er mit den psychotherapeutischen Maßnahmen, die oben für die Behandlung von Kindern und Jugendlichen empfohlen worden sind, innerhalb der Familie sich Erfolg versprechen darf, wie weit er die Versetzung in eine andere Familie oder Anstalt empfehlen muß. Überall aber wird der Arzt bei der Behandlung von Kindern und Jugendlichen erzieherische Gesichtspunkte einhalten und auf Zusammenarbeit mit dem Erzieher Wert legen. Was nun die Frage: Anstalt- oder Familie? anlangt, so wird man bei schwierigeren Fällen Entfernung, jedenfalls aus der eigenen Familie, anraten. Das gilt selbstverständlich besonders für „Milieu“fälle, aber auch für „Anlage“fälle. Auch für das Schicksal dieser letzteren ist möglichst frühzeitiges Einsetzen einer Heilerziehung von ausschlaggebender Bedeutung. In letzter Zeit ist für diese Fälle gegenüber der Anstaltsbehandlung — nicht nur aus Sparsamkeitsgründen — der Wert der Erziehung und Behandlung in geeigneten fremden Familien hervorgehoben worden. Insbesondere ist betont worden, daß ein zu langer Anstaltsaufenthalt die Unselbständigkeit der Zöglinge zur Folge habe, daß er Anstaltsprodukte züchte, Musterzöglinge, welche aber bei zu plötzlichem Übergang in den Kampf des Lebens versagen. Mir scheint, daß eine wirklich gute Anstaltserziehung solche Gefahren, die vorhanden sein können, zu vermeiden wissen wird, und daß, so wenig der Wert der Erziehung in guten fremden Familien bestritten werden soll, doch die Bedeutung des Heilerziehungsheimes mit je nach Lage des Falles kürzerem oder längerem Aufenthalt unanfechtbar bleibt. Freilich werden Arzt und Erzieher bei der Behandlung abnormer Jugendlicher sich dauernd als Ziel die Ertüchtigung des Zöglings für das Leben in der Gesamtheit vor Augen halten müssen.

b) Die psychopathischen Dauerformen.

Die Nervösen. Daß es nervöse Konstitutionen gibt, deren Typus die übermäßige Erschöpfbarkeit, Verstimmbarkeit, Reizbarkeit („reizbare Schwäche“) ist, wird trotz mannigfacher Gegenvorhaltungen sichergestellt bleiben. Auch dem psychoanalytischen Versuch, die Neurasthenie in „Freude am eigenen Körper“ umzudeuten, wird schwerlich längerer Bestand beschieden sein. Gekennzeichnet ist uns die nervösasthenische Konstitution durch abnorm schnelles Erscheinen von Ermüdungs- bzw. Erschöpfungssymptomen, bei der Arbeit vorschnelles Hervortreten der durch Ermüdung bedingten Mißempfindungen, Absinken der Leistung, Mangelhaftigkeit der Konzentration. Auf Arbeit wie auf Inanspruchnahme durch sonstige Anforderungen und Erschütterungen des Lebens treten hervor: Reizbarkeit, Verstimmbarkeit, Schlafstörungen, vasomotorische und sekretorische Störungen mannigfacher Art (insbesondere Herz- und Magendarmstörungen, Kopfdruck, Schwindel usw.). Die Behandlung der nervösen Konstitution hat vor allem eine entsprechende psychische Hygiene einzuleiten: Vermeidung jeder Überhastung, Sorge für ausgiebige Nachtruhe, für entsprechende körperliche Betätigung und Abhärtung (mäßige Hydrotherapie); Einschieben kleiner, ja kleinster Arbeitspausen während der Arbeit (besonders bei geistiger); Urlaub — jedoch nicht zu langer — bei Auftreten schwererer Symptome. Gegen stärkere Verstimmungen, Schlafstörungen, Beängstigungen, Herzsymptome: Sedativa und suggestive Behandlung. Vermeidung zu langer Arbeitsunterbrechung, Bekämpfung der Angst vor der Arbeit, evtl. unter systematischer Dosierung bzw. Einübung.

Verstimmte und Zwangskranke. Über die Behandlung von Verstimmungs-, Angst- und Zwangszuständen ist in früheren Ausführungen schon Ausführlicheres gesagt worden. Hier sei nur einiges Wenige über die Persönlichkeitstypen, denen solche Symptome und Symptomkomplexe eignen, und die Art, wie der Arzt sich zu der Gesamtpersönlichkeit zu verhalten hat, nachgetragen. Zweifellos gibt es Verstimmungs-, Angst- und auch Zwangserscheinungen, welche im Verlaufe von körperlicher und seelischer Erschöpfung, von Erschütterung und allmählichem Aufbrauch auftreten. Sie sind als neurasthenische und psychogene Beschwerden bereits abgehandelt worden. In der Mehrzahl der Fälle ist es aber eine Schwäche der Persönlichkeit, welche die abnorme Reaktion in dem Konflikt mit der Umwelt hervorruft. Nicht die Stärke des Traumas ist in der Mehrzahl der Fälle die Ursache der pathologischen Erscheinungen, sondern mangelhafte Widerstandsfähigkeit der Persönlichkeit. Es sind die Widrigkeiten und Kämpfe des Lebens, welche niemand erspart bleiben, die bei abgearteten Persönlichkeiten Anlaß für die Entwicklung abnormer Reaktionen bilden. Daß diese Reaktion immer ein Mittel sei in dem Kampf des Lebens, in welchem für diese „nervösen Charaktere“ mit normalen Mitteln der Sieg nicht erringbar ist, doch „obenauf“ zu bleiben, dieser Anschauung Adlers und seiner Schüler sind wir schon früher entgegengetreten. Sie erscheint besonders für die hier abgehandelte Gruppe von Kranken unzutreffend. Das Symptom ist hier kein Mittel des Sieges, vielmehr ein Zeichen des Unterliegens, das seinerseits die Last des Daseins nur noch schwerer macht.

Die konstitutionell Verstimmten stehen den (manisch) melancholischen Konstitutionen nahe. Bei ihnen sind die dauernd vorhandene Neigung zur depressiven Gefühlslage und auch die auftretenden Phasen der Verstärkung vorwiegend endogen, wenn auch reaktive Verschlimmerungen auf mehr oder minder bedeutungsvolle Ereignisse nichts Ungewöhnliches sind. Es handelt sich hier oft um recht unglückliche Menschen, die schwer an dem Leben leiden. — Den früher gemachten Bemerkungen über die Behandlung dieser Zustände ist hier kaum etwas hinzuzufügen. Einfühlendes Eingehen auf Leiden und Persönlichkeit, stützende, ablenkende und suggerierende Maßnahmen, gelegentlich auch Sedativa — besonders in Phasen der Verstärkung — sind die Hilfsmittel, die uns zur Verfügung stehen.

Auch bei den reaktiven Verstimmungen der Psychopathen handelt es sich um Zustände des Leidens. Gewiß gehören in diese Rubrik auch Persönlichkeiten mit hysterischen Anlagen, bei denen die Leidensproduktion sich gelegentlich mehr gegen andere als gegen sie selbst richtet; wie ja überall bei diesen Abgrenzungen das Verschwimmen der Grenzen und die Vermischung der Typen im Auge zu behalten ist. Im ganzen ist hier aber doch eine Kategorie von Persönlichkeiten gemeint, die wirklich leiden, ohne daß die äußeren Konflikte des Lebens von besonderer Größe oder Stärke zu sein brauchen. Schwer zu behandeln sind solche Persönlichkeiten mit Neigung zu moroser Verstimmung, bei denen ein starkes Selbstbewußtsein das Gefühl der Unbefriedigung steigert — gelegentlich auch zu paranoider Einstellung führt. — Erfreulicher für die Umgebung, den Arzt und auch sie selbst sind jene Unterwürfigen, Demütigen, in ihrer Stimmung Darniederliegenden, deren Selbstvertrauen der Aufrichtung durch andere bedarf.

In beiden Gruppen finden sich Grübler, für die besonders auch Fragen der Weltanschauung eine Quelle der Bitternis werden, da es ihnen weder gelingt, hier zu einer festeren Position zu gelangen, noch, wie der Durchschnitt des Alltags, von ihnen überhaupt nicht berührt zu werden. Besonders unter jugendlicheren Persönlichkeiten ist diese Form von Selbstquälerei häufiger. Im ganzen finden wir gerade in dieser Rubrik pathologischer Persönlichkeiten mannigfache Schattierungen „problematischer Naturen", „welche keiner Situation genügen und welchen keine Situation genügt." Daß diese aus dem inneren Zwiespalt, in dem sie leben, aus der Bitterkeit, die sie erfüllt, die Wonne des Schmerzes, des Leidens, besonders des vermeintlich nicht verschuldeten, empfinden, daß Züge der Selbstbespiegelung („Narzissismus" der Analyse) gelegentlich nicht fehlen, wird gewiß nicht übersehen werden dürfen. Gleichwohl ist die These von der neurotischen Leitlinie für diese Persönlichkeiten im ganzen nicht zutreffend, — häufiger wird dieser oder jener einzelne Zug bei dieser oder jener Persönlichkeit aus solcher Einstellung verstanden werden können.

Der Psychotherapeut wird — abgesehen von der Behandlung der mannigfachen Einzelsymptome (Verstimmungen, Angstzustände, Herz-, Magendarm-, Schlafstörungen usw.) — in das Zentrum der äußeren und inneren Sitiuation hineinzuschauen haben. Er wird ein daniederliegendes Selbstbewußtsein zu stützen, ein verwundetes, sich aufbäumendes zu korrigieren suchen. Für den Lebens- und Arbeitsplan wird er selbst, soweit es ihm möglich ist, „Leitlinien" zu geben suchen. Wo wirkliches schmerzvolles Ringen um Probleme der Weltanschauung zutage tritt, wird der Therapeut verständnisvoll stützende Teilnahme zu zeigen haben; da wo es sich mehr um eine Produktion auf dem Jahrmarkt der Eitelkeiten handelt, wird er die Art seines Vorgehens „taktisch" gestalten. Immer aber wird er sich vor Augen halten müssen, daß besonders in diesen Fragen Zartgefühl notwendig ist; daß es nicht Sache des Arztes ist, für irgendeine Weltanschauung in seiner ärztlichen Tätigkeit Proselyten zu machen; und daß besonders bestehende religiöse Überzeugungen unantastbar sein müssen. Solche bedeuten — abgesehen von anderen Gesichtspunkten — oft ein auch psychotherapeutisch hoch zu wertendes Gut. Und so sehr es dem Psychotherapeuten ansteht, auf dem Gebiet der Weltanschauungsfragen Kenntnisse und die Zeichen eigenen Ringens zu besitzen, so wenig ziemt es ihm, aus seiner Ordination einen Tummelplatz für philosophische und literarische Diskussionen zu machen. Meist kommt es in solcher Betätigung auf die Sammlung eines Klubs unklarer Köpfe heraus, in welchem das oberflächliche Geplätscher der Rede neurotische „Arrangements" nicht gefährdet.

Bei der Beschäftigung mit bedauernswerten Zwangskranken ist mir die Betonung der angeblich vorhandenen Lustkomponente (durch die Analyse) besonders verkehrt erschienen. Gewiß bringt das Zurückweichen vor dem Zwangsvorgang ein Gefühl der Erleichterung, das durch die diesen Kranken oft eigene humoristische Stellungnahme eine besondere Färbung erhält. Weiterhin ist im Auge zu behalten, daß zwangsneurotische Beifügungen leichterer oder mittlerer Art bei Psychopathien verschiedener Ausprägung zutage treten können. Im ganzen wird man aber vor Augen haben müssen, daß schwere Phobien und Zwangsvorgänge zu den qualvollsten Zuständen führen können, welchen wir überhaupt begegnen.

Über die Behandlung der Zwangszustände ist in früheren Kapiteln eingehend gehandelt worden, sie bedarf hier, im Zusammenhalt mit dem in diesem Abschnitt Vorgebrachten, keiner weiteren Erörterung.

Haltlose und Phantasten. Je mehr die Grundlagen der abnormen Erscheinungen in den Tiefen des Gefühls- und Willenslebens ruhen, um so mehr treten erzieherische Maßnahmen an Stelle der ärztlich-therapeutischen. Umsomehr freilich werden die Grenzen aller beeinflussenden Wirksamkeit deutlich. Bei den Haltlosen ist die übermäßige Bestimmbarkeit des Willens kennzeichnend für den Typus der abnormen Persönlichkeit. Allen Einflüssen hingegeben, ohne Widerstand im Guten wie im Bösen, ist ihre Lebensführung abhängig von den Einwirkungen, welche jeweils auf sie treffen. Auch hier sind die Erscheinungen in jugendlichem Alter besonders ausgeprägt und dann therapeutischen Einwirkungen am ehesten zugänglich. Nachreifen zu allmählich stärkerer Festigkeit der Lebensführung kann in einer beträchtlichen Zahl von Fällen erhofft werden. Den Haltlosen fehlt es nicht an Anomalien der Stimmung; Schwankungen nach der depressiven wie nach der expansiven Seite geben dem Bilde der einzelnen Persönlichkeit diese oder jene Färbung, auch Neigung zu gemütlichen Ausbrüchen ist nichts Seltenes. Das Wesentliche des Bildes aber ist die abnorme Bestimmbarkeit des Willens, welche die Persönlichkeit im Übermaß fremden Beeinflussungen — im Guten wie auch besonders im Bösen — ausliefert. Es entspricht dem Wesen der Haltlosigkeit, daß neben der allgemeinen Unsicherheit der Lebensführung und der Neigung zu sozialem Verfall die Disposition zu Suchten (Alkoholismus, Morphinismus) stark hervortritt. Die intellektuelle Begabung kann gut oder überdurchschnittlich sein, doch sind auch Kombinationen mit Schwachsinn nicht selten. Besonders in den letzteren Fällen finden wir dann eine typische frühe jugendliche, wenig planvolle Kriminalität oder Prostitution.

Die Aussichten der erzieherischen Behandlung in geeignetem Familien- oder Anstaltsmilieu (je nach Lage des Falles) sind wohl besser als man früher angenommen hat. Eine Hinausschiebung der Volljährigkeit durch Entmündigung kann in schweren Fällen eine Einwirkungsmöglichkeit schaffen, bis etwaige Nachreifungen festere charakterologische Verhältnisse bewirken. Gegen Einzelzüge kann suggestive Beeinflussung wirksam sein. Nicht so selten ist mit der Haltlosigkeit Phantastik verbunden.

Unter die Gruppe der Phantasten fallen eine große Zahl von Persönlichkeiten mit sehr verschiedenartigen charakterologischen Grundlagen, vor allem auch von verschiedener moralischer Wertigkeit. Weiche, sensible Träumer ebenso wie versponnene Fanatiker, oder aktive, lügnerische Phantasten können die Grundlage gemeinsam haben, daß die besonnene Kritik dem wuchernden Phantasieleben gegenüber versagt. Sehr wesentlich ist es, ob Aktivität und Geltungsbedürfnis zur blühenden Phantasie hinzutritt und die Lebensführung beeinflußt. Dann haben wir die pathologischen Schwindler mannigfacher Prägung vor uns, „Zwitter von Lüge und Selbstbetrug“ (DELBRÜCK), die zu sehr unerfreulichen „aktiven“ Persönlichkeiten werden können.

Auch hier darf bei der Behandlung nicht übersehen werden, daß Hang zur Phantastik und Träumerei der Kindheit und Jugend eignet. Wesentlich ist, wie weit Aktivität und egozentrische Geltungsbedürftigkeit hinzutreten. Hiervon wird es abhängen, welche Erfolge eine erzieherische und suggestive Behandlung zeitigen kann.

Perverse und Gefühlsdefekte. Über die Psychotherapie der Perversionen ist schon ausführlich gesprochen worden. Aussicht auf Umstimmung ist nur im jugendlichen Alter vorhanden, in diesem andrerseits die Aufgabe der Verhütung einer Infektion, vor allem die Bewahrung vor pervertierender Propaganda von ausschlaggebender Bedeutung. Wo es sich um lenksame, in eine perverse Atmosphäre hineingeratene Jugendliche handelt, sind die Aussichten der Behandlung, welche eine suggestiv-erziehende zu sein hat, nicht schlecht. Eine sorgfältige Analyse der Persönlichkeit, Einsicht in ihren Aufbau, sowie kritische Wertung ihrer Lebensschicksale hat den Leitfaden für die Art der Beeinflussung und Führung abzugeben.

Bei erwachsenen, in wesentlichen Zügen nicht mehr wandelbaren Persönlichkeiten wird sich der Therapeut darauf beschränken müssen, den Patienten zu einer Anpassung an den Rahmen der Gesellschaft und der in ihr geltenden Gesetze zu bringen, ihn vor allem von der Berührung mit minderjähriger Jugend fernzuhalten. Auch hier wird Verständnis der Persönlichkeit und ihrer Entwicklung dazu helfen können — da, wo ernster Wille, zu der Anomalie in Distanz zu kommen, vorhanden ist — das meiste üppig wuchernde pervers sexuelle Triebleben einzudämmen und Zurückhaltung anzustreben. Ersatzbildende „Sublimierungen" sind anzubahnen, durch Leitung zu produktiven Leistungen ist das Gefühl des Lebenswertes — besonders bei weichen, empfindsamen Individualitäten — hervorzurufen und zu sichern. Die in den meisten Fällen auch sonst mehr oder minder deutlich hervortretenden Anomalien des Gefühls- und Willenslebens sind nach erörterten Grundsätzen zu behandeln.

Unter den Gefühlsdefekten sind die A- und Antisozialen besonders bedeutungsvoll. Es ist schon erörtert worden, daß kindliche und jugendliche Entwicklungsstufen eine mangelhafte Ausbildung der sozialen Gefühlssphäre zeigen können, ohne daß Schlüsse für die endgültige Gestaltung der Persönlichkeit hieraus gezogen werden dürfen. Weiterhin ist die Bedeutung, welche das Milieu für solche Fälle hat, bereits eindringlich betont worden. Bei ausgeprägt — anlagemäßig — Asozialen oder gar gesellschaftsfeindlichen Persönlichkeiten ist jede psychotherapeutische Beeinflussung erfolglos.

III. Psychotherapie bei körperlichen Krankheiten.

Einige Bemerkungen seien zum Schlusse der Bedeutung psychotherapeutischer Bemühungen bei körperlichen Erkrankungen gewidmet. Dabei wird hier nicht die triviale und vielleicht doch gerade von Ärzten nicht genügend gewertete Tatsache gemeint, daß auch bei körperlichen Krankheiten ein großer — und nicht der schlechteste — Teil der Arbeit eines guten Arztes in der seelischen Stützung und Aufrichtung, in der allgemeinen und besonderen zweckmäßigen Beeinflussung des Kranken und seiner Angehörigen besteht.

Hier ist vielmehr zu erörtern, wie weit besondere psychotherapeutische Techniken, wie sie Gegenstand dieses Buches sind, in systematischer Weise bei körperlich Kranken zur Anwendung gebracht werden sollen.

Nun ist in den vorhergehenden Ausführungen eindringlich auf die Verflechtung psychogener und körperlicher Symptome, auf die psychogenen Überlagerungen, die an organische Erkrankungen anknüpfenden Erwartungsstörungen u. a. m. hingewiesen und die Wege zu ihrer Behandlung angedeutet worden. Solche Symptome pflegen sich bei sehr vielen, insbesondere längerdauernden, körperlichen Krankheiten einzustellen; sie direkt — d. h. ohne unzweckmäßige Zwischenmittel — mit seelischen Behandlungsmethoden anzugehen, sollte häufiger von Ärzten geübt werden, als es zurzeit geschieht. Voraussetzung freilich ist, daß der Arzt sich sorgfältig Klarheit verschaffe, wie weit die organischen, wie weit die seelischen Grundlagen der Symptome gehen, damit er wisse, was er tue.

Eine andere Frage ist es, wie weit körperlich Verursachtes psychisch behandelt werden darf. Es kann ja nicht bezweifelt werden, daß besonders die hypnotische Suggestion auch bei körperlich bedingten Schmerzen, Beklemmungen, Schlafstörungen palliative Erfolge haben kann. Andrerseits kann die Übungsbehandlung organischer Schäden gelegentlich durch suggestive Stützen gefördert werden. Jedenfalls ist es sicher, daß in manchen langedauernden körperlichen Erkrankungen es zweckmäßig sein kann, rein psychische Einwirkungen an die Stelle medikamentöser zu setzen.

Dennoch ist Zurückhaltung bei der psychischen Behandlung körperlicher Symptome anzuraten. Jedenfalls ist die Umgebung des Kranken über die Art der Behandlung aufzuklären, damit der Arzt nicht in ein falsches Licht gerate.

Literaturverzeichnis.

In umfassender Weise orientieren über den Gegenstand — zugleich mit mehr oder minder reichhaltigen Literaturzusammenstellungen — die Werke:

FOREL, A.: Der Hypnotismus. Stuttgart: Ferd. Enke.
HIRSCHLAFF, L.: Hypnotismus und Suggestivtherapie. Leipzig.
KRONFELD, A.: Psychotherapie. Berlin: Julius Springer.
LÖWENFELD, L.: Der Hypnotismus. Wiesbaden: J. F. Bergmann.
MOLL, A.: Der Hypnotismus. Berlin.
SCHULTZ, J. H.: Seelische Krankenbehandlung. Jena: Fischer.

Von FREUD erschienen gesammelte Schriften. Kurz orientieren von ihm: Über Psychoanalyse. Leipzig und Wien: Deuticke. — Vorlesungen zur Einführung in die Psychoanalyse. Leipzig und Wien.

Von ALFRED ADLER seien genannt: Der nervöse Charakter. München und Wiesbaden: J. F. Bergmann. — Praxis und Theorie der Individualpsychologie. München: J. F. Bergmann.

Von C. G. JUNG: Psychologie der unbewußten Prozesse. Zürich. — Psychologische Typen. Zürich.

Von L. FRANK: Affektstörungen. Berlin: Julius Springer.

Eine umfangreiche Literaturzusammenstellung bis zum Jahre 1911 gibt ISSERLIN: Bewegungen und Fortschritte in der Psychotherapie. Ergebn. d. Neurol. u. Psychiatr. Jena: Fischer.

Über Heilpädagogik orientiert grundlegend: HELLER, THEODOR: Grundriß der Heilpädagogik. Leipzig: Engelmann.

Sachverzeichnis.

(Die Zahlen bedeuten die Seiten.)

GPSR Compliance

The European Union's (EU) General Product Safety Regulation (GPSR) is a set of rules that requires consumer products to be safe and our obligations to ensure this.

If you have any concerns about our products, you can contact us on ProductSafety@springernature.com

In case Publisher is established outside the EU, the EU authorized representative is:

Springer Nature Customer Service Center GmbH
Europaplatz 3
69115 Heidelberg, Germany

Batch number: 10844675

Printed by Printforce, the Netherlands